중학생을 위한
1년 치 | 신문 읽기 | 프로젝트

# 문해력은 문제해결력

중학생을 위한
1년 치 신문 읽기 프로젝트

# 문해력은
# 문제해결력

초판 1쇄 발행 2022년 10월 15일

| | |
|---|---|
| 지은이 | 송원이 |
| 편집 | 미디어이든 |
| 출판사 | 원스토리연구소 |
| 주소 | 서울시 강남구 광평로 19길 10 까치마을아파트 1002동 108호 |
| 블로그 | http://blog.naver.com/onestoryedu |
| 메일 | songwonee@hanmail.net |

ⓒ 송원이, 2022
ISBN 979-11-954420-1-0(53710)

이 도서의 국립중앙도서관 출판시도서목록(CIP)은 서지정보유통지원시스템 홈페이지(http://seojin.nl.go.kr)
국가자료공동목록시스템(http://www.nl.go.kr/kolisnet)에서 이용하실 수 있습니다.

· 이 책은 저작권법에 따라 보호받는 저작물이므로, 저작자와 출판사 양측의 서면 허락 없이는 어떠한 형태나
  수단으로도 이 책의 내용을 이용하지 못합니다.
· 이 책에 박스 형태로 소개된 신문기사들은 책 본문 게재를 목적으로 저작권 협의를 마친 콘텐츠로, 별도 활용이 불가합니다.
· 잘못된 책은 구입한 서점에서 바꿔 드립니다.
· 책값은 뒤표지에 있습니다.

중학생을 위한
1년 치 신문 읽기 프로젝트

# 문해력은 문제해결력

송원이 지음

원스토리연구소

prologue ── **세상이 담긴, 낯선 지문**

화장품을 바르다가 문득 생각했다. '모든 화장품 용기를 재활용 가능한 재질로 통일하고 품질로만 대결하면 용기 매립 걱정이 줄어들 텐데.' 곧 화장품 기업들의 디자인연구소 일자리가 마음에 걸렸다.

눈 뜨면 연결하는 인터넷의 첫 화면을 보노라면 이런 연민도 든다. '우리나라 플랫폼 기업들이 독점적 지위로 비난받아도 전 세계 점유율을 생각하면 이제 시작인데.'

아이들이 먹고 싶다는 치킨너겟을 고르면서도 주저했다. '동물복지 축산농장에서 키운 닭으로 만들지는 않았을 텐데.' 동물복지 인증을 받은 육계를 취급한다는 한 프랜차이즈 기업 제품을 사 먹어봐야겠다.

### 세상의 문제는 사회적 과제

모두 내 시선에 들어온 세상의 문제다. 우리의 일상과 맞닿은 문제들은 고려할 사항이 꽤 있다. 해결하려다가 누군가의 일자리를 빼앗을 수도 있고 금전적 부담이 커질 수도 있다. 그렇다고 그냥 둘 수도 없다. 이면의 질서를 파악해야 할 때도 있고, 무조건 사회와 환경부터 생각해야 할 절박한 순간도 있다. 그래도 일방적 시각을 경계하고 명암을 따지며 나름 세상은 발전적인 방향으로 나아가려 한다.

이 일련의 과정을 나는 중학생들과 신문을 읽으며 확인하고 있다. 2013년 3월, 학년

구분 없는 중등NIE로 시작한 '1년 치 신문 읽기' 수업은 지금까지 나름 순항한다. 수업은 세상의 문제를 인식하고 관련된 정보를 연결해 생각을 확장하며 해결방안의 장단점도 모색해본다. 이를 위해 우리는 정보의 보고(寶庫)인 신문을 읽는다. 학생들에게 당장 합리적 의사결정과 실천을 요구하는 경우는 거의 없다. 하지만 결국 이 모든 문제가 우리 학생들이 훗날 기성세대가 되어 풀어야 할 사회적 과제임을 고려할 때, 지금부터 문제를 발견하고 해결을 고민하며 자신의 정체성까지 확립해가는 노력의 의미는 적지 않다.

## 신문 읽기로 문해력을 높이고

2008년 한 신문사의 NIE(Newspaper In Education, 신문활용교육)지도사과정을 마치고 중등NIE에 도전했지만, 시장은 잘 열리지 않았다. 수업 프로세스를 갖춘 초등NIE와 달리 중등NIE는 맨땅에서 시작해야 했고, 중학생이나 학부모님 반응도 "신문을 읽으면 좋겠죠" 정도였다. 즉, 고객도 준비되지 않았다. 나도 바빴다. "기존 기업·정부 출판물이나 열심히 만들라"는 농담 반 진담 반 조언을 들은 적도 있었다. 하지만 NIE를 접할수록 나는 내가 쓰는 글, 검토하는 자료와 연결고리를 느꼈고 '스토리'라는 범주에서 신문을 융합해 또 다른 콘텐츠를 만들 수 있겠다는 묘한 기대감에 부풀었다. 분주하고 부족해도 해내고 싶었다.

수년간 다양한 시도를 했다. 'NIE로 스토리텔링하기'를 여름·겨울방학에 중·고등학생 대상으로 진행했다. 지금도 원스토리연구소에서 이어가는 '합격을 부르는 스토리, 자기소개서' 특강의 초기 버전이다. 신문 'BOOK' 섹션을 바탕으로 기획한 'One Week, One Book'은 수강생을 한 명도 모으지 못했다. 매주 책을 읽어서 와야 한다는 게 학생들도 부담이었던 모양이다. 초등NIE 학습지 지도교사 안내서도 두 분 선생님과 만들고, 글쓰기 위주의 '중등 수행평가 클리닉'으로도 실전 경험을 쌓았다. 특히 2012년 환경, 에너지, 자유, 갈등 등의 주제로 만든 학습지, '(12가지 테마로 사고하는) 논술NIE'는 '1년 치 신문 읽기'의 모태라고 볼 수 있다. 그러나 아무리 예쁘게 편집해도 내용이 빈약하면 무용지물. 개념어 정리, 문단별 요약 역시 중요한 활동이지만 매번 하기엔 지루했다. 실패의 시간을 소개하는 이유는 멈추지도 않았고 겁먹지도 않았음을 기억하기 위함이다. 왜 그리도 포기가 안 되었을까. 도전정신이어도 좋고, 오기여도 좋고, 신문과 NIE를 향한 애정이라면 더 좋다. 이것이 안되면 저것을, 저것이 안되면 그것을 해보았다.

그리하여 2013년 봄, '1년 치 신문 읽기'를 시작했다. 수업은, 신문과 스토리를 결합하며 부족하지만 중등NIE의 새로운 방향을 제시하고 있다고 자평한다. 그리고 이 과정에서 나는 <u>신문이 중학생들의 독해력, 사고력, 어휘력, 문장력 등을 키워 궁극적으로 문해력을 높이는 매우 강력하고 매력적인 콘텐츠</u>임을 절감했다. <u>지문을 꼼꼼히 읽고 정보를</u>

<u>**선별해 구조적으로 정리하는 역량이 모든 공부의 기초라고 할 때, 그 기초를 탄탄히 잡을 해법이 NIE임을 확인**</u>했다.

## 수능을 대비한 비문학 독해 훈련도

이에 이 책은 신문을 통해 중학생의 읽기와 쓰기, 듣기 역량을 높일 방법을 제시한다. 사실 중학교 국어 수업에서 고등학교·수능 국어에 필요한 비문학(독서) 독해를 훈련할 기회는 별로 없다. 낯선 지문을 읽어내고 세상의 흐름을 파악하고 시대를 반영한 근거와 대안으로 논리적이고 창의적인 글을 쓰는 학습적·정서적 경험이 왜 중학생 시절에 필요한가를 공감하길 원한다. 신문이 여러분에게 위로와 에너지를 주는 친구까지 된다면 더할 나위 없이 기쁘다.

NIE의 저변 확대를 꿈꾸는 분들에게도 희망을 주고 싶다. 수업하고 싶은데 할 수 없고, 수업모델을 명확히 잡지 못해 답답한 상황을 나도 겪었다. 하지만 이제는 어렴풋이 안다. 무언가를 창조할 때는 내부에서만 답을 찾으려 하지 말고 자기가 가진 기존 역량과 융합해야 한다는 것을. 지금도 다양한 교육 현장에서 애쓰시는 선생님들, 특히 NIE 지도사들에게 이 책이 비판적으로 해석되고 도움이 되길 바란다.

수개월을 머릿속에서, 또 컴퓨터 자판을 두드리는 손끝에서 무질서하게 떠돌던 자료들이 D-day 며칠 전, 탁 손에 잡힌다. 그때부터 나를 떠나는 마지막 순간까지 콘텐츠는 치열하게 움직이며 자기 자리를 찾는다. 그 느낌 없이 어떤 프로젝트도 마무리한 적은 없다(물론 끝나면 개선해야 할 부분이 또 보이고 아쉬움도 짙다). NIE도 같다. 처음엔 '수업을 반복할 수 있으니 카피 쓰기보다 편할 거야'라고 기대했지만, NIE 역시 개선과 발전은 있되 반복은 용납되지 않는 콘텐츠였다. 이제는 그냥, 내가 반복하는 사람이 아니라고 여긴다. 그래야 이 힘겨운 여정을 받아들일 수 있다.

신문이 좋아서, 신문기사에 끌려서, 연결과 활용의 시너지를 믿기에 시작한 중등NIE 활동이 12년을 넘어섰다. 그래서 알게 되었다. 책상 위 교과서와 세상을 넘나들며 경계를 허물고 자신의 그릇을 키워가는 노력은 빠를수록 좋다. 단, 자신과 세상을 향한 인식과 고민의 결과물이 나오는 시기는 내 경험상, 중학생부터이다. 신문으로 시대의 변화를 읽고 자신의 미래를 준비하며 인류 공동의 문제를 해결할 단서도 파악하는 우리 학생들을 응원한다. 독자들도 함께 그 가치를 확인하시길 소망한다. 마지막으로 이 책이 나올 수 있게 내 삶을 이끄신 하나님께 감사드리며, 남편(현호)과 아이들(동규, 은재)에게도 사랑을 전한다.

2022년 10월 일원동에서

원스토리연구소 **송원이** 작가

contents

[ prologue ] 세상이 담긴, 낯선 지문 ———————————————————— 5

[ 제1장 ] 신문이 스토리를 만날 때 ———————————————————— 13
① 그래도 종이신문 ————————————————————————— 16
② 스토리의 힘 —————————————————————————— 29
**중등NIE, 잠깐 문답** ————————————————————————— 49

[ 제2장 ] 이해하는 훈련 - 읽기 ————————————————————— 53
① 단어, 문장, 문단의 호흡까지 ————————————————————— 56
② 독해란 무엇인가 ————————————————————————— 69
③ 독해력을 키우는 학습 문항 ————————————————————— 75
④ 스토리로 읽는다 ————————————————————————— 92
⑤ 학부모님도 함께 읽는다 —————————————————————— 107
**읽기, 잠깐 문답** —————————————————————————— 110

[ 제3장 ] 지문으로만 해석하기 어려울 때 - 보기와 듣기 ——————————— 115
① 보면 연결할 수 있다 ———————————————————————— 118
② 들으면 명확해진다 ————————————————————————— 120
**보기와 듣기, 잠깐 문답** ——————————————————————— 135

[ 제4장 ] 틀을 갖춘 글부터 - 쓰기 ———————————————————— 137
① 질문과 지문, 그 치열한 줄다리기 ——————————————————— 140
② 수업시간에 결론 한 문단 쓰기 ———————————————————— 149

# 목차

③ 요약글, 핵심만 남긴다 ——— 161
④ 주장글, 내 생각을 담는다 ——— 168
⑤ 개요를 짜야 글도 잘 쓴다 ——— 183
⑥ 한 단어, 한 문장, 하나의 이야기 ——— 191
**쓰기, 잠깐 문답** ——— 193

**[ 제5장 ] 먼저 읽는 나의 미래 - 신문과 진로교육** ——— 201
① 신문으로 높이는 진로성숙도 ——— 204
② 내 관심 분야가 탐색의 실마리 ——— 220
③ 그리고 자기소개서 ——— 225

**[ 제6장 ] 좋은 어른이 되는 연습 - 신문과 민주시민교육·세계시민교육** ——— 233
① 민주시민의 자질을 키운다 ——— 236
② 지구 공동체를 생각하는 세계시민교육 ——— 255
③ 우리는 성장하는 미래세대 ——— 266

**[ 제7장 ] 신문활용교육도 위학삼요(爲學三要)** ——— 271
① 혜(慧) ——— 274
② 근(勤) ——— 278
③ 적(寂) ——— 281

**[ epilogue ] 뜻밖의 풍성한 삶** ——— 285

제 1 장

# 1

신문이 스토리를 만날 때

# 1

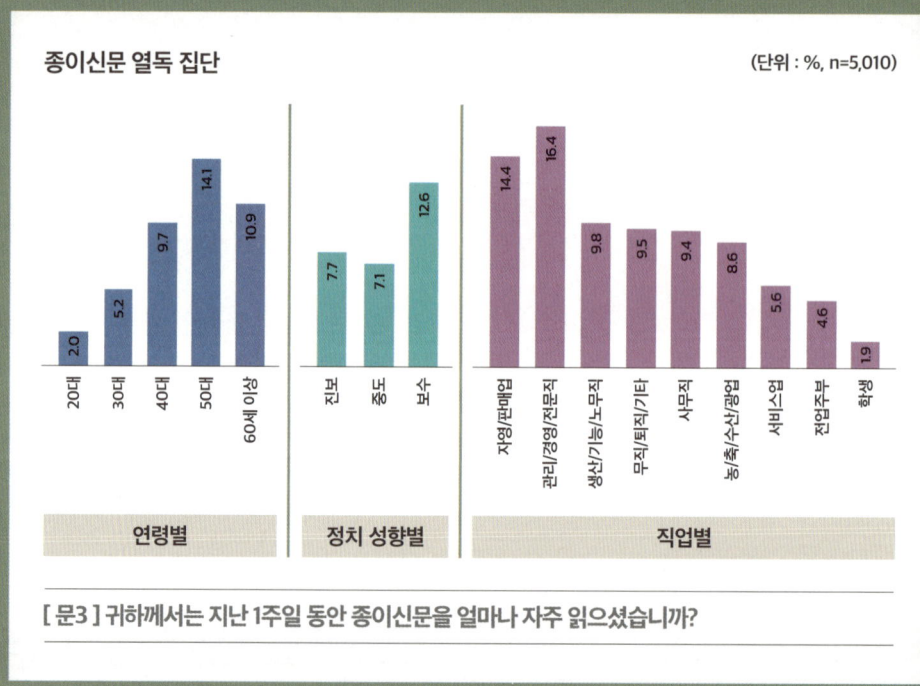

'2021 언론 수용자 조사'에 따른 종이신문 열독 집단(한국언론진흥재단 제공)

## 신문이 스토리를 만날 때

종이신문의 위기는 갈수록 깊어진다. 한국언론진흥재단이 실시한 '2021 언론 수용자 조사'에 따르면 종이신문 열독률은 2020년 10.2%에서 2021년 8.9%로 더 하락했다. 이제 종이신문을 집중해서 읽는 사람은 10명 중 1명도 되지 않고, 종이신문 열독 집단 통계에 10대는 잡히지도 않는다. "아직도 종이신문을 보냐?"는 냉소적인 반응은 아프다.

그러나 외면당하는 종이신문 기사를 현대인들은 스마트폰 속 인터넷 포털, 메신저 서비스, SNS, 온라인 동영상 플랫폼 등으로 읽고 본다. 이해하는 방법, 소통하는 플랫폼은 바뀔지라도 좋은 콘텐츠는 꾸준히 활용된다. 코로나19의 원인을 다룬 신문기사와 첫 발생지로 의심받는 중국 화난수산시장 영상을 침대 위에서 홀로그램으로 띄워 볼 날도 오지 않겠는가? 변신할 뿐, 소멸하지 않는다. 핵심은 콘텐츠의 가치이다.

# 그래도 종이신문

1

    2020년 추석 연휴는 꽤 길었다. 코로나19로 외출도 거의 없는 고립 상태였다. 그런데 연휴 끝자락인 10월 1일부터 3일까지 나는 코로나19에도 느끼지 못했던 '불안한 단절'을 느꼈다. 신문이 오지 않았기 때문이다. '오늘은 왔나?' '배달 사고인가?' 사흘 내내 대문을 여닫았다. 알고 보니 신문도 추석맞이 휴간이었다. 인터넷엔 시시각각 새로운 기사가 업데이트되고 책장 한 칸엔 날짜 지난 신문이 쌓여 있었지만, 그것은 이슈일 뿐 내 허한 마음을 달래지 못했다. 그때 깨달았다. 당일 신문을 한장 한장 넘기는 행위는 그날의 세상과 연결된 스위치를 켜는 일이었음을. 월요일 아침, 평소보다 두툼한 종이신문이 나에게 각성제였다는 사실도, 한 주를 시작하는 묵직한 기분이 그리 나쁘지 않았음도 알았다. 그러니 공들여 쓴 기사, 곱씹어 읽을 만큼 빛나는 기사, 표현력과 비판적 통찰력까지 갖춘 기사를 만났을 때 감동은 어떠하겠는가. 학생들에게 자신 있게 권한다.
    "보물이야. 한번 읽어봐."

### "1순위는 책입니다"

    'NIE(Newspaper In Education, 신문활용교육)'는 신문을 활용해 지적성장을 도모하고 학습효과를 높이는 교육이다. 신문기사와 제목, 사진과 사진 설명, 그래프나 표,

광고 등 신문의 구성 요소는 교육적으로 활용될 수 있다. 특히 신문기사는 사회 현안에 대한 정보와 의견, 정부와 기업에 대한 비판과 감시 등을 주장과 근거 형태로 담고 있기에 학생들은 독해력, 비판적 사고력 등을 기르고 시대를 반영한 창의적 아이디어나 해결책을 파악할 수 있다. 또 한정된 지면을 고려해 글쓴이가 전략적으로 서술한 단어, 문장 등을 읽어 내려가며 분석력, 어휘력도 기른다.

물론 독서교육과 비교한다면 NIE는 승기를 잡기 어렵다. 두툼한 책 한 권을 끈기 있게 읽어냈을 때, 글쓴이의 생각과 의도를 파악하며 그와 끊임없이 소통할 때, 책 속 인물들의 가치관과 세계관을 분석하며 나를 돌아볼 때 얻을 수 있는 인문학적 소양과 내공, 교육적 효과는 신문으로 얻는 그것보다 훨씬 크다. 지금도 나는 학부모님들에게 "1순위는 책입니다"라고 말한다. "중학교 생활 3년이야말로 독서에 풍덩 빠질 시기다"라고 강조하는 독서교육 전문가의 말도 인정한다. 하지만 현실은 이상과 엇갈린다. 이미 초등 3·4·5학년 때부터 활자를 대충대충 읽어 그것이 습관이 되어버린 학생, 책은 좋아해도 장르를 편식하는 학생, 지문의 맥락과 요점을 잘 파악하지 못하는 학생이 꽤 있다. 학원 다니고 학교 내신 챙기느라 책 읽을 겨를이 없다. 한가해지면 즉각적인 재미를 주는 스마트폰, 게임, SNS에 먼저 손이 간다. 억지로 독서교육학원에 갈 수는 있지만, 학생이 책을 제대로 읽어오지 않으면 활동에 한계가 있다. 가장 좋은 방법을 적용할 환경부터 마련하기 힘든 형국이다. 하지만 NIE는 다르다. 방망이를 짧게 쥔 단타 연습이지만 훈련하는 시간만큼은 타격감을 한껏 높일 수 있다. 학생들의 학업 환경을 고려한 효율적인 공부법, 즉 차선책이다.

## 나의 세계에서 타인의 세계로

그러나 신문만 읽는다고 교육적 효과를 거두는 것은 아니다. 12년 전, 한 중등NIE 방학 특강에 보조교사로 참여했다. 국제면 기사를 읽고 하는 핵심 활동 중 하나가 각국 수도 외우기였다. 나부터 당황했다. 총 8차시 수업은 초등NIE와 별 차이가 없었다. 학생 24명이 등록했음에도 상설수업으로 이어지지 못한 이유가 이것이었겠다 싶었다.

또 초등NIE는 '나만의 세계를 만드는' 활동이 중심을 이룬다. '광고'(주제부터 범위가 넓다) 수업이라면 신문을 훑으며 광고를 찾고, 오려 붙이고, 꾸미고, 찾은 정보를 정리하고, 아이디어를 추가하고, 느낌도 적는다. 각자 찾은 게 다르니 내용도, 활동에 필요한 시간도 제각각이다. 자유롭고 여유롭다. 열심히 참여한 초등학생들은 훗날 중등NIE에 올라와 거의 비슷한 이야기를 했다. "초등 때는 시간도 많이 남고 쉬웠어요." 물론 그 풍성한 여유와 자유를 제공하려고 초등NIE지도사는 많이 노력했을 거다. 문제는 그 활동을 중등NIE까지 이어가야 하는가이다. 질풍노도의 시기를 보내는 중학생이 자유롭게 생각하고 표현하는 수업을 잘 받아들일까? 그게 최선일까?

중학생의 특징과 학업 환경을 고려해 수업의 틀을 짜야 했다. 교육적 효과를 극대화하기 위한 원칙을 세웠다. **첫째, 학업에 실질적 도움을 준다.** 초등학생 학부모님은 "신문이 사고력을 키우는 데 좋다면서요"라고 막연한 기대감을 내비치지만, 중학생 학부모님의 목적은 구체적이다. 자녀 공부, 성적에 긍정적 영향을 미쳐야 한다. 단, 그 영향은 중학교 국어 점수가 아니라 고등학교 학업에 필요한 독해력, 사고력, 어휘력 등 기본 역량을 먼저 기르는 것으로 정했다. **둘째, 나를 넘어 타인의 세계를 인식하고 파악하게 만든다.** 내 생각, 내 느낌에서 일단은 벗어나자. 현재 교육 환경에서 중·고등학생들이 풀어낼 문항은 'my way'를 고집하면 곤란한 내용이 대부분이다. 타인의 생각과 관점, 세상의 메시지를 이해하고 분석하는 힘이 필요하다. 자신의 주관적 견해를 배제하고 지문을 객관적으로 해석하는 능력을 기르는 것 역시 '나를 넘어서는' 노력이다. **셋째, 사회 현안을 깊이 파고들어 세상과 소통하며 문제를 해결하는 인재로 만든다.** 신문은 사회 현안에 대한 정확한 정보를 제공하고 다양한 의견과 해결책을 제시한다. 어떤 사회현상을 앞장서 이슈화하기도 한다. 이것이 신문의 독보적 역할인 만큼 그 특징을 잘 살려야 했다. 단, 초등NIE처럼 신문을 뒤적거리다가 각자 취향대로 정보를 선택 정리하거나 토막 상식을 학습하는 방식은 지양한다. 학생들의 머리가 컸고, 그 정도에 만족한다면 중등NIE에 올 이유가 없다.

■ 초등NIE와 중등NIE의 차이

| | 초등NIE | 중등NIE |
|---|---|---|
| 핵심 활동 | 나만의 세계를 풍성하게 만들기 | 타인의 세계를 인식하고 파악하기 |
| 사회 현안 활용 정도 | 사회 현안(시사 이슈) 맛보기 | 사회 현안(시사 이슈) 파고들기 |
| 수업 목표 | 사고력, 표현력, 창의력 등을 증진 | 독해력, 창의력, 문제해결력 등을 높여 중·고등학교 학업에 실질적 도움 제공 |

## 수능을 잘 보려면 신문을 읽어라

신문의 현실적 매력은 또 있다. 위에서 중등NIE는 고등학교 학업에 필요한 기본 역량을 기르는 데 중점을 둔다고 강조했다. 오늘날 상당수 고등학생이 대학 진학을 목표로 학업에 정진한다. 대학입학시험전형은 크게 수시와 정시로 나뉜다.

정시의 관문은 대학수학능력시험(이하 수능)이다. 이중 국어 내 독서(비문학), 영어, 사회탐구 영역 지문은 신문기사의 내용, 형식과 일정 부분 통한다. 수능 출제기관인 한국교육과정평가원은 <2023학년도 수능 학습방법 안내>에서 '(국어 영역) 독서 능력은 다량의 정보를 신속하고 정확하게 처리해야 하는 정보화 시대의 국어생활 맥락과 비판적·창의적인 문헌 해석 및 활용 능력을 요구하는 학문 활동 환경을 고려할 때 매우 중요하게 요구되는 국어 능력 중 하나이다'라고 소개한다. 2017년 출간한 고등학교 교과서 《독서와 문법》(미래엔, 윤여탁 외)도 독서(비문학)의 특성을 사회적 소통 행위와 지식 창출 행위로 설명한다. 타인, 집단, 계층, 지역, 시대와 소통하려면 그 대상과 그들의 다양한 창작물을 이해하고 분석해야 한다. 이때 주관을 개입해 멋대로 해석하고 답하면 소통은 불가능하고 사회 질서도 잡을 수 없다.

일상생활에서는 그 소통 역량이 주로 '듣고 말하기'로 나타나지만, 수능에서는 '읽고 쓰기'다. 글의 맥락과 구조를 객관적으로 파악하며 독해력을 기르는 데 신문기사만큼 질과 양이 최적화된 콘텐츠는 거의 없다. 일반 상식, 기초 지식, 정보, 전문가 의견, 해결방안 등을 신문기사만큼 구조적으로 짜 놓은 콘텐츠도 드물다. 수능 지문과 신문기사 모두 새로운 정보를 추론할 열쇠가 문장 곳곳에 전략적으로 배치되어 있다. 그래서일까. 대치동에 유명한 국어학원 원장이 "인생을 잘 살고 싶으면 책을 읽고, 수능을 잘 보려면 신문을 읽어라"라고 했다는데, 나도 100% 동감한다.

> 사회적 소통 행위는 작게는 독자와 글쓴이가 만나는 일이며, 크게는 독자와 글쓴이가 속한 집단과 집단, 계층과 계층, 지역과 지역, 나아가 시대와 시대가 만나는 사회, 문화적 사건이라고 볼 수 있다. 인간은 독서를 통해 지식과 정보를 공유하고, 이를 바탕으로 사회를 유지하고 문명을 발달시킬 수 있다.
>
> - 2017년 출간한 고등학교 교과서 《독서와 문법》(미래엔, 윤여탁 외) p.13

소재도 비슷하다. 한국교육과정평가원은 '독서 영역에서는 인문·예술, 사회·문화, 과학·기술 분야의 다양한 글을 제재로 한다'고 밝힌다. 사회의 다양한 현상과 변화를 다룬 실용적 지문은 신문에 차고 넘친다.

수능 국어 독서(비문학)를 학생들이 처음 보는 지문으로 출제한다는 사실도 주목해야 한다. 새로운 지문을 마주하면 일단 낯설다. 시간 내에 풀어야 하니 조급해진다. 낯섦과 조급함이 혼자만의 감정은 아닐진대, 안타깝게도 많은 학생이 그 감정의 무게를 이기지 못하고 판단력이 흐려진다. 국어를 망친 절망감에 손이 덜덜 떨려 수학도 제대로 못 풀었다는 이야기도 들린다. 신문기사는 낯선 감정을 미리 경험하는 지문이다. 지난번에 봤던 익숙한 내용은 거의 없다. 생소한 느낌을 당당히 수용하며 냉철하게 사고하고 풀어내는 훈련을 신문기사로 할 수 있다. 수업에 꾸준히 참여하는 학생들이 지문을 읽다가 짬이 나면 학습지 뒷부분을 쓱 훑어보는 모습을 가끔 목격한다. 수능 시험장에서 그런 여유를 부리기는 힘들 것이다. 그러나 적어도 그것은 '낯선 지문에 압도되지 않고 주도적으로 읽겠다'라는 결단의 신호다.

또 2022학년도 수능부터 수험생들은 국어에서 '화법과 작문', '언어와 매체' 중 하나를 선택한다. 화법, 작문, 언어(문법)는 과거부터 있었으나 '매체'는 새롭게 등장했다. 한국교육과정평가원은 <2022학년도 수능 학습방법 안내>에서 처음 '매체'를 설명했다.

「매체 능력은 현대 사회의 언어 활동이 다양한 매체를 기반으로 이루어진다는 점에서 매우 중요하게 요구되는 국어 능력 중 하나이다. 매체 영역에서는 매체의 소통 방식 및 매체 언어에 대한 지식과 아울러 다양한 매체 언어를 수용, 생산, 향유하는 데 요구되는 사실적·추론적·비판적·창의적 사고력을 측정할 수 있는 문항을 출제한다. 이를 위해 인쇄·전자·대중 매체 및 복합 양식 매체 등 다양한 매체를 설정하여 출제하되, 문항에서 요구하는 매체 언어의 수준과 범위가 고등학교 교육과정을 벗어나지 않도록 한다.」

언어 활동의 전통적 매체인 신문도 기사 형태로 수능에 나올 수 있다는 뜻이다. 물론 수능에는 매체 지문과 문법을 섞은 유형의 문제도 새롭게 등장하는 추세지만, 중학생이라면 신문기사에 익숙해지는 게 먼저다. '수능을 잘 볼 수 있다'라는 중등NIE의 장점이 더 명확해진다.

또 2018년부터 새롭게 선보인 고1 교과목, 통합사회는 인간, 사회, 국가, 지구 공동체 및 환경을 개별 학문의 경계를 넘어 통합적인 관점에서 바라보며, 특히 사회 현안(시사

이슈) 등 현실 세계를 사회적 이론과 연결해 설명한다. 세상 돌아가는 데 관심이 없는 학생은 생소할 수밖에 없다. 자율주행차가 세상을 어떻게 바꾸는지 모르는데 어떻게 자율주행차의 윤리적 쟁점을 생각해내겠는가? 게다가 통합사회는 내신 과목이지만 수능에서 선택할 사회탐구 영역 과목들과도 자연스럽게 연결된다.

정리해 보자. 중등NIE는 수능 국어 독서(비문학)와 수능 영어에 필요한 독해력, 사고력, 정보처리능력 등을 기르는 데 도움을 준다. 낯선 지문을 읽고 이해하고 지배하는 경험을 축적하며 두려움을 제어하는 훈련을 한다. 통합사회에 소개되는 시사 이슈를 미리 학습하여 내신 등급을 올리기에도 유리하다. 수능 사회탐구 학습도 수월해진다. 나아가 '읽어야 이해하는' 모든 학습에 도움을 준다. 타인의 세계를 객관적으로 이해하는 사회 구성원으로도 성장한다. 어쨌든 중·고등학교 학업역량을 평가하는 가장 정량적이고 객관적인 방법이 수능임을 고려할 때, 중등NIE의 효능은 구체적이고 강력하다.

## 시사 이슈도 가공하는 대입논술 지문

"'1년 치 신문 읽기'는 논술 수업이죠?!"

학부모님들의 질문이 한때는 부담스러웠다. 치우치지 않는 근거를 찾아 논리적으로 서술하고 또 논리적으로 반박하며 상대를 설득하는 것이 얼마나 힘든지 다양한 사회적 갈등을 보며 절감하기 때문이다. 그래도 자기 이익만 좇아 막무가내로 우기거나 가짜 근거에 휩쓸리지 않는 사회 구성원으로 성장하려면 지금부터 논리적, 비판적으로 사고하고 조리 있게 서술하는 방법을 익혀야 한다. 이 정도 목표로 중등NIE를 '논술의 기초역량을 다지는 시간'으로 생각해주시면 좋겠다.

단, 대입 수시 중 하나인 문과 논술전형에 국한하면 논술과 NIE는 밀접한 관계를 맺는다. 축소되는 중이지만, 그래도 논술전형은 내신이 불리한 특목·자사고, 소위 강남 8

학군 학생들이 포기할 수 없는 수시 카드다. 논술전형 지문도 시사 이슈를 다룬다. 비교 요약하고 근거로 삼아 견해를 밝힐 만한 새로운 소재와 지문을 대학들이 매년 어디서 찾아내겠는가? 수능과 마찬가지로 시대적 흐름을 담은 시사 이슈를 일정 부분 가공할 수밖에 없다.

흥미로운 건 2년 넘게 중등NIE를 함께한 A학생은 비교적 난도가 낮은 논술전형 지문을 잘 읽어냈지만, 4개월밖에 안 된 B학생은 같은 학년인데도 어려워했다는 점이다. 지문은 감시사회를 바라보는 두 가지 관점, 즉 '감시의 내면화'와 '역(逆) 감시'를 설명하는데 둘 다 수년 전부터 다룬 내용이었다. 제시문의 구조 역시 신문기사의 그것과 비슷했다. 즉 A학생은 내용과 형식 모두 익숙해질 만큼 훈련을 했다. B학생도 늦지 않았다. 격차를 인지하고 따라잡기에 충분한 시간이다. 논술전형의 기본 문항인 비교해 요약하기부터 꾸준히 연습하자.

물론 수학·과학 문제를 푸는 이과 논술의 학습 전략은 다르다. 그러나 어떤 공부도 기본은 제대로 읽고 쓰는 것이다. 바탕이 튼튼해야 다음 단계를 도모한다. 그런 의미에서 서술형·논술형 평가를 강화하고 수능에도 도입하겠다는 교육부 정책은 잘못된 방향이 아니다. 중등NIE는 이를 대비해 읽고 쓰는 기본 틀을 탄탄히 잡아나가야 한다.

## 수행은 돋보이고 생기부는 풍성해져

3~4년 전만 해도 대입 수시는 학생부종합전형(이하 학종)이 대세였다. 지금은 다소 분위기가 바뀌었지만, 여전히 학종의 문은 넓은 편이다. 학종에 도전하려면 일단 교과, 내신 등급이 높아야 하고 학교생활기록부(이하 생기부) 내용이 풍성해야 한다.

교육부가 2019년 11월 28일 발표한 <대입제도 공정성 강화 방안>을 보면 2024학년도 대입부터 정규교육과정 외 대다수 비교과 활동(수상경력, 개인 봉사 실적, 자율동아리, 독서 등)과 자기소개서는 학종에 반영되지 않는다. 이제껏 학종의 핵심 평가 요소였던 비교과 활동과 자기소개서의 위상이 생기부, 특히 교과 세부능력특기사항(이하 세특)으로 넘어간 셈이다.

세특에 넣을 만한 소재는 수행평가, 수업 발표, 지적 호기심에 따른 보고서 작성, 수업 태도와 참여도, (수상 내용과 대회 명칭을 언급하지 않는) 교내 대회 도전기 등이다. 과목별 담당 교사는 이 활동들로 드러난 학생의 역량을 서술한다. 2022년 기준, 중·고등학생들은 2015개정교육과정을 따른다(2021년 11월 교육부가 발표한 2022개정교육과정은 중·고등학교의 경우, 2025년부터 단계적으로 시행될 계획이다). 2015개정교육과정이 추구하는 핵심역량은 창의적 사고, 공동체 의식, 지식정보처리역량, 자기관리역량, 의사소통역량, 심미적 감성이다. 또 OECD가 1997년부터 2003년까지 진행한 데세코(DeSeCo·Defining and Selecting Key Competencies, 핵심역량교육) 프로젝트는 미래 사회에 필요하기에 주로 학교 교육을 통해 키워야 할 핵심역량으로 도구의 지적 활용, 사회적 상호작용, 자율적 행동을 규정했다. 이들 역량을 기르고 나타내기에 좋은 도구는 신문이다.

수업을 3년간 함께한 D양은 중2 사회 수행으로 「우리 사회에서 벌어지는 일에 직접 참여하고 발표하라」라는 과제를 받았다. 친구들 대부분이 동네 쓰레기 줍기 등 일상 속 가벼운 주제를 선택할 때, D양은 2018년 '편의점이 아프다' 수업에서 다룬 최저임금을 떠올렸다. 최저임금과 관련된 신문기사를 찾아 읽고, 설문을 직접 만들어 동네 편의점, 커피전문점, 주유소를 찾아가 고용주와 피고용인, 시민들의 입장과 의견을 조사했다. 그런데 '최저임금을 고용주는 낮추기를, 피고용인은 높이기를 바랄 것이다'라는 D양의 예상과 달리, 최저임금이 올라가면 세금도 같이 는다고 상승을 반대하는 피고용인들이 꽤 있었다. 그래서 D양은 한국소비자원 자유게시판에 현 상황을 설명하고 '세금을 최소화해야 피고용인들이 최저임금 상승을 환영할 것이다'라는 제안을 올렸다.

최저임금과 고용, 세금은 단순하게 연결할 사안이 아니다. 그러나 누가 D양에게 완벽한 해결책을 요구하겠는가? 지금은 싹만 틔우면 된다. 미래 사회는 복잡하고 정답이 없는 문제 상황을 자기 주도적으로 해결하는 역량을 가진 인재를 원한다. D양은 최저임금 갈등이 오늘날 문제 상황임을 깨달았고, 동네 이웃들의 의견을 들어봐야겠다고 판단해 문항을 만들어 조사했다. 나름의 해결책을 찾아 정부 기관에 제시했다. 이 모든 과정을 자기 주도적으로 해냈다. 자율적 행동, 사회적 상호작용, 창의적 사고, 공동체 의식…, 현재 교육과정이 추구하는 핵심역량에 포함되지 않는 게 없다. 최저임금 문제를 심층 취재한 신문기사는 D양의 지적 호기심을 키워주고 생각의 폭을 넓혀준 마중물이었다.

K양도 오빠에 이어 3년간 함께한 학생이다. 중2 국어 수행인 '성차별' 글쓰기에 친구들은 신문에 흔히 나오는 경력 단절 여성이나 여성 임원 비율 등을 근거로 삼아 글을 썼다. 그러나 K양은 2018년 '역사 속에 가려진 여성 독립운동가' 수업을 기억하고 일제의 탄압과 여성 차별, 즉 두 개의 억압에 맞선 여성 독립운동가들의 삶을 조명했다. 2018년 광복절 경축사에 "여성 독립운동가 발굴이 광복의 완성"이라는 내용이 나올 만큼 우리나라가 이를 역사적 과제로 삼은 터라 시대 흐름과도 잘 맞았다. K양의 증언이다.

"훌륭한 독립운동가도 여성이라는 이유로 차별받았다는 게 생소하고 충격적이었거든요. 그래서 이걸 알리는 것도 의미가 있겠다고 생각했어요. 선생님이 만점을 주셨고, 반 전체 친구들에게도 읽어주셨어요. 고등학교에 가서도 남과 다른 소재, 시대를 반영한 수행 아이템을 신문에서 열심히 찾아야겠어요."

고등학교에 가면 수행이 더 많아진다. 공부할 양도 폭발적으로 늘어나는데 시간은 부족하니 적잖은 학생들이 포털사이트 내용을 베낀다. 학생도 평가자도 감흥이 없고, 지적 호기심도 보여주지 못하는 형국이다. 설령 생기부에 기록된다 해도 내용은 건조하고 의미를 찾을 수 없으니 훗날 학종 자료로 활용하기도 어렵다. 극소수 학생만이 차별화된 활동을 해낸다. 무엇이 차이를 만들까? 책, 다큐멘터리 등을 활용하면 가장 좋지만, 짧게는 신문기사라도 추가하자.

　스포츠 에이전트를 꿈꾸는 K군은 자신의 꿈을 발표하는 심화영어 수행에 2016년 미국 미식축구 선수인 콜린 캐퍼닉이 무릎을 꿇고 미국 국가 부르기를 거부하며 인종차별에 반대했다는 내용으로 포문을 열었다. 그리고 '스포츠 현장에서 약자들의 반란이 더 큰 감동과 영향을 준다'라는 근거로 잉글랜드 프로축구 프리미어리그 20개 구단 선수들도 2021~2022시즌에 인종차별에 반대하는 무릎 꿇기 퍼포먼스를 이어간다는 신문기사를 공유했다. 기사에는 동료들과 함께 무릎 꿇은 손흥민 선수(토트넘 홋스퍼FC)의 사진도 포함되었다. K군은 "내 꿈은 스포츠 에이전트다. 나도 아시아인, 흑인 등이 차별받지 않고 전 세계 스포츠 무대에 우뚝 서도록 도울 것이다"라는 소감을 전했다. 나는 이미 손흥민 선수가 무릎 꿇은 사진으로 K군 수행평가 점수는 결정 났다고 본다. 약자들의 반란이 대한민국 최고의 축구선수인 손흥민에게까지 영향을 끼쳤다고?! 그걸 잊어버릴 학생은 없었다. 이렇게 신문기사는 오늘을 반영하며 수행 결과물을 입체적

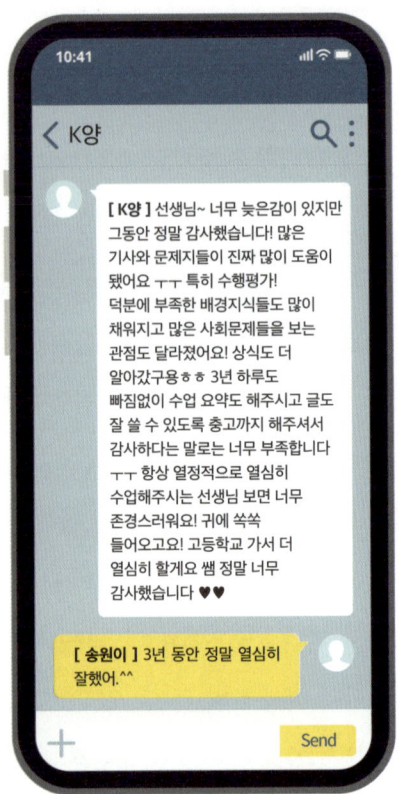

중등NIE로 차별화된 수행 활동의 아이디어를 얻은 K양의 카톡

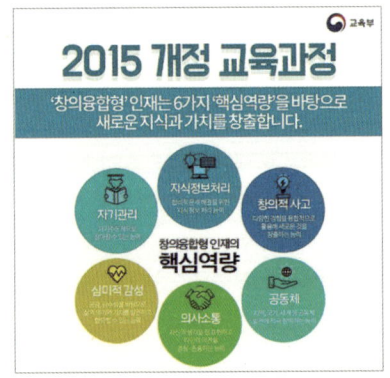

2015개정교육과정이 추구하는 핵심역량

으로, 또 매력적으로 만든다.

책을 중심에 놓고 신문을 부가적으로 활용해도 좋다. S양은 책《존 로빈스의 음식혁명》(시공사, 존 로빈스 지음)을 읽고 공장식 축산이 지구와 인간, 여러 생명체의 건강과 생명을 위협한다는 사실을 알았다. 그리고 2021년 '고기와 나' 수업을 통해 소를 공장식으로 키우는 원인 중 하나가 한우 등급 기준에 마블링이 포함되기 때문임을 확인하고 과학독후감대회 독후감의 서론에 서술했다. 대안으로 기술의 중요성을 부각해 대체육 시장도 소개했다. 이 활동으로 S양이 상을 받았는지는 중요하지 않다. 수상 내용을 학종에 활용할 수도 없다. 그러나 과학독후감대회에 자율적으로 참가한 계기, 식품영양학에 관심을 두고 평소 신문을 스크랩하며 푸드테크(Food Tech)의 가능성을 발견해 서술한 노력 등은 생기부 세특에 자세히 기록될 수 있다. 단, 그 내용을 효과적으로 서술하도록 과목별 담당 교사와 적극적으로 소통하는 것은 학생의 몫이다.

## 면접에서도 진짜 내 생각을 말해

특목·자사고 입학을 희망하는 학생들에게 나는 중등NIE를 특별히 추천한다. 특목·자사고에서는 신문에 기반한 교내활동을 다양하게 진행하는데, 중학교 때 사회 현안에 충분히 노출된 학생은 훨씬 수월하게 접근한다. 일단 입시 면접부터 경쟁력을 발휘할 수 있다. 특목·자사고 입학 전형은 일반적으로 1단계 서류 통과, 2단계 자기소개서 제출, 3단계 면접으로 이루어진다. 안양외국어고등학교의 2021년 온라인입시설명회에 나온 면접 개별문항 예시를 보자. 「외교관을 꿈꾸는 저는… '귀향'이라는 영화를 보고… 이러한 역사가 반복되어서는 안 되며…」 등을 자기소개서에 서술한 지원자에게 학교는 이렇게 질문할 수 있다고 한다.

"역사에 관심이 많다고 했는데, 지원자가 과거의 어느 순간으로 돌아가 역사를 바꿀 수 있다면 어떤 사건을 바꾸고 싶은지, 그에 따라 어떤 변화가 일어났을지 말해보세요."

정답은 없다. 지원자가 평소 관심을 가졌던 사건을 선정해 생각을 표현하고 기대 효과를 예측하면 된다. 2020년 '독립군의 영웅, 홍범도' 수업에 가슴 아팠던 학생이라면 이렇게 대답할 수 있다.

"1937년 러시아 연해주에서 홍범도 장군이 같은 고려인 18만 명과 카자흐스탄으로 강제이주했습니다. 그 사건을 막고 싶습니다. 막았다면 홍범도 장군의 유해가 카자흐스탄에 있을 리도, 유해 송환 문제로 남북한이 싸울 일도 없었을 것입니다. 또 2020년이 봉오동·청산리전투 100주년인데, 홍범도 장군에 대한 오해도 사라지고 무엇보다 항일 독립투쟁의 역사를 우리 국민이 더 잘 알고 자부심을 키웠을 것입니다."

홍범도 장군 유해는 2021년 8월 15일, 마침내 조국으로 돌아왔다. 이제야 온 국민이 알게 된 사건을 2020년 수업을 할 때만 해도 아는 학생이 거의 없었다. 당시 의병 투쟁, 봉오동·청산리전투, 고려인 강제이주, 만주 항일 무장 투쟁사의 중국화 움직임, 홍범도 장군 유해 송환을 놓고 벌이는 남북 대결, 홍범도 장군에 대한 잘못된 인식 등을 치열하게 짚었다. 그 내용을 면접에서 오롯이 표현할 수 있다.

수년 전, 한 학원이 배포한 특목고 면접 자료를 보았다. 빽빽하게 적은 배경 지식 문답은 300번을 넘어섰다. 자료를 달달 외워 합격할 수도 있다. 그러나 지원자의 머릿속에 외웠던 내용이 남아 있을까? 무엇을 고민하고 생각했을까? 중등NIE는 정답이 없는 질문에 나만의 답을 만들게 이끈다. 그것은 달달 외운 답이 아니라 스스로 고민하고 비교하고 관점을 세운 답, 나를 성장시키는 답이다. 이외에 중등NIE가 읽기, 쓰기, 듣기 등 기초적 언어 역량을 키워준다는 것은 2장부터 차례로 설명한다.

# 스토리의 힘

2

 사회 현안을 다룬다는 원칙은 정해졌다. 하지만 낱낱이 흩어지는 이슈와 정보는 먼지와 같다. 무수한 사건과 쟁점을 어쩔 건가? 일일이 외우나? '세상이 이렇구나' 맛보고 넘어가나? 외우지 않아도 일상에서 자연스럽게 기억하게 되고, 유기적으로 연결된 사회를 깨닫고, 낯선 지문이 익숙해지고, 언어 역량을 키우고, 지적 만족까지 느낄 방법은 무엇일까? 해결책은 내가 기업과 정부 출판물을 만들어가는 방법인 '스토리'였다.

## 스토리는 에피소드를 담는다

 수년 전 인천 시티투어에 참가했다. 원래는 한국이민사박물관을 포함하는 여행 코스였는데 그날따라 박물관이 문을 닫았다. 문득 '이민'을 NIE로 다뤄보고 싶었다. 어떻게 시작할까? 이민의 사전적 정의를 찾고 대한민국 이민자 현황을 정리할까? 우리나라는 2007년부터 다양한 민족·문화권의 사람들이 서로 이해하고 공존하는 다문화사회를 만들자는 취지로 5월 20일을 '세계인의 날'로 제정하고 매년 '올해의 이민자'를 수상한다는데, 수상자의 면면을 살펴볼까? 결정적으로 재미가 없다. 몰입할 요소가 없다.

 일단 범위를 좁혀보았다. 오늘날 이민자의 현실을 다루려면 '다문화사회', 더 들어가면 '난민'까지 초점을 맞출 수 있다. 그러나 난민은 정식 이민 절차를 밟지 않고 온 사람들이며 인권 이슈로 이미 다뤘다. 패스. 다문화사회는 당시 수면 위로 올라온 내용이 별로 없어 중학생이 공감할 부분이 적었다. 우리나라를 다문화사회 모범국으로 볼 수도 없다. 또 패스. 그럼 역사적으로 다뤄볼까? 한국이민사박물관도 1902년에 우리나라 공식 이민이 시작되었음을 기념하며 설립되었다. 좋다. 수업은 역사NIE의 성격을 띠며 우리나라 이민 1세대의 삶을 통해 모국과 재외동포의 바람직한 협력 방안을 모색한다. 우리나라 초창기 이민의 애환부터 담아보자. 2018년 '우리는 대한민국 이민 1세대' 수업은 1900년대 초반, 흔들리는 대한제국의 어느 날로 간다.

*1900년대 초반, 우리나라 여러 항구에는 '하와이 이민자 모집 광고 포스터'가 붙었습니다. 핵심 내용은 '하와이로 누구든지 혼자, 혹은 일가족을 데리고 와서 한때 머물 수 있다', '신체 건강하고 품행이 단정하면 일자리 얻기가 쉽다', '급여는 열흘에 15달러다' 등이었습니다. 고달픈 생활을 벗어날 기회였지만, 정주(定住)민족인 우리로서는 쉽지 않은 선택이었습니다.*

*그러나 1902년 12월 22일, 121명은 용기를 내어 제물포항을 출발했습니다. 이것이 바로 우리나라의 첫 공식 이민입니다. 이미 1860년대부터 한반도 북부에 사는 상당수가 착취와 기근을 피해 중국 만주, 러시아 연해주로 이동했지만, 우리나라 최초의 공식 이민은 1902년부터 1905년까지 7천 4백여 명이 사탕수수농업에 종사하려고 하와이에 간 것입니다.*

한 학생이 여는 글을 읽는 동안 나머지 학생들은 포스터 아래 모여든 조선인들, 집조(여권)를 받아들고 배에 오른 조선인들을 상상한다. 외세에 나라가 통째로 흔들리던 구한말, 조상 대대로 살던 땅을 떠나는 두려움보다 착취와 기근의 고통이 컸던 그들에게 감정이 이입된다. 보조자료까지 보고 나면 우리나라 초창기 이민의 역사를 살펴볼 마음

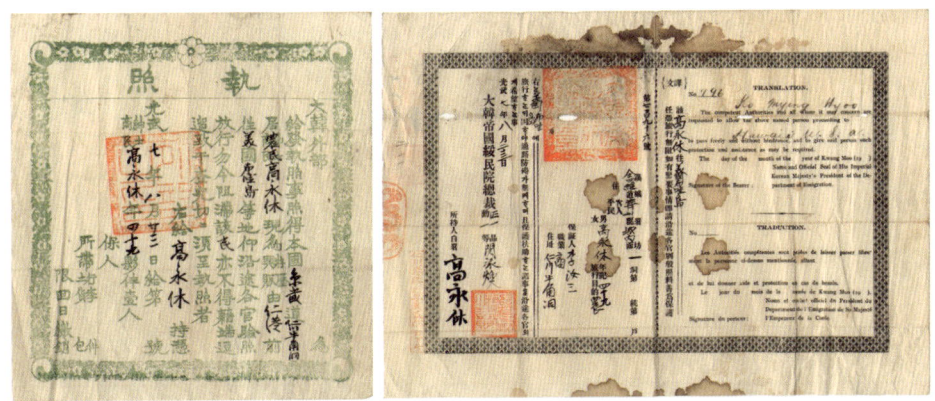

1903년 대한외부(화면 왼쪽)와 유민원(화면 오른쪽)이 발행한 집조(여권)(한국이민사박물관 제공)

의 준비가 끝났다. '우리는 대한민국 이민 1세대' 수업이 시작된다.

누구나 이야기를 원한다. 정보와 숫자보다 그 안에 담긴 에피소드에 귀 기울인다. 4장(쓰기)에서 언급하겠지만 나는 주장글을 말랑말랑한 에피소드로 시작하라고 강조한다. '정보는 사라져도 스토리는 남는' 건 중등NIE도 예외가 아니다.

## 스토리는 연결된다

에피소드는 하와이에서 조선인 이민자를 받은 이유, 이민 생활의 애환, 특히 노총각 이민자들의 결혼 문제, 사진신부 제도의 장단점까지 이어진다. 다음은 하와이 이민자들이 월급의 절반을 항일독립운동에 바칠 만큼 조국을 사랑했음을 알린다. 조국의 독립과 발전을 염원하는 재외동포의 진정성은 하와이 이민 초창기부터 나타났다. 그러나 미주 항일독립운동 역사는 잘 알려지지 않았고 유적도 제대로 관리되지 않았다. 결론은 오늘날 재외동포와 모국의 협력 방안이다. 과거 이민자들이 조국 독립을 위해 힘을 보태었

듯 오늘날 재외동포들은 모국을 위해, 모국은 재외동포들을 위해 무엇을 할 것인가? 서로에게 어떤 영향력을 발휘하는가? 수업은 분위기를 조성해 이슈를 전개하고 문제를 파악하며 대안을 제시하고, 마지막으로 의미를 찾는 기승전결(起承轉結) 구조를 갖춰야 효과적이다. 여기서 뜬금없이 "이번엔 이민자의 천국이라 불리는 독일의 현황을 보자"라고 방향을 틀면 곤란하다. 수업의 흐름은 다음과 같다.

■ '우리는 대한민국 이민 1세대' 수업 흐름

| 구성 | | 내용 | 세부 소재 |
|---|---|---|---|
| 기 | 일으<br>키고 | 하와이로 간<br>조선인 이민자들의 삶 | - 1902년 제물포항 모습<br>- 하와이가 이민자를 받은 이유<br>- 하와이 이민 생활의 애환<br>- 사진신부 제도 |
| 승 | 발전<br>하고 | 무너진 조국을 끝까지 사랑한<br>하와이 이민자들 | - 월급의 절반을 항일독립운동에 바친 이민자들<br>- 사진신부들도 참여한 항일독립운동 |
| 전 | 전환<br>하고 | 미주 지역에 있는<br>항일독립운동 유적 관리 소홀 | - 미주 항일독립운동 유적 현황과 관리 실태<br>- 유적 관리와 복원 노력 |
| 결 | 끝맺<br>는다 | 재외동포와 모국은<br>어떤 관계로 거듭나야 하는가? | - 오늘날 재외동포의 규모와 저력<br>- 재외동포 정체성 확립의 필요성과 방법, 모국의 역할 |

"뭔가 딱 떨어지는 느낌이에요."

수업 오리엔테이션에서 K군이 한 말이다. 중1 때 와서 3년을 함께한 K군은 초반엔 수업 중 가끔 창밖을 보는 개구쟁이였지만 갈수록 학습지에 집중했고, 핵심을 짚어내는 능력을 충분히 기르고 졸업했다. 중1의 시각으로 언급한 "뭔가 딱 떨어지는"의 의미를 나는 '연결'로 본다. 로봇(2022년 '인간 대신 로봇이 한다' 수업)을 공부한다고 할 때, 로봇을 분류해 어떤 서비스를 제공하는지 파악하고 로봇이 인간에게 주는 긍정적·부정적 영향을 조각조각 짚는 것이 아니라, 2000년대 이후 산업용 로봇이 우리나라 제조업에 퍼진 이유부터 시작해 ☞ 활용은 하지만 잘 만들지는 못하는 대한민국 산업용 로봇과 이에 따른 제조업의 리스크를 분석하며 ☞ 산업용 로봇과 달리 시장에서 거부당했던 서비스 로봇이 비대면을 추구하는 코로나19로 확대되었음을 짚고 ☞ 그중에서도 '집콕' 생활에 지친 인간의 감정을 파고드는 가정용 로봇이 대한민국 IT 기업들의 전략상품이 되고 있음을 하나의 흐름으로 소개하는 것이다. 단, 로봇 시장을 한꺼번에 담을 수는 없기에 "로봇과 모빌리티(Mobility, 이동수단)의 결합, 사회적 약자를 돕는 로봇의 발전 등은 나중에 별도 수업으로 다루자"라고 학생들에게 말한다. 연이어 로봇이 빼앗아갈 인간의 자리를 지킬 방법도 경제적·정서적 영역으로 나눠 모색한다. 여기에 서비스 로봇을 도입해서라도 코로나19 확산에 따른 가게 폐쇄를 막고 싶은 점주의 마음, 고·중·저숙련 일자리의 로봇 대체 현황, 로보칼립스(Robocalypse, 로봇이 가져오는 종말), 기본소득 등이 수업 곳곳에서 흐름을 꽉 잡아주는 접착제 역할을 한다.

브로슈어 카피 작업을 할 때 무수한 자료를 받지만, 그건 말 그대로 자료일 뿐이다. 정작 뽑아낼 결과물은 한 줌. 자료를 읽고 또 읽고 고민하며 흐름을 만들고 단어와 문장을 조합하며 스토리를 창조한다. 다듬고 또 다듬는다. 중등NIE도 같은 프로세스로 준비한다. 두 시간 내내 학생들이 흥미를 잃지 않고 몰입하는가는 교사가 적절하고도 질 좋은 자료를 찾아내고 연결하여 새로운 콘텐츠로 재창조하는가에 달렸다. 연결되지 않으면 스토리도, 몰입도 없다.

## 스토리는 교훈이 있다

또 교훈과 의미가 없는 스토리는 팥이 들어가지 않은 찐빵과 같다. 다시 '우리는 대한민국 이민 1세대' 수업으로 설명해보자. 다음은 학습 목표이다.

| 학습 목표 | ① 가치 중심적 사고를 바탕으로 정보를 정리, 조합하고 논술문의 구조를 익힌다.<br>② 2017년부터 2018년까지를 중심으로 사회 이슈의 흐름과 문제점을 파악한다.<br>③ 우리나라 이민 1세대가 하와이에 정착한 이유와 과정, 애환을 알아보고, 오늘날 재외동포와 모국이 함께 성장할 방법을 모색한다. |
|---|---|

모든 수업은 학습 목표 ①과 ②가 같다. ②는 시간이 흐르며 연도만 바뀔 뿐이다. 중요한 것은 ①, '가치 중심적 사고'다. 가치 중심적 사고란 '이 정보가 나에게 어떤 교훈(의의)을 주는가?' 생각하고 서술하는 것이다. 일례로 항일독립운동 해외 유적지를 보전하는 노력을 서술한 기사를 읽었다면 내용을 요약하는 활동보다 우리의 역할과 교훈을 파악하는 활동이 더 바람직하다.

■ 우리가 항일독립운동 해외 유적지를 보전하기 위해 할 수 있는 또 다른 노력은 무엇입니까? 또 그 노력은 전 세계 재외동포에게 어떤 긍정적 영향을 줄지 유추하세요.

| 항일독립운동 해외 유적지 보전 방법 | - 정부가 전 세계 항일독립운동 해외 유적지를 정리하고 표지판 등을 만든다.<br>- 그중 개발 위험 등에 처해있거나 방치된 곳은 정부가 협상해 보전한다.<br>- 핵심 유적지는 스토리를 발굴해 전 세계에 홍보한다. |
|---|---|

| 재외동포에게 미칠 긍정적 영향 | - 희미해지는 민족적 자긍심을 고취하고 결속력을 다진다.<br>- 그 마음 덕분에 향후 모국과 재외동포가 거주하는 국가가 소통하고 협력할 때 가교역할을 할 수 있다. |
|---|---|

교훈과 의미가 뚜렷하면 수업의 흐름도 잘 잡힌다. 세계 경제 흐름을 파악하기 위해 글로벌 빅테크 기업의 대표주자인 'FAANG(페이스북, 애플, 아마존, 넷플릭스, 구글)'을

꾸준히 다루고 있다. 테슬라도 추가해보자. 단 CEO인 일론 머스크의 존재감을 고려해 수업은 일론 머스크의 생각과 행보에서 의미를 찾아보자. 테슬라 주가 폭등과 폭락, 전기자동차, 스페이스X, 뉴럴링크, 트위터 인수설 등 다양한 정보를 찾을 수 있지만, 이들은 현상일 뿐이다. 나는 일론 머스크의 삶과 업적을 관통하는 가치 단어, 우리가 배워야 할 교훈을 '혁신', '도전정신' 등으로 본다. 그렇다면 처음부터 일론 머스크의 젊은 시절을 돌아보거나 전기자동차의 특징을 나열할 필요는 없다. 수업의 목적은 일론 머스크가 이룬 혁신과 도전정신을 공감하는 것이다. 또 2022년 기준, 테슬라를 비롯한 글로벌 빅테크 기업들은 고유가와 인플레이션으로 고전하지만 상관없다. 이 또한 스토리의 일부다. 일단 여는 글로 간단한 정보만 제공한다.

*기업이 시장에서 어떤 평가를 받는지는 먼저 주가(주식 가격)로 알 수 있습니다. 2020년, 전 세계는 전기자동차 기업 '테슬라'의 주가를 주목했습니다. 코로나19로 자동차 기업들의 주가는 폭락했는데 테슬라만 거침없이 상승하기 때문이죠. 포드 주가는 6달러(2020년 6월 1일 기준)까지 내려갔지만, 테슬라 주가는 2,512달러(2020년 9월 1일 기준)까지 치솟았습니다. 우리나라 개인 투자자들도 테슬라 주식을 사 모았습니다. 차를 많이 팔았을까요? 아닙니다. 2019년 테슬라는 약 37만대를, 포드는 242만대를 팔았습니다. 주가 급등의 이유는 뭘까요?*

의심하라. 학생들은 주가가 무엇인지, 전기자동차가 기존 자동차와 어떻게 다른지 모를 수 있다. 포드는 알까? 그렇다고 단어를 하나하나 설명하고 전기자동차와 내연기관 자동차의 특징을 학구적으로 정리한 자료까지 안내하면 혼란만 가중된다. 학생들은 전기자동차의 혁신성을 잘 모른다. 회사가 성장하면 주식을 발행하고 그 가격으로 가치를 매긴다고, 포드는 오랜 역사를 가진 자동차 기업이라고만 알려주고 다음 표 정도로 기초 학습을 끝내자.

■ 내연기관 자동차와 전기자동차 비교

|  | 내연기관 자동차 | 전기자동차 |
|---|---|---|
| 동력 | 엔진 | 배터리 |
| 에너지 | 석유(휘발유, 경유 등) | 전기 |
| 새 기능을 원하면 | 업그레이드된 신차 구입 | 기존 차에 소프트웨어 업데이트 |
| 주요 기업 | GM, 포드, 벤츠, 크라이슬러, 현대·기아차, 도요타 등 오랜 역사를 가진 자동차 기업 | 테슬라 등 비교적 역사가 짧은 기업 (내연기관 자동차 기업들도 뒤늦게 합류) |

핵심은 혁신이다. 수십 차례 검색 끝에 발견한 보석은 애플과 테슬라를 비교하며 테슬라를 '바퀴 달린 컴퓨터'로 인정한 기사('바퀴 달린 아이폰' 테슬라, 혁명을 꿈꾸다 - 조선일보, 20200913, 최원석·남민우 기자)다. 기사 중 「애플 아이폰의 용도 중 '통화'가 극히 일부가 되었듯, 테슬라에 '이동'도 수많은 기능 중 하나다」라는 문장도 테슬라, 나아가 전기자동차의 혁신성을 기막히게 나타낸다. OX 퀴즈로도 혁신성을 추가 설명할 수 있다.

| 1 | 테슬라 생산기지인 기가팩토리가 전 세계 곳곳에 건설되면서, 화석연료를 기반으로 한 내연기관 자동차는 새로운 도약의 기회를 얻고 있다. | X |
|---|---|---|
| 2 | 테슬라 자율주행차가 첫 사망사고를 낸 2016년 이후 안전성 논란이 계속되지만, 상당수 테슬라 주주·소비자는 소프트웨어 업데이트로 자율주행 기술과 네트워크를 발전시키는 테슬라의 혁신적 행보를 지지하고 있다. | O |
| 3 | 포드, 현대·기아차가 온라인 판매를 시작하고 벤츠가 전기차를 생산하는 것은 오랜 역사를 가진 글로벌 자동차 기업들의 '확고부동(確固不動)'한 전략이다. | X |

2번은 내연기관 자동차와 전기자동차의 비교표로 이미 파악된다. 내연기관 자동차

는 새로운 기능을 가진 신차가 계속 출시되지만, 전기자동차는 스마트폰처럼 소프트웨어를 업데이트할 수 있다. 테슬라에 탑재되는 오토파일럿이 좋은 예이다. 차가 갈수록 똑똑해지다니 이 얼마나 놀라운 구매 경험인가! 테슬라의 약진으로 오랜 기간 내연기관 자동차를 팔던 글로벌 자동차 기업들은 위기감을 느낀다. 벤츠는 130년간 축적한 엔진 기술을 포기하고 전기차에 집중하겠다고까지 선언했다. 이제 전기자동차의 특징을 다음 신문기사를 활용해 새롭게 파악해보자.

■ "테슬라가 세계 최대 자동차 기업이 되리라고 생각하지 않는다. 대신 지구의 에너지 문제를 해결할 것이라고 믿는다." '테슬람(테슬라+이슬람)'이라고도 불리는 테슬라 주주들의 믿음입니다. 다음을 읽고 테슬라가 어떻게 지구의 에너지 문제를 해결할 수 있는지 요약하세요.

> "미래에는 <u>교통수단</u>(자동차)과 <u>저장장치</u> 간 경계가 허물어질 것이다."
> 토니 세바 스탠퍼드대 교수의 말이다. 석유와 자동차 시대의 종말을 예견한 그는 미래 에너지 수단으로 배터리를 주목했다. 배터리를 활용하면 <u>언제 어디서든</u> 에너지를 쓸 수 있기 때문이다. 그의 책《에너지혁명 2030》에 따르면 2030년쯤 석유, 천연가스, 석탄, 우라늄은 발전 및 차량 연료의 위상을 잃고, 그 자리는 태양광, 풍력 등 신재생에너지가 차지한다. <u>배터리는 신재생에너지를 저장했다가 필요할 때 찾아 쓸 수 있다.</u> 세바 교수는 "2030년 모든 신차는 <u>전기차</u>"라고 전망했다.
>
> <서울신문, 2016. 05. 30. 김헌주 기자> 중에서

첫 문장에 힌트가 있다. 전기자동차는 배터리에 저장한 에너지로 달린다. 그 에너지는 언제 어디서든 지속 사용할 수 있고 환경오염도 일으키지 않는다. 지구의 에너지 문제를 해결하니 이 자체로 혁신이다.

> 테슬라는 (곧 고갈되고 환경오염도 일으키는 화석연료 대신) 언제 어디서든 지속해서 사용할 수 있고 환경오염도 일으키지 않는 신재생에너지를 배터리에 저장해 전기자동차를 달리게 하기에 지구의 에너지 문제를 해결할 수 있다.

가치 중심적으로 생각하고 서술하는 방법은 2장(읽기)과 4장(쓰기)에서 구체적으로 설명할 것이다. 아무튼, 에피소드가 살아있는 수업, 단편 드라마를 보듯 내용이 자연스럽게 연결되는 수업, 교훈과 의미를 찾아내는 수업을 만들어보자. 나의 도전기는 <**중학생이 기르는 비문학 독해력 - 1년 치 신문 읽기**>로 시작한다.

## 1년 치 신문을 읽는다?

**<1년 치 신문 읽기>**. 이 이름을 많은 분이 좋아해 주신다. 묵직한 목표를 담지 않았어도 더 친근하고 기억하기 쉽다고 하신다. 뒤부터 보자.

**읽기.** 이 수업은 읽기, 쓰기, 듣기 순서로 언어 역량을 기르는 목적을 가진다. 시간 내에 꼼꼼하게 읽어내고, 질문이 의도한 바대로 주술구조 맞춰 잘 쓰고, 교사의 설명을 잘 듣고 이해하면 된다. 이중 읽기가 가장 중요하기에 이름에 넣었다. 단, 말하기는 하지 않는다. 언어의 4대 영역을 모두 다루어 발표·토의·토론 역량까지 키우면 좋겠지만, 솔직히 그것은 적잖은 인원이 함께하는 수업으로 실현하기 힘든 욕심이다. 말하기를 좋아하는 몇몇 학생을 제외하고는 대부분 시간을 허비한다. 상대의 말을 듣는 것도 학습이지만, 정보를 충분히 습득하고 다양한 근거로 무장하지 않은 상태에서 하는 토의와 토론은 얕고 좁다. '물 들어올 때 노 저어라'라는 속담이 있지만, 아직 물이 충분히 들어오지 않았다. 즉 중학생 시절은 말하기로 노를 저을 시기가 아니라 읽기, 쓰기, 듣기로 물을 받을 시기다. 노 젓기는 고등학생 때 하면 되고, 당장 필요한 학생은 따로 준비하면 된다.

**신문.** 우리는 신문을 읽는다. 신문이 책의 차선책임은 이미 밝혔다. 그러나 신문은 수능과 논·구술, 면접, 고등학교 통합사회, 비교과 활동 등에 최적화된 읽기 자료이다.

**1년 치.** 우리가 추구하는 '스토리'를 이 단어에 담았다. "네가 원하는 걸 자유롭게 스크랩해봐"라며 두툼한 신문을 건네고 기다리는 건 중학교 과정에서 바람직하지 않다. 무수한 정보를 나열하는 것도 의미가 없다. 어떤 주제를 기승전결로 구조화하고 맥락을 파악할 수 있는 스토리여야 좋다. 과거와 현재, 미래의 흐름을 담겠다는 의지도 단어, '1년 치'에 있다. 물론 자료의 범위는 1년을 훌쩍 넘긴다.

그리고 이 활동을 하는 대상이 중학생임을 부제에 명시했다. 여기서 쌓은 역량을 제대로 발휘할 시기는 고등학교로 올라가서인데, 그때 학생들은 수학, 과학 등 다른 과목 공부에 바쁘다. 또 고등학교 국어는 중학교 국어와 달리 문학작품이나 비문학 제재를 이해하고 분석하는 역량이 필요한데, 그 힘을 고등학교 올라가서 바짝 기르기는 거의 불가능하다. 즉 '중학생이 기르는 비문학 독해력'이라는 부제는 상대적으로 덜 바쁜 중학생 때 이 역량을 길러놓는 것이 적절함을 강조했다. 또 수능 국어 중 비문학(독서) 독해의 중요성이 날로 커지므로 그것도 이슈화했다. 2016년까지 수업의 부제는 '글이 달라진다'였다. '읽기' 다음으로 키울 언어 역량을 '쓰기'로 잡았고, 많은 학생이 부담스러워하는 글쓰기가 NIE로 나아지기를 바라는 마음이었다. 하지만 우리 학생들이 글쓰기 역량보다 고등학교 국어 실력과 수능 점수 향상을 더 절실하게 바라는 현실을 고려해 2017년 부제를 변경했다. 물론 우리에게는 독해력, 이해력, 분석력, 글쓰기 능력 등을 결합해 문해력을 향상한다는 궁극적 목표가 있지만, 중학생 눈높이에서 첫걸음은 독해력이어야 한다.

## 반복도 재탕도 없다

"선생님, 1년 뒤에도 이 수업을 계속 들어야 하나요? 주제가 반복되나요?"

2013년 말, 학부모설명회에서 나온 질문이다.

"가봐야 알겠는데요."

그때만 해도 확실히 대답할 수 없었다. 1년 주기로 반복한다면 편한 길이었다. 그러나 1년을 돌려보고 알았다. 반복은 불가능하다는 것을.

첫째, 세상이 변하기 때문이다. 전진하든 퇴행하든 정체되든 흘러간 시간 속에 더 중요한 사회 현안이 생기고, 과거의 것과 지금의 것이 합쳐져 새로운 주제가 나오고, 때로는 상황이 급변한다. 편의점이 대표적이다. 2016년에 처음 진행한 '편의점 전성시대'는 중학생들의 일상과 밀접한 주제를 찾다가 만든 수업이었다. 2016년 국내에서 3만 개를 돌파한 편의점은 '급성장'이라는 단어도 부족할 만큼 잘나갔다. 편의점 확대 원인을 짚어보고 PB(Private Brand), 다양한 서비스, 편의점 문화 등 편의점의 긍정적 요소를 살펴봤다. 사라져가는 동네 슈퍼, 편의점 아르바이트생의 노고를 부정적 요소로 짚었지만, 이미 편의점이 주는 즐거움으로 대동단결한 학생들은 편의점의 장점을 훨씬 더 잘 기억했다. 그런데 2년 후, 상황은 바뀌었다. 2016년 히트작을 다시 선보이고 싶었으나 세상은 '편의점이 2년 만에 4만 개를 돌파했다'라는 소식보다 편의점 기업들의 갑질로 평가될 사건에 주목했다. 골목상권이 서서히 무너질 뿐만 아니라 가맹점주들은 고통받고, 그 고통이 아르바이트생에게 전가되는 구조를 여러 신문은 대서특필했다. 2018년 편의점 수업의 제목은 '편의점이 아프다'로 바뀌었다. 골목상권 붕괴, 편의점 기업들의 횡포에 따른 가맹점주와 아르바이트생 간의 갈등, 250m 내 출점 제한 완화 등을 다룬 기획기사는 과거 꽃길을 걷는 편의점을 취재했을 때보다 정교하고 강력했다. 그러나 역시 편의점은 변신의 귀재! 2020년 5만 개를 돌파하며 출혈 경쟁과 포화 논란을 이어갔지만, 여전히 편의점은 성장 가능성이 큰 업종으로 꼽힌다. 그 요인을 살펴보는 수업으로 2021년 '편의점은 실험중'이 나왔다. 비싼 소매점으로 시작한 편의점이 1~2인 가구 증가에 발맞춰 생활 밀착형 플랫폼으로 진화했고, 이제는 IT 등 이종산업과 결합해 유통업계의 미래성장동력까지 창출한다는 내용을 담았다. 우리 집에서 5분 거리에 있는 편의점의 도보배달 서비스가 유통업계 라스트마일 전쟁의 서막이라니 편의점의 도전정신에

놀랄 수밖에 없다.

소위 재탕이 힘든 두 번째 이유는 교사가 해당 주제를 더 깊이 바라보게 되기 때문이다. 같은 주제라도 과거 이슈보다 더 중요한 이슈, 흐름을 바꾸거나 확장해서라도 소개하고 싶은 강력한 지문이 보인다. 결과적으로 내용이 80% 이상 바뀐다. 반복하면 내 몸은 좀 편하겠지만 그것은 수업을 2~3년 함께하는 학생들에게 예의가 아니다. 부끄럽고 불편한 마음으로 학생들을 만나고 싶지 않다. 정성껏 준비한 음식을 열심히 꼭꼭 씹어 먹으라고 권하려면 교사는 더 부지런해야 한다.

## 주제를 찾는 방법

두 달에 수업은 6주간 진행한다. 5차시와 6차시는 연결되므로 두 달에 5개, 1년이면 30개의 주제를 다룬다. 주제를 찾는 방법은 크게 핫이슈(Hot Issue)로 찾기, 생활 속에서 찾기, 창의적으로 연결하기이다. 수업이 임박하여 찾는 주제는 지양한다. 핫이슈도 되도록 주제를 부각할 한 갈래로만 쓴다.

### ① 핫이슈로 찾기

'핫이슈로 찾기'는 최신 소식을 다루는 신문의 장점을 잘 보여주는 방법이다. 그러나 단편적 현상만 짚고 넘어갈 가능성이 커서 나는 선호하지 않는다. 일례로 EBS 캐릭터인 펭수의 열풍이 거셌던 2019년, 상당수 신문기사는 펭수 캐릭터의 인기 요인을 분석하거나 관련 상품을 소개했다. 하지만 이것만으로는 입체적 스토리가 만들어지지 않는다. '캐릭터 한류'라는 주제로 접근할 수 있겠지만 펭수의 인기가 아직 세계를 휩쓸 정도는 아니었다. '하고 싶은 말을 다 하는, 그래서 직장인들이 대리만족하는 캐릭터'임을 부각할까 했으나 중학생들이 직장인의 스트레스를 공감할까 싶었다.

'곰표' 브랜드 마케팅으로 탄생한 다양한 제품들. 대한제분의 '곰표' 브랜드 마케팅은 컬래버레이션(Collaboration), 브랜드, 캐릭터 등의 주제에 들어가기 좋은 소재다. (대한제분 제공)

'어린이들이 교육방송을 보지 않는다'라는 EBS의 위기의식에서 펭수가 탄생했다는 데 착안해 '브랜드&캐릭터' 수업을 해볼까? 브랜드로 위기를 극복한 사례 중 하나는 대한제분의 '곰표'다. 오랜 역사를 가진 밀가루 기업, 대한제분은 젊은이들에게 잊히는 브랜드가 된다는 위기감에 '곰표' 브랜드 마케팅을 단행했다. 기발한 도전이었다. 곰표패딩, 곰표치약 등 다른 제품과 공동 작업하며 브랜드를 알리더니 2020년 여름, 뉴트로(Newtro) 흐름에 맞춘 곰표맥주로 공전의 히트를 기록했다. 펭수와 곰표로 브랜드와 캐릭터의 힘을 조망하고 캐릭터 한류까지 갈까? 소비 속 재미를 추구하는 펀슈머(Funsumer)를 알려줄까? 이 아이템은 이 정도 연결고리를 생각하는 선에서 멈췄다. 더 찾아볼 생각이다. 단 핫이슈 자체는 돌아서면 잊힐 주제다. 핫이슈도 곧 소개할 '창의적으로 연결하기'를 통해 입체적 스토리의 소재로 녹여야 빛이 난다.

② 생활 속에서 찾기

하버드대학교 임상심리학 교수인 아서 P. 시아라미콜리는 책, 《당신은 너무 늦게 깨닫지 않기를》(위즈덤하우스)에서 공감은 상대방의 마음을 느끼는 것이라고 했다. 경험을 해봐야 공감하고 낯선 지문 속 상대를 이해하는 폭도 커진다. 학생들이 경험한 바를 파고드는 '생활 속에서 찾기'도 주제를 찾는 방법이다. 앞서 소개한 '편의점 전성시대' 수업을 학생들은 매우 즐거워했다. 우리 동네에 편의점은 왜 많아지고 슈퍼는 왜 사라지는지, 스누피 캐릭터 우유는 왜 GS25에서만 파는지 등을 알고 나면 편의점은 그저 내가 학원 갈 때 잠깐 들르는 참새방앗간 정도가 아니다. 2018년 '호강하는 귀, 혹사당하는 귀', 2019년 '라면은 맛있어'와 '배달의 전쟁' 수업 등은 우리 학생들이 이어폰을 늘 끼고 살고, 라면을 밥보다 좋아하며, 치킨 한 마리를 주문해도 꼭 배달 앱을 활용한다는 데 착안해 만들었다. 수업을 통해 학생들은 개인의 삶을 사회적 행위로 해석해낸다. 내가 한 주에 한 번은 꼭 먹고야 마는 라면 한 그릇이 하도급업체 노동자에게는 업무 특성상 허겁지겁 먹는 눈물의 한 끼임을 알게 될 때, 그래서 '라면은 눈물이다'라고 정의 내리며 이유를 쓸 수 있을 때, 시야는 넓어지고 생각은 깊어진다. 창의성은 세상을 향한 넓은 시각, 깊은 사고를 바탕으로 길러진다.

학생들의 호기심이나 유행에도 단서가 있다. 2015년 "엄마, 우리나라에 CCTV가 왜 이리 많아?"라고 물었던 아들 덕분에 스테디셀러 격인 '감시사회' 수업이 시작되었다. 학교 활동과 연계해 '양성평등'을 다루어달라는 학부모 요청도 있었다. 주제만큼 내용도 고전적으로 흐를 가능성이 있어 망설이고 있었는데, 마침 모델 차승원 씨가 요리하는 TV 예능 프로그램, '삼시세끼(어촌편)'가 의외의 인기를 끌었다. 덕분에 2015년 '요리하는 남자, 출근하는 여자' 수업으로 양성평등을 재미있게 풀어냈다.

기대보다 반응이 적었던 수업은 2020년 '충무로 그리고 기생충'이었다. 2019년 칸영화제 황금종려상, 2020년 아카데미 시상식 4개 부문(작품상, 감독상, 각본상, 국제영화상)을 석권한 영화 '기생충'이라니 얼마나 큰 이슈인가. 또 영화라는 문화상품은 모든 세대에 얼마나 매력적인가. 게다가 2019년은 한국 영화 100주년이었다. 그러나 '15세 이상 관람가'인 이 영화를 본 학생이 네다섯 명뿐인 것부터 발목을 잡았다. 그래도 수업이 영화 '기생충'의 화두인 양극화가 아니라 '기생충'이 대한민국 영화산업에 끼친 긍정적 영향을 다루니 괜찮겠지 싶었는데 역시 결과는 살짝 아쉬웠다. 한국 영화 종사자들이 극장에 뱀을 풀면서까지 외국 영화에 저항했던 1980년대를 거쳐 국가의 보호막이 걷힌 1990년대에도 자생력을 키운 역사, 몇몇 대기업이 참여하며 영화가 영화산업으로 발돋움한 과정, 영화 '기생충'의 아카데미상 수상을 이끈 CJ그룹의 활약상 등은 학생들이 적극적으로 상상하기 힘든 스토리였다. 영화, 웹툰, 스포츠 등은 매력적인 소재지만 교사와 학생, 모두의 기대를 충족시키지 못하는 경우가 더러 있다. 학생들이 경험한 바가 적어 공감대도 한정적이기 때문이다. 그래서 '커피' 관련 신문기사에 가는 관심을 나만의 호기심이라고 인정해버렸다. 커피의 맛과 멋, 현대인에게 주는 위로를 중학생이 제대로 알기 어렵다. 대신 관심을 둔 대상은 '콜라'다.

### ③ 창의적으로 연결하기

'창의적으로 연결하기'는 교사의 역량과 경험, 성실에 기반한다. 이 주제를 '다음 달에 뭐하지?' 급작스럽게 고민하며 찾기 힘들다. 긴 안목으로 준비하고, 흐름을 설계하고, 다양한 정보를 고르고 다듬고 편집하고 창조하며 스토리를 만들어가야 한다.

2020년 설 연휴, H기업 브로슈어 입찰을 준비하느라 바빴다. 10줄 카피의 뼈대를 잡느라 10시간을 헤매는 중노동이었다. 생각을 전환해보려고 'WEEKLY BIZ'(위클리비즈)를 폈다. WEEKLY BIZ는 조선일보의 프리미엄 경제·경영 섹션으로 글로벌 및 국내 기업 CEO와 세계적 석학의 인터뷰, 세계 경제 심층 분석 기사, 최첨단 기술 트렌드 기사가 가득하다. 마침 H기업과 연결되는 수소경제 특집 기사를 발견해 흥미롭게 읽고 다음 장을 넘기니 애플의 리더, 팀 쿡 관련 기사가 있었다. 생각을 전환하는 즐거움에 읽었을 뿐인데 내용이 좋다. '스티브 잡스 사망 이후 애플의 행보는 조용하다. 팀 쿡은 무색

무취의 리더다'라는 세간의 판단은 편견이었다.

여러 갈래로 생각해본다. 애플이 음악·영화·앱의 판매·동영상 서비스를 제공하는 콘텐츠 기업으로 거듭난다는데 '넷플릭스' 수업에 넷플릭스 대항마로 소개할까? 'OTT' 수업으로 묶어 다룰까? 세계 무선 이어폰 시장에서 애플 에어팟이 압도적 1위라는데 '호강하는 귀, 혹사당하는 귀' 수업에 에어팟의 성공 비결을 다룰까? 게다가 스티브 잡스와 비교하면 존재감이 적은 지도자라고 평가받던 팀 쿡이 매출과 순이익 모두 압도적 성과를 거두었다. 스티브 잡스와 팀 쿡의 리더십을 비교할까? 성 소수자인 팀 쿡을 차별을 딛고 일어선 리더로 부각하며 '실패' 하면 떠오르는 알리바바그룹 창업자 마윈과 엮어 '리더의 조건' 수업을 만들까? 마윈? 중국의 데이터 플랫폼 생태계를 주름잡는 알리바바그룹과 텐센트그룹의 경영 전략을 각각 창업주인 마윈과 마화텅을 중심으로 비교해 볼까? 아니면 중국 정부, 미국 정부와 각각 관계가 껄끄럽다던 마윈과 제프 베이조스(아마존 창업자)가 갈등의 위기를 어떻게 극복하는지 비교해 볼까? 스토리는 꼬리에 꼬리를 물고 확장될 수 있다.

기존 틀에 새로운 아이디어가 추가되기도 한다. '목 타는 지구' 수업을 2015년과 2016년에 진행했다. 물 부족의 현황과 원인, 물 산업의 중요성, 물 절약 생활화 등이 주요 내용이었다. 4년을 지나 다시 자료를 모으는 중에 홍수 피해를 본 인도·방글라데시 특집 기사("홍수 피해 인구, 20년간 2배 증가"…인도·방글라·인니 '위험지대' - 경향신문, 20200426, 이정호 기자)를 읽다가 든 생각. 물 부족과 물 넘침의 피해는 다르지만 공통된 원인이 있다. 인간의 욕심으로 무분별한 개발이 이루어질 때, 어느 지역에서는 강·바다가 오염되어 먹을 물이 부족하고 어느 지역에서는 지반이 침하 되고 바다 폭풍이 덮치는 것이다. 물 부족과 물 넘침의 공통된 원인을 찾아 쓰는 문항도 만들어보면 어떨지 일단 생각만 한다.

2019년 '배터리 그리고 전기자동차' 수업도 마찬가지다. 2016년과 2019년 '자율주행차' 수업에서 내연기관 자동차가 자율주행차로 바뀌는 과정의 징검다리로 전기자동차를 다뤘지만 깊이 살펴보지는 않았다. 그런데 코로나19 이후 전기자동차가 빠르게 부상했다. 원유 가격 하락, 선진국 시장의 환경 규제, 자동차 산업 패러다임의 변화 등 자료를 모았다. 또 다른 화두는 LG에너지솔루션 등 우리나라 전기자동차 배터리 제조기업의 약진. K배터리는 반도체 이후 우리나라 미래 먹거리로 화려하게 등장했다. 향후 배터리는 '우리나라 미래 먹거리 특집 시리즈', '신재생에너지', '한·중·일 경제 삼국지', '미·중 무역전쟁' 수업 등에서 중요한 퍼즐 한 조각이 될 것이다.

시리즈를 만드는 것도 짜임새 있다. HMR, 배달음식 등은 집밥과 대비해 다뤘던 소재다. K푸드도 신문에 틈만 나면 나온다. 이들을 한 조각씩 떼어 만든 수업도 재미있겠지만 조금 시시했다. HMR, K푸드를 묶어볼까? 식품산업은 대한민국에서 가장 오래된 제조업이라는데, 지금껏 큰 성장도 큰 위기도 없었던 산업군이라는데, 이들의 변화는 무엇을 의미하는가? 이걸 '대한민국의 식(食)문화'로 묶으면? 더 나아가자. 인류의 삶은 의식주로 대표된다. 나는 카톡방에서 위 수업을 브리핑하며 "대한민국의 의(衣)문화, 주(住)거문화로 이어집니다"라고 예고했다. 특히 코로나19에 따른 소위 '집콕' 생활이 공간의 가치를 일깨운다는 기사를 읽으며 이런 내용이 향후 주거문화 수업에 어떻게 자리잡을지 나부터 기대했다. 시리즈로 기획하면 각각의 소재는 수업을 구조적으로 만들고 생생하게 빛내는 포인트가 된다.

다양한 고민 속에 맛난 음식을 만들 재료는 풍성해지고 몇 년에 걸쳐 숙성된다. 덕분에 중등NIE의 질도 높아진다. 언제까지 수업 주제를 경력단절녀를 앞세운 양성평등, GMO, 청소년 화장, 19세 선거권 등에 가둬둘 것인가? 클라우스 슈바프 세계경제포럼(WEF) 회장이 말했다. "새로운 세상에서는 큰 물고기가 작은 물고기를 잡아먹는 것이 아니라 빠른 물고기가 느린 물고기를 잡아먹는다." 변화가 필요한 건 학생, 공교육만이 아니다. 중등NIE도 빠른 물고기여야 한다.

## 자료를 마주하는 일상

 하지만 신문을 펼친다고, 인터넷을 검색한다고 필요한 자료를 금세 발견할 수는 없다. 의미 있는 자료, 정보에 대한 감각은 대학 졸업 직전 들어간 H그룹 사내방송국 시절부터 익혔다. 작가인 나를 비롯한 연출부는 각 계열사를 다룬 방송물을 만들었는데, IMF 전후에 매주 제작한 <시사 한주간>은 H그룹을 다루었거나 기업 경영에 도움을 주는 신문기사를 소개하고 그 의미를 해석하는 프로그램이었다. 기사는 내가 직접 신문을 스크랩해 찾았지만, 기획팀이 그룹 회장실에 매일 올린 기사 묶음도 기초자료로 활용했다. 그룹의 인재가 모인 기획팀이 모든 일간지를 훑어 찾아낸 기사였다. 기사의 품질을 의심할 여지가 없었다. 좋은 콘텐츠를 보는 안목은 그때부터 길러졌다고 생각한다.

 이후 자유기고가 생활을 하면서 훌륭한 자료를 쟁여놓고 싶은 욕심은 날로 커졌다. 수년 전까지 100권이 넘는 스크랩북을 갖고 있었다. 고령화, 에너지, 인도, 중국, 소외, 행복, 지속가능성, 좋은 부모, 대학 입시… 주제는 끝이 없었다. 스크랩북 제작을 멈춘 건 일단 자료의 시의성 때문이다. 기사 하나하나 소중히 정리한 정성이 아까워 버리지도 못했는데, 어느 날 다시 보니 날짜가 한참 지났다. 물론 '과거엔 이랬지'라는 스토리가 필요할 때도 있다. 2021년에 'Made In KOREA-한국 제조업의 힘' 수업을 만드는데, 15년 전 스크랩한 '해외에 짓는 공장, 국내에 지으면 안 되나요?'(조선일보, 20060921, 황영웅 한국은행 조사국 조사역) 기고문을 발견하고 기업들이 당시 해외 직접투자에 나섰던 원인을 설명했다. 그러나 너무 오래된 기사는 대부분 이별해야 할 대상이다. '고령화' 스크랩북을 예로 들자면 조선일보 2011년 '100세 쇼크, 축복인가 재앙인가?' 시리즈의 위력은 대단했다. 시리즈는 노인 문제의 본질은 빈곤임을 짚고, 준비하지 않은 고령화는 개인과 국가에 재앙임을 강조하고, 100세까지 '16만 시간의 자유'를 채울 콘텐츠가 없는 상황에서 모범 사례를 소개하고, 식습관과 운동, 인간관계를 지키라는 전문가의 조언 등을 다뤘다. 이런 기사를 지금은 사전지식 정도로 여긴다. 겸허해지기 위해서라도 읽는다. 대다수 콘텐츠는 시간이 지나고 시대가 변하면서 당연한 현상으로, 또는 큰 의미를 찾기 힘든 과거로 흘러간다. 내가 멈추어 재탕, 삼탕을 할 수 없는 이유다. 게다가 언젠가 활용할 거라며 기사를 마냥 쟁여두기엔 정보가 너무 많다.

대신 수업에 노트북 파일 한 칸씩을 분양했다. 3~4년 뒤 수업까지 차시별로 방을 만들어 자료를 모은다. 이 문장을 쓰기 직전, 필리핀이 자존심을 접고 중국에 코로나19 백신을 요청했다는 기사(두테르테, 시진핑에 고개 숙였다…"필리핀 먼저 백신 접종하게 해달라" - 조선일보, 20200728, 이현택 기자)를 접했다. 아세안(ASEAN)과 중국의 관계는 한·중·일 관계만큼 복잡하고 미묘하다. 그 관계 때문에라도 우리나라에 기회가 생긴다는 강연을 들은 적이 있는데, 연결할 수 있겠다고 판단했다. 파일 이름은 '아세안'. 동호수는 2023년 9/10월 3차시. 꾸준히 자료를 모으며 키워보는 사이, 동호수를 이동하거나 다른 파일과 방을 합칠 수도 있다. 혹은 더 중요한 주제에 밀려 방을 뺄 수도 있다. 그 운명을 결정하는 즐거움이 쏠쏠하다. 일단, 이 자료는 2021년 '백신 외교 전쟁' 수업에 보초병 정도의 비중으로 등장했다.

6년 만에 이사했다. 언젠가 쓰겠지 싶어 쟁여놓았던 자료를 많이 버렸다. 10년 전만 해도 사람 키 높이의 신문 더미를 쌓아 놓고 살았다. 지금 생각하면 부질없는 짓이다. 그러나 새 보금자리에도 책장 한 칸의 신문 더미는 유지한다. 그 칸은 '각성'이다. 신문 더미와 나 사이에 흐르는 긴장감은 스멀스멀 올라오는 게으름에 제동을 건다. '저들 중에 필요한 정보가 있겠지'라는 생각에 마음이 가고 손이 간다. 훑어보다 보면 나의 무지를 반성함은 물론이고 이걸 어떤 수업에 어떻게 녹일지 의욕이 생긴다.

## 중등NIE, 잠깐 문답

중등NIE에 대한 학부모님들의 궁금증을 Q&A로 정리했다.

**Q 1** *"배경 지식을 기르는 교육인가요?"*

"신문을 활용한다고 하면 많은 사람이 배경 지식을 떠올립니다. 배경 지식을 기를 수 있는 것이 중등NIE의 작은 이점은 맞습니다. 국어 독서(비문학) 지문 내용에 배경 지식을 가지고 있다면 비교적 수월하게 풀겠죠. 2019학년도 수능 국어, 10%의 정답률을 기록한 31번 문제도 물리, 만유인력의 법칙을 잘 아는 수험생들은 쉽게 풀었습니다. 하지만 해당 문제는 특정 분야의 전문지식이 필요하다고, 그래서 수능 국어 지문으로 적절하지 않다고 비판을 받았습니다. 배경 지식 기르기가 중등NIE의 목표는 아닙니다. 수능 지문도 생소한 내용은 핵심 단어의 개념을 따로 정리해줍니다. 잘 모르는 단어는 문장 속에서, 그 문장은 앞뒤 문장, 전체적 맥락으로 유추할 수 있습니다. 지금 중학생 단계에서 중요한 것은 낯선 지문을 낯설지 않게 대하는 습관을 기르고, 전혀 몰랐던 내용도 수업을 통해 이해하고 정보를 분류·정리해 핵심을 파악하고 답을 찾아가는 것입니다. 수업시간에 외우라고 강요하는 부분은 없어요. 배경 지식을 기르고야 말겠다는 욕심도 없지요. 그저 그 과정에서 나도 모르게 배경 지식이 머릿속에 스며들고 과거 배운 내용을 떠올려 연결해낼 수 있다면, 그래서 새롭게 깨달을 수 있다면 금상첨화입니다."

**Q 2** *"중등NIE는 사설 읽기 수업이지요?"*

"아닙니다. 반복해 강조하고 싶군요. 절대 아닙니다. 신문 사설은 신문사가 자기주장이나 의견을 써낸 논설문입니다. 그러나 저는 수업에 신문 사설을 활용하지 않습니다. 이유는 크게 두 가지. 첫째, 우리나라 신문 사설은 주로 정치적 이슈를 다루고 신문사 성향에 따라 주장과 근거가 첨예하게 갈립니다. 중학생들이 정치적 이슈의 가치를 판단하는 것은 무리입니다. 사회·경제·환경·국제·역사 등 중요한 주제를 다룰 시간도 모자라고요.

둘째, 사설은 완성형 글입니다. 그래서 주장글의 틀을 익히기는 좋으나, 자기에게 필요한 근거로만 무장된 한쪽의 주장을 접하면 중학생은 그 이상을 생각하기 힘듭니다. 물론 서로 다른 입장을 가진 사설을 비교하며 자기 논리를 더 튼튼히 할 수 있지만, 신문에는 사설이 아니어도 좋은 글이 많습니다. 기획물은 사회 현안의 원인, 현상, 문제점과 대안, 전문가 의견, 모범 사례, 의미 등을 매우 짜임새 있게 구성한 콘텐츠입니다. 사설과 비슷하다고 알려진 칼럼도 읽기 지문으로 추천합니다. 칼럼을 쓰는 분들은 우리 사회의 여론주도자이고, 단골 필자인 교수님들은 수능 출제위원이 될 가능성도 있죠. 그렇게 수능 국어를 대비할 수도 있습니다."

**Q 3** *"수업 두 시간 동안 학습하는 양이 적절한가요? 좀 많지 않나요?"*

"사실 이 질문을 한 학부모님은 안 계십니다. 제가 저에게 하는 질문이에요. 수업을 시작한 2013년에는 15페이지 가까운 학습지를 준비했습니다. 필요하다 싶으면 다 집어넣었죠. 욕심이 과했고, 두 시간 내에 끝내지 못해 다음 주까지 이어진 수업도 있었습니다. 그러면 밀려난 다음 주제는 그날의 온전한 주인공이 되지 못했어요.

이제는 개요 짜기까지 이어지는 5~6차시 수업을 제외하고 그날 수업은 그날 끝냅니다. 그날 소화할 학습 분량을 줄이고 또 줄입니다. 쉬는 시간 5분 빼고 두 시간 동안 꼭꼭 씹어 먹을 분량만 남기려 해요. 지문과 수업을 시간 내에 잘 소화해낸 만족감을 함께 느끼려고요."

**Q 4** *"중등NIE에 오래 꾸준히 참여한 학생과 막 합류한 학생의 차이는 어떻게 극복하나요?"*

"사고력, 독해력, 읽어내는 속도 모두 차이는 나지요. 하지만 중등NIE를 오래 꾸준히 함께한 학생이나 막 합류한 학생이나 모두 낯선 내용을 마주합니다. 새로운 정보를 처리하고 낯섦을 극복하는 상황은 같아요. 물론 금방 적응하지 못하는 학생들도 있습니다. 그러나 보통 4개월이 지나면 감을 잡죠. 그때까지는 학습의 패턴을 스스로 익혀가는 노력도 필요합니다."

**Q 5** *"수업 전후로 준비할 사항은 무엇인가요?"*

"수업은 준비 없이, 지문 속 단어도 문장도 모른 채 읽어내는 훈련입니다. 그래서 수업 중에 맥락을 짚으며 어렴풋이 파악한 단어를 수업 이후 꼼꼼히 정리하며 완전히 내 것으로 만들면 됩니다. 즉, 단어노트가 가장 중요한 숙제입니다. 배운 바를 토대로 요약글, 주장글을 쓰고 선생님이 만든 답지를 정독하는 것도 필요해요. 하지만 중등NIE를 위한 최고의 준비는 꾸준히, 끈질기게, 포기하지 않고 함께하는 겁니다."

제 2 장

# 2

이해하는 훈련
**읽기**

# 2

L군은 수업시간에 늘 표정을 지었던 학생이다. 표정의 총체적 의미는 '즐겁다'이다. 수업이 품은 세상의 이야기에 귀 기울이며 L군은 때로는 활짝 웃고 때로는 실실 웃고 때로는 안타까워했다. 그의 표정은 수업 내내 내게 힘을 주었다. 지적 호기심이 표정에서부터 나오는 적극성을 기반으로 L군은 자기주도학습으로 유명한 지역 자사고에 합격하고 겨울방학 국어 숙제 4개를 받아왔다.

① 어휘와 개념어 정리하기
② 비문학 지문 읽고 문제 풀이 연습하기
③ 중학교 문법 복습하기
④ 좋은 책 많이 읽기

풀어 설명하면 '고등학교 국어 학습에 필요한 기초 체력을 기르라'였다. 그런데 똑같이 철저하게 준비해야 하는 수학과 비교해 국어는 결이 다르다. 수학은 중등 과정이 안 풀리면 초등 과정부터, 고등 과정이 안 풀리면 중등 과정부터 다시 짚고 올라가야 하는 나선형 과목이지만 국어는 그렇지 않다. 위 숙제 중 중학교 국어를 다시 들춰봐야 하는 부분은 ③, 중학교 문법 복습하기이다. 중학교 문법의 기초를 잘 닦아야 그 위

## 이해하는 훈련 - 읽기

에 고등학교 문법을 쌓을 수 있다. ④, 좋은 책 많이 읽기는 의지의 영역이다. 좋은 책을 많이 읽어 독해력, 어휘력, 사고력 등과 고등학교 국어 점수까지 높이는 것은 매우 바람직하지만 이를 강제할 시기는 지났다. 필요성을 느끼고 노력한 학생만이 최고의 열매를 거둘 수 있다.

문제는 ①, 어휘와 개념어 정리하기와 ②, 비문학 지문 읽고 문제 풀이 연습하기이다. 이들은 중학교 국어를 열심히 공부했다고 자연스럽게 길러지는 역량이 아니다. 중등 과정에서 배운 바도 거의 없다. 고등학교에서 꼭 필요한데 중학교에서 경험하지 못했다니! "중학교 국어 실력과 고등학교 국어 실력은 별개다"라는 말이 괜히 나오지 않았다. L군과 L군 어머니는 중등NIE의 효능을 이 숙제를 보고 느꼈다고 했다. 어휘를 익히고 비문학 지문을 읽어내는 감각을 L군은 이미 1년 동안, 누군가는 3년 동안 길렀기 때문이다.

# 단어, 문장, 문단의 호흡까지

1

신문에서 「한국 중·고등학생 읽기 능력 향상되어」라는 제목의 기사를 볼 날이 있을까? 중·고등학생들의 학업·여가 환경을 고려할 때 힘들다고 예상한다. 한국교육과정평가원이 2021년 12월 공개한 '경제협력개발기구(OECD) 국제 학업성취도 평가(PISA) 연구 보고서'에 따르면 한국 학생들의 읽기 영역 평균 학업 성취도는 2009년 539.29점에서 2018년 515.72점으로 23.57점 하락했다. 연구진은 "한국 학생들은 복합적 텍스트 읽기에 어려움을 겪는 것으로 나타났다"라고 전했다.

학생들의 읽기 능력에 대해 한 국어학원 강사의 말을 옮겨 본다.

"지문이 A제도를 다룬다면 우리 어른들은 자세히 읽지 않아도 대략 흐름을 기대하죠. 1문단이 A제도의 생성 배경이면 2문단은 A제도의 구체적 내용이 오겠고, 3~4문단에 A제도의 장단점이, 5문단에 해결방안이…. 그런데 학생들은 이 흐름 자체가 익숙하지 않아요. 게다가 처음 보는 내용이잖아요."

비문학(독서) 지문의 흐름과 구조를 익히기 좋은 도구가 신문기사다. 한국신문협회가 2020년 4월, 한소원 서울대 심리학과 교수 연구팀에 의뢰해 진행한 '종이신문과 뇌 활성화 상관관계 분석 연구' 발표에 따르면 신문을 매일 꾸준히 읽은 사람들의 주의력과 집중력이 향상했다. 연구팀은 2019년 평소 신문을 읽지 않는 참가자 60명을 모집해 신문읽기 집단(실험 집단)과 통제집단으로 나누었다. 신문읽기 집단은 한 달간 매일 종이신문을 읽는 과제를 수행했고, 통제집단은 특별한 과제 없이 평소 습관을 유지했다. 이후 인지 과제를 수행하는 두 번의 실험에서 신문읽기 집단은 뇌파 활성화 패턴을 보였다. 신문읽기가 자극을 감지하고 갈등을 탐지하는 능력을 반영하는 뇌파의 요소를 증폭시킴을 확인한 것이다.

나는 뇌 활성화의 이유 중 하나를 신문기사의 짜임새로 본다. '이게 도대체 무슨 뜻이지?' 같은, 두툼한 책 한 권을 시간 구애받지 않고 읽다가 문득 마주하는 모호한 감정을 신문기사를 읽을 때는 거의 느끼지 않는다. 핵심 정보가 잘 보인다. 주의력, 집중력이 높아지니 읽기 능력은 당연히 함께 올라간다.

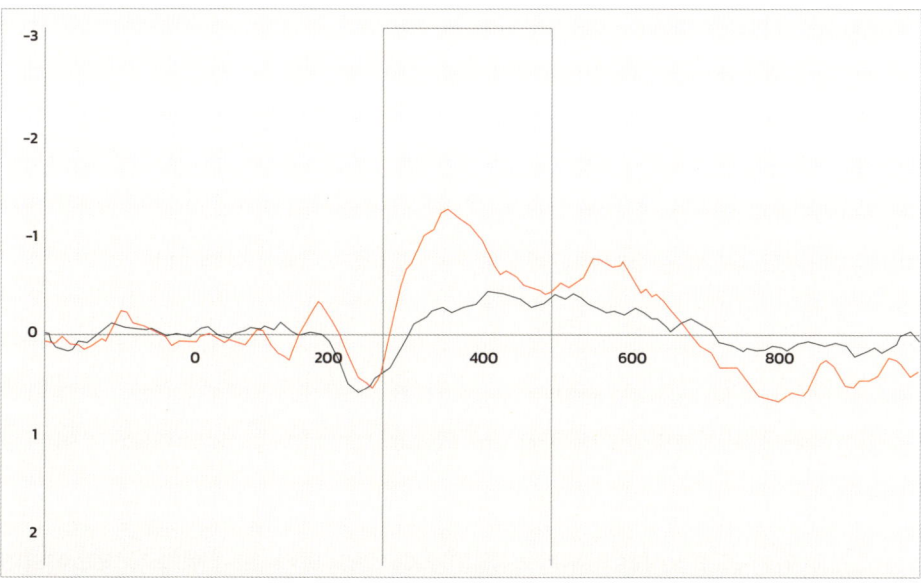

'종이신문과 뇌 활성화 상관관계 분석 연구' 실험 집단의 신문읽기 전(검은색)과 후(빨간색)의 뇌파 변화(한국신문협회 제공)

## 어떤 지문이든 세 번 읽기

그런데 학부모님들은 대체로 아래 질문으로 NIE에 관심과 걱정을 함께 표현한다.

"우리 애가 책을 별로 좋아하지 않는데 NIE는 잘할 수 있을까요?"

책을 좋아하지 않는 학생이 무엇이든 잘 읽어내는 기적은 거의 일어나지 않는다. 미취학 아동이나 초등학생이라면 "흥미를 느낄 만한 책부터 줘보세요"라고 답하겠지만, 우리나라 중학생처럼 공부할 양은 점점 늘어나는데 책 읽는 습관은 잡혀 있지 않고 사춘기까지 절정이라면 책 읽기를 강제 한들 어떤 효과가 있겠는가. 그래서 나는 다시 묻는다.

"세상에 관심은 있나요?"

다시 강조하지만 중등NIE는 차선이다. 대안이다. 책과 독서교육을 통해 언어 역량을 향상하면 좋겠는데, 그것이 여건상 힘든 중학생을 위한 훈련이다. 그래도 NIE가 대안이 될 수 있는 것은 중학생 때가 세상 돌아가는 데 관심을 보이기 시작하는 시기이기 때문이다. 재미있고 관심이 있으면 힘들어도 읽는다. 일단 그 의지를 기대한다.

또 수업시간에 읽을 기회를 준다는 측면에서 차선이 최선이 될 수도 있다. 수업 전에 읽어 와야 하는 책을 읽어오지 않았으면? 수업시간에 함께 읽기도 한다지만, 그러면 책을 읽어온 학생도, 읽어오지 않은 학생도 손해다. 그보다는 모두 한 번에 제대로 읽는 구조가 낫다.

'스스로 읽기'의 중요성은 아무리 강조해도 지나치지 않다. 최고 인기 강사의 인터넷 강의를 전국 수험생들이 똑같이 들어도 천차만별의 성적을 내는 것은 스스로 읽어내고 깨닫는 훈련을 누군가는 하지 않았기 때문이다. 공부의 내공은 스스로 침잠해 익히는 절대 시간으로 길러진다. 내가 어떤 지문이든 세 번 읽기를 강조하는 이유다.

세 번 읽기는 낯선 지문에 익숙해지는 과정이다. 6~7문단 구조의 신문기사를 무엇이든 준비해보자. **처음 읽을 때는 탐색한다.** 상대를 처음 만나자마자 호구조사에 들어가지 않는다. 부담 없이 읽는다. 낯선 곳을 둘러 보는 호기심으로 정독하고 문단별 키워드와 방향성을 어렴풋이라도 파악한다면 더욱 좋다. 뭐가 뭔지 잘 몰라도 괜찮다. 지금은 끝없는 훈련이다. **두 번째 읽으며 중요한 내용에 줄을 친다.** 모든 문장이 다 중요한 지문은 없다. 문단별로 핵심문장이 있고 양념 같은 이야기가 뒤따른다. 주장에 따른 근거가 있고, 근거도 통계, 전문가 의견 등 다양하다. 흐름에 불필요한 문장도 군데군데 있다. 그 속에서 꼭 필요한 부분만 발라낸다. 이때는 눈으로만 확인하지 말고 표시를 한다. 밑줄을 그으면서 읽으면 그 적극성에 뇌가 더 반응해 정보를 오래 기억한다. 몇 번 읽을 여유가 없는 수능이나 모의고사도 지문에 표시를 해두면 문제를 읽고 다시 지문으로 돌아가 근거를 찾을 때 수월하다. 또 반복해서 읽으면 이전에 보이지 않던 것이 보이고, 그 부분이 중요하다고 판단하면 더 잘 기억할 수 있다. **세 번째 읽을 때는 더 중요한 내용에 형광펜을 칠하며 스토리를 만든다.** 두 번을 읽었고 학부모나 교사의 설명을 한 번 들었으니 지문에 이해도를 높였다. 이제는 지문을 평면이 아닌 입체로 소화하는 타이밍이다. 글을 쓰는 사람은 다 계획이 있다. 'A로 글을 열고, B로 C를 강조하고, D로 반론의 여지를 남기며, 그래도 E를 이유로 들어 F로 결론 내야지' 나름의 개요를 잡고 글을 전개한다. 글쓴이의 생각을 하나의 스토리로 읽어내며 글의 전개 방식을 재확인하는 작업이다. 이 훈련을 오래 하다 보면 비문학 지문의 논리 구조가 대략 비슷하다는 것을 눈치챈다. 익숙해진다. 내용은 낯설지만 느낌은 낯설지 않은 이유이다.

읽을 때는 초를 잰다. 수능과 모의고사 모두 국어는 B4용지 16페이지 45문항. 빠르고 정확하게 읽는 훈련이 되어있지 않으면 시험지를 다 훑어보지도 못한다. 당장은 학생마다 읽는 속도가 다르지만, 분명히 갈수록 빨라진다. 중학생이 속도를 중요하게 여겨야 하느냐고 반문하는 분도 있다. 맞다. 속독보다 정독이 중요하다. 하지만 시간을 가둬두지 않으면 중학생 특성상, 대부분 늘어진다. 째깍째깍 분초를 느끼지 못하면 정신을 바짝 차릴 이유가 없는 시기다. 그 속도가 당장은 버거워도 최대 3년, 분초를 다투면 훗날 웃는다.

■ 낯선 지문을 3번 읽기

| | 방법 | 특징 |
|---|---|---|
| 1번째 | 탐색하며 읽기 | 부담 없이, 단 지적 호기심을 갖고 정독한다.<br>문단별 키워드와 방향성을 파악하면 좋다. |
| 2번째 | 중요한 내용을<br>밑줄 치며 읽기 | 지문에서 중요한 내용을 구분하고 그것으로<br>지문의 주제, 흐름, 문단별 핵심 내용을 파악한다. |
| 3번째 | 스토리를 만들어<br>형광펜 칠하며 읽기 | 글쓴이의 관점에서<br>지문을 입체적인 스토리로 분석하고 지배한다. |

## 지식이 쌓여도 재미있다

5년 전, 아들이 다니던 고등학교에서 서울대학교에 입학한 선배들을 초청해 학부모·후배에게 공부 비법을 알려주는 이벤트를 열었다. 한 학생의 말은 지금도 기억에 남는다.

"재밌잖아요, (국어 비문학 지문으로) 새로운 지식을 쌓아가는 게."

학생의 말은 진심이었다. 함께 나온 친구들은 그의 성향을 아는 듯 고개를 끄덕이고 손뼉까지 쳤다. 나도 그 느낌을 안다. 대충 알았던 사실, 흩어져 있던 사건이 체계를 잡고 내 머릿속에 탁 장착되는 행복감 말이다. 2019년 '설탕, 그 단맛의 유혹' 수업이 대표적이다. 2019년 9/10월은 AI 특집, 배달 전쟁, 패스트패션 등 당시 세상의 면면을 보여주는 주제가 많았다. 차별화를 위해 고전적 키워드인 '설탕과 소금'을 생각했는데, 조사할수록 설탕과 소금을 각각 다루는 게 나아 보였다. 설탕의 역사를 거슬러 올라가니 아프리카, 유럽, 아메리카 신대륙을 잇는 삼각무역이 있다. 설탕 덕분에 유럽은 돈을 벌었고 영국은 1차 산업혁명까지 일으켰다. 설탕은 인간의 욕망을 부추기는 대상이었다. 흥미진진한 건 아메리카 신대륙에서 사탕수수를 재배하던 원주민들이 전염병 등으로 죽자 유럽인들이 아프리카 흑인 노예들을 데려온 것처럼 하와이에서도 원주민들 대신 아시아 노동자들을 불러왔다는 사실이다. 1902년 하와이로 떠난 우리나라 최초의 공식 이민자들 역시 사탕수수농업에 종사하려고 태평양을 건넜다. 그들은 조국을 탈출한 상황에도 꾸준히 독립운동자금을 보냈다. 이 내용은 2019년 '항일독립운동의 빛, 도산 안창호', 2020년 '교류와 전염병', 2021년 '우리는 대한민국 이민 1세대' 수업 등에도 단편적으로 등장하며 우리의 기억을 소환하고 연결했다.

물론 처음부터 읽기를 즐거워하는 학생은 극소수다. 지금은 대학생이 된 K양은 2년간 참여한 수업을 마무리하며 뒤늦게 마음을 털어놨다.

"나중에는 괜찮아졌지만, 초반에는 수업이 진짜 힘들었어요. 읽기가 나만 어렵나 두려웠어요."

의외였다. K양은 수업시간에 늘 나와 눈을 맞추는 의욕적인 학생이었다. 그래도 숨겨진 두려움이 있었다. 읽기는 철저히 홀로 지문을 마주하는 행위이며 뇌든 마음이든 활발하게 가동해 뜻을 새겨야 하는 시간이다. 그 과정의 두려움을 극복하는 건 훈련뿐이다. 꾸준히 읽다 보니 (기분 탓일 수 있으나) 지난주보다 이번 주가 좀 낫고, 몇 달 전에는 몰랐던 단어를 이제는 알겠고, 선생님 설명도 오늘은 귀에 쏙쏙 들어온다. 가장 중요하게는 낯선 지문을 읽는 행위 자체가 낯설지 않다.

또 학생들이 모든 주제에 재미를 느끼지는 않는다. 대체로 남학생은 자동차, AI, 스포츠 마케팅 등에, 여학생은 SNS, 외모지상주의, 엔터테인먼트 산업 등에 관심이 많다. 2016년 '김현수·추신수의 메이저리그 입성기' 수업은 야구 규칙부터 모르는 여학생이 많아 애를 먹었다. 하지만 호불호에 상관없이 배경 지식이 있든 없든 지문을 읽어내는 것이 목표다. 관심이 적어도 새로운 지식을 받아들여 즐겁다고 스스로 최면을 거는 시간이다. 그것이 습관이 되도록 중등NIE에 재미있는 장치를 여럿 마련하는 것은 교사의 역할이다.

## 단어에 동그라미를 치는 이유

내 아이들이 초등학생이던 시절에 나는 잠시 한 영어교육 사이트에 관심을 가졌다. '꾸준히 책을 읽다 보면 (외우지 않아도) 자연스럽게 단어를 터득한다'라는 확신은 참 매력적이었다. 그러나 곧 알았다. '꾸준히'의 목표치도 다르고, 머릿속에서 지문을 흘려보내는 게 습관이 된 아이는 단어를 터득할 기회도 만나기 힘들다는 것을. 국어는 우리말이니 좀 나을까? 아니다. 책 읽기를 좋아하는 아이가 아니면 힘들다. 무엇보다 읽어내는 지문과 학생들의 언어 환경이 매우 다르다. 중학생들이 스마트폰이나 게임에 빠지기 쉽고 그 안의 대화가 언어 역량을 해친다는 것은 누구나 공감할 것이다. 그래서 중등NIE의 한 가지 목표는 명확했다. 어휘력을 기르자. 달달 외우지는 않아도 부지런히 머리에 새기는 노력은 하자고 마음먹었다.

게다가 지문은 한자어투성이다. 우등생인 U양이 중1 때 '중졸(中卒)'을 몰랐다. 처음엔 신기했는데, 생각해보니 중(中)과 졸(卒), 각각의 뜻풀이가 어려웠겠다 싶었다. 성실한 Y양은 '해상'이라는 단어를 노트에 정성껏 써왔다. '해상? 이 단어를 언제 배웠지?' 2020년 '대왕 세종' 수업에서 '유네스코 세종대왕문해상'을 다뤘다. 세종대왕이 훈민정음을 창제하신 뜻을 기려 유네스코가 문맹 퇴치에 노력한 기관과 개인에게 주는 상이라고 배웠어도 학생들은 '문해'가 아닌 '해상'을 찾아온다. 《우리 글 바로 쓰기》(한길사)의 저자, 이오덕 선생은 생전에 한자어의 남용 등으로 우리 말과 글이 쓸데없이 어려워졌다고 걱정하셨다. 한자어를 많이 사용하는 것이 긍정적인가 부정적인가, 어디까지가 남용인가 등은 여기서 논외로 하자. 우리가 당장 바꿀 수 없는 현실이다. 수능 지문을 출제하는 교수진이 한자어를 선호한다. 결정적으로 우리말 70% 이상이 한자어라고 한다. 한자어, 순우리말 구분 없이 풍부한 어휘력과 정확한 사용 능력을 갖추어야 다양한 글을 잘 읽고 쓸 수 있다.

그래서 단어노트 만들기는 간단하면서도 중요하다. 책을 많이 읽다 보면 단어를 자연스럽게 터득하겠지만, 중등NIE는 차선책인 만큼 차선에 맞는 노력을 기울여야 한다. 중학교 3년은 이 단어를 꼭꼭 씹어 정리할 마지막 시기다. 방법은 이렇다. 그날 배운 내용을 다시 읽으며 모르는 단어 10개를 찾아 포털사이트 어학 사전에서 뜻과 영어, 한자를 적

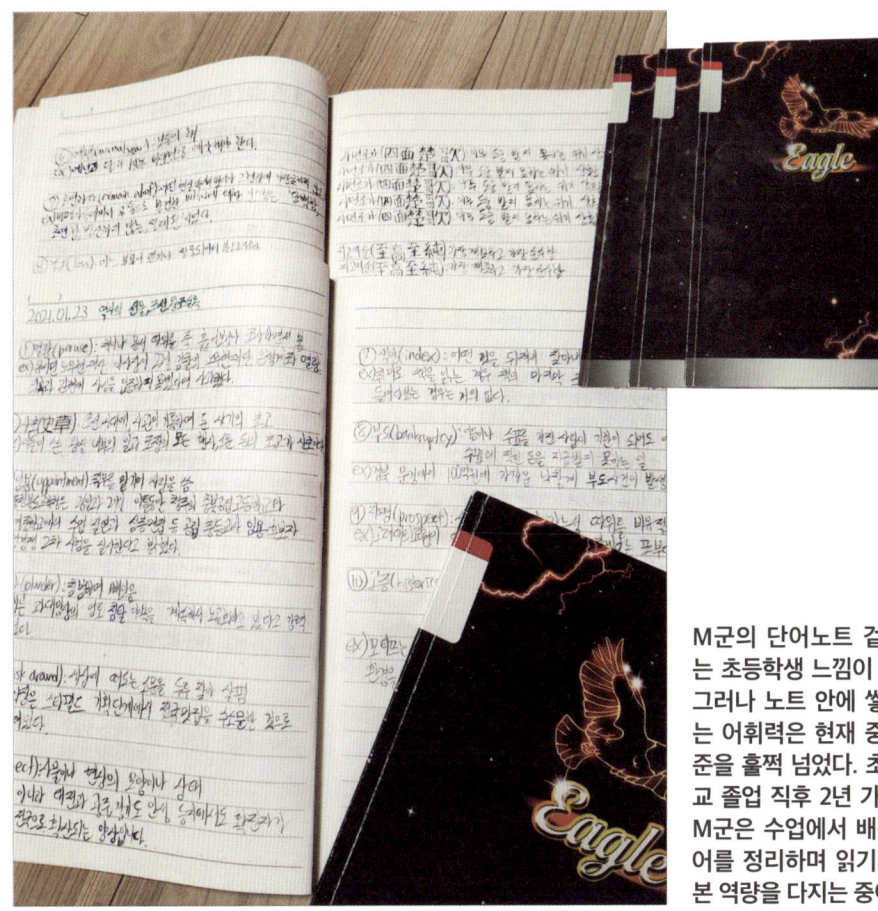

M군의 단어노트 겉표지는 초등학생 느낌이 난다. 그러나 노트 안에 쌓아가는 어휘력은 현재 중2 수준을 훌쩍 넘었다. 초등학교 졸업 직후 2년 가까이, M군은 수업에서 배운 단어를 정리하며 읽기의 기본 역량을 다지는 중이다.

중학생을 위한 1년 치 신문 읽기 프로젝트, **문해력은 문제해결력**

는다. 영어 단어는 수능 영어를 대비한다. 한자는 그리는 수준이면 생략해도 좋다. 단어 노트를 작성할 때 실물 사전에서 뜻을 찾으면 가장 좋지만, 현실적으로 학생들은 시간이 없다. 인터넷이 일상 속 친구다. 손때 묻은 사전 옆면을 보며 뿌듯해하던 어른들의 추억을 지금 학생들에게 강요하기는 힘들다. 이 수업은 최소 노력으로 최대 효과를 바라기로 했다. "인터넷으로 찾아라, 그거라도 꾸준히 하면 장하다"라고 말하는 이유다. 단 예시문은 여러 신문기사를 검색해 적어보자. 다양하게 활용한 문장에 익숙해져야 한다.

의욕적인 L양은 수업 중 지문을 읽을 때 모르는 단어에 동그라미를 쳤다. 그럼 나는 지문을 설명할 때 그 단어 뜻을 정확히, 자연스럽게 알려주려고 노력했다. 읽으며 동그라미를 치는 이유를 L양은 이렇게 답했다.

"계속 손을 움직이니까 졸거나 멍하니 있을 수 없어요. 이후에는 '아까 내가 잘 모른 채 넘어간 단어를 선생님이 어떻게 설명하나?' 더 집중해서 듣게 되죠. 제 유추가 맞았든 틀렸든 단어는 머릿속에 남아요. 그러면 숙제할 때 단어 정의가 눈에 확 들어오죠. 또 숙제를 급하게 하면 모르는 단어를 건너뛸 가능성이 있는데 그것도 방지할 수 있습니다."

OX 퀴즈로 익힌 사자성어는 5번씩 써 온다. 사자성어를 한 번에 잘 외울 거라 기대하면 안 된다. 강남 8학군에도 '쌀 미(米)'와 '아름다울 미(美)'를 구분하지 못하는 학생이 많다. 그래도 실생활과 연계해 계속 부어본다.

"너희가 고생 끝에 원하는 대학, 과에 들어갔어. 그럼 주변 분들이 너희에게 축하 인사를 건넬 거야. 'B는 이제 앞날이 탄탄대로(坦坦大路)구나!'라고."

■ 4단계 단어 학습

| | 1단계 | 2단계 | 3단계 | 4단계 |
|---|---|---|---|---|
| 모르는 단어 | 지문을 읽으며 유추하기 | 교사의 지문 설명을 들으며 확인하기 | (인터넷) 사전에서 정확한 뜻 파악하기 | 신문기사로 예시문 익히기 |

## 우리는 그 뜻을 제대로 알까

2021년 '역사의 선물, 조선왕조실록' 수업으로 '조선왕조실록'과 '승정원일기'를 비교해보았다.

■ 왕이 승하하면 사관들은 사초를 바탕으로 '승정원일기', '일성록' 등을 참고해 실록을 작성합니다. 다음을 읽고 '승정원일기'의 어떤 특징이 오늘날 우리가 조선의 역사를 이해할 때 어떤 도움을 줄 수 있는지 요약, 유추하세요.

> 현존하는 세계 최대의 역사 기록물은 한국에 있다. 유네스코 세계기록유산으로 등재돼 있는 '승정원일기'다. 3,245책, 기록 일자 10만 4,000일, 기사 수 180만 건, 글자 수 2억 4,300만 자로 팔만대장경 목판본의 5배, 중국 이십오사의 6배 분량이다.
> 도대체 어떤 기록물이기에 이리 방대한가? 조선 국왕 비서실이었던 승정원에서 아이돌 매니저럼 매일 임금을 수행하며 현장에서 온갖 일정과 대화와 읽은 문서들을 낱낱이 적은 일지다. 이 때문에 편집을 거친 '조선왕조실록'에는 없는 내용이 많다.
>
> <조선일보, 2018. 08. 15. 유석재 기자> 중에서

답의 구조는 「'승정원일기'는 a한 책이다. 덕분에 우리는 조선의 역사를 b하게 이해할 수 있다」 정도가 적당하다. 문장 구조를 잡는 건 뒤에서 다시 소개한다. a는 위 지문 중 '매일 임금을 수행하며 현장에서 낱낱이 적는다'를 끌어 요약하면 된다. b는 미루어 짐작하는 유추의 영역. b에 들어갈 특징으로 우리는 '생생하게, 쉽게, 자세하게, 입체적으로' 등을 생각해냈다. 온갖 일정과 대화, 읽은 문서를 다 기록하면 사건의 전모와 인물 간 관계가 잘 드러나기 때문이다.

> '승정원일기'는 승정원에서 매일 임금을 수행하며 현장에서 온갖 일정, 대화, 읽은 문서를 낱낱이 기록한 책이다. 덕분에 우리는 조선의 역사에서 사건의 전모와 인물 간 관계 등을 생생하게, 입체적으로, 자세히 이해할 수 있다.

그런데 온라인 수업에서 J양이 실시간 채팅을 보내왔다.

"선생님, '입체적으로'가 무슨 뜻이에요?"

순간 머리를 툭 얻어맞은 느낌이었다. 입체? 입체적?! 밋밋한 평면이 아닌 삼차원 구조를 설명했으나 부족하다 싶었다. 나 역시 대충 알았다. 사전을 찾아보았다.

> **입체적(立體的)**
> 1. 삼차원의 공간적 부피를 가진 물체를 보는 것과 같은 느낌을 주는 것.
> 2. 사물을 여러 각도에서 종합적으로 파악하는 것.

'승정원일기'로 역사를 입체적으로 이해하는 것은 2번으로 풀이해야 했다. 사건을 둘러싼 인물의 갈등, 세력 간 합종연횡, 교훈과 의미 등을 우리는 '여러 각도에서 종합적으로 파악'할 수 있다. 정리하면 쉽지만, 읽어낼 때는 정확히 알지 못했다. 문득 궁금했다. 윤리적? 내면적? 질서? 우리가 매일 쓰는 이 단어들은 도대체 무슨 뜻인가?

단어를 탐구하기에 중학생은 최적의 시기이다. 고등학생이 되어서도 단어 하나하나를 파고드는 것이 훌륭한 활동이기는 하나, 그때는 관심 분야와 연결된 단어에 집중하는 것이 좋다. 물론 모든 단어를 일일이 파악하며 지문을 읽을 필요는 없다. 전체 문맥을 파악하는 데 그리 중요하지 않은, 즉 대세에 지장 없는 단어들도 있다. 그러나 지금 이 시기에 단어의 뜻에 주목하면 글을 읽는 감각을 기를 수 있다. 나도 카피를 쓸 때 단 하나의 단어도 허투루 다루지 않는다. 모든 단어, 문장, 문단의 호흡까지 다 계산한다. 글에 담긴 작가의 의도를 읽어낼 수 있다면 지문은 입체적으로 다가온다. 글쓴이는 왜 이 단어를 썼지? 이 문장은 어떤 효과를 노렸지? 이걸 다음 문단에서 어떻게 연결했지? 지문을 민감하게 읽어내려가다 보면 독해력, 어휘력, 사고력이 한꺼번에 폭발하는 순간이 온다.

## "읽는 속도가 빨라졌어요"

단어의 위력을 발휘하는 문장을 보자. 김별아 소설가가 이육사 시인을 소개한 글(겨울, 강철로 된 무지개 - 경향신문, 20140103)에 나오는 문장이다.

「작가들은 애초에 백석이 읊었듯 '가난하고 외롭고 높고 쓸쓸하니 살아가도록 태어났'는지 모른다. 하지만 이 시구에서 '높고'라는 구절은 가끔 시대의 요철을 만나 덜그럭거린다.」

글을 써서 돈을 벌기는 예나 지금이나 쉽지 않다. 작가는 글과 외롭고 쓸쓸한 사투를 벌여야 하는 직업이다. 그래도 그들은 대부분 이상과 자존심이 높다. 그 높은 소신이 시대의 요철을 만나 덜그럭거린다? 요철은 '오목함과 볼록함'이다. 시대가 오목했다가 볼록했다는 것은 변화무쌍한 시대, 혼돈의 시대라는 것이고, 그래서 상당수 작가가 소신을 지키기 어려웠다는 내용이다. '요철'이라는 단어가 문장에 세련되게 녹아들고, 독자는 부침의 세월에도 소신을 지킨 이육사를 떠올린다.

문장 안에 모르는 단어가 많을 수도 있다. 앞에서도 밝혔듯 그것을 일일이 해석한 후 문장 내 쓰임새를 다시 파악한다면 지문만 읽다가 지친다. 이때는 단어의 뜻을 완벽하게 몰라도 흐름과 맥락을 이해하며 읽으려고 노력하는 게 맞다. 그러나 단어 뜻을 잘 알면 지문을 빠르고 명확하게 읽고, 절약한 시간을 문제 푸는 데 활용할 수 있다.

그래서 교사는 학생들의 단어노트를 잘 살펴야 한다. 엉뚱한 표현을 적어놓은 경우가 꽤 있다.

「코로나19 피해 규모를 확인하며 명확한 정보 전달의 중요성을 다시 절감합니다.」

2020년 코로나19 관련 수업에서 이 문장을 별 설명 없이 읽고 넘어갔다. 그런데 J양이 단어노트에 적은 '절감하다'의 뜻은 '아껴서 줄이다'였다. '절감하다'의 또 다른 뜻, '절실히 느끼다'를 인터넷에서 함께 찾았다. 앞으로 J양은 이 단어만큼은 상황에 맞춰 해석하고 사용할 것이다. 그래서 단어를 확실히 몰라도 흐름과 맥락을 이해하며 읽는 훈련과 단어의 뜻을 정리하고 또 다른 문장으로 익히는 훈련을 병행해야 한다. 이를 성실하게 수행한 학생이 시간이 흐른 후 "읽는 속도가 빨라졌어요" 자신 있게 말하고 더 전략적으로 지문과 문항을 대비하며 푼다. 바꿔 말해 어휘력, 독해력이 급상승한다.

고무적인 것은 이 수업을 함께한 고등학교 선배들이 중등NIE의 효능을 증언한다는 점이다. 2장을 시작하며 소개한 L군은 고등학교를 1년 경험해보니 국어 모의고사 지문에 중등NIE에서 정리한 단어가 많이 나오고, 국어 내 독서(비문학) 지문의 제재(작품의 재료)가 중등NIE에서 다루었거나 연관된 것이 많고, 낯선 지문이라도 막연한 두려움이 사라진다고 했다. 고등학교 내내 L군은 국어 내신, 모의고사 모두 높은 등급을 유지했다.

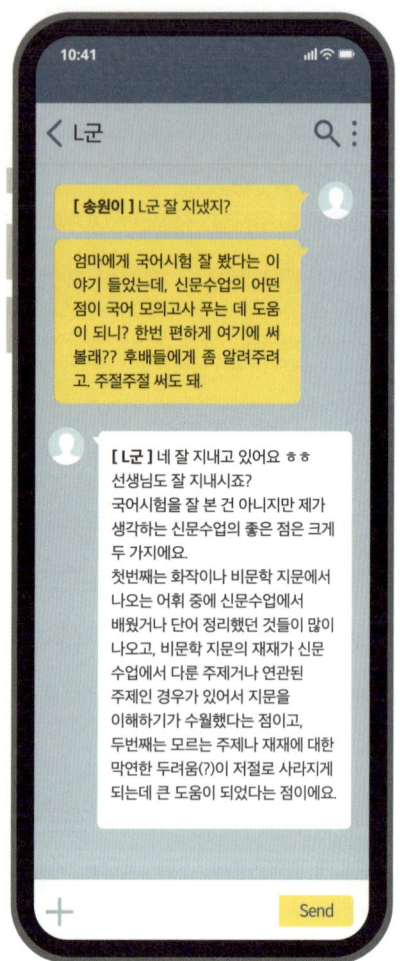

중등NIE를 통해 고등학교 국어 실력이 향상되었다고 증언하는 L군.

## 독해란 무엇인가

2

 그렇다면 어휘력은 지문을 읽어내는 순도 100%짜리 무기인가? 꼭 그렇지만도 않다. "'국어 지문, 모르는 단어 없는데 독해 어려워요."(한겨레, 20151005, 정유미 기자)'라는 제목의 신문기사는 문해력이 부족한 요즘 학생들의 현황을 잘 짚었다. 유네스코에 따르면 문해력은 '다양한 내용의 글을 이해하고 해석하고 창작하는 힘'으로 크게 '최소 문해력'과 '기능적 문해력(Functional Literacy)'으로 구분된다. 기사는 글을 읽고 쓰는 기초적 능력인 최소 문해력을 넘어 사회적 맥락 안에서 글을 읽고 쓰는 기능적 문해력이 학생들에게 필요하다고 강조한다. 단어 뜻을 대충 알아도 글쓴이의 의도와 글의 주제를 파악하기 어려운 이유를 기능적 문해력의 부족으로 본 것이다.

### 기능적 문해력의 열쇠는 사회적 맥락 파악

 p.67, 김별아 소설가의 문장을 내가 해석한 부분, 「시대가 오목했다가 볼록했다는 것은 변화무쌍한 시대, 혼돈의 시대라는 것이고, 그래서 상당수 작가가 소신을 지키기 어려웠다는 내용이다.」로 기능적 문해력이 부족한 현실을 다시 설명해보자. 사회적·역사적 맥락에서 문장을 읽을 수 없는 학생들은 질문할 것이다.

 "선생님, 일제강점기가 변화무쌍한데 왜 작가들이 소신을 지키기 어려워요?"

헉! 학생들의 반응은 안타깝지만 현실이다. 일본은 1938년부터 조선 학교의 조선어 과목을 폐지하고 조선어 사용을 금지했다. 민족말살정책을 가속하면서 지식인과 문인, 언론인을 돈으로 무너뜨렸다. 돈을 받고 황국신민화 정책과 제국주의 전쟁을 찬양하는 글을 쓰는 사람들이 많아지고 수십 년이 지나도 독립은 요원하니 흔들리는 작가들이 많았을 것이다. 1930년대 이후 일제강점기 역사를 어느 정도는 파악해야 이 문장을 이해할 수 있다.

2021년 '대한민국의 식(食)문화' 수업의 여는 글에도 학생들이 이해하기 어려운 부분이 있었다.

**식품업계는 6.25 전쟁 이후 최악의 식량난을 겪던 국민에게 먹거리를 생산·제공하며 국내 식품산업을 발전시켰지만, 한편으로는 큰 성장도 큰 위기도 없는 산업군이었습니다. 그런데 코로나19가 상황을 바꿔놓았습니다. ①전반적인 소비 심리는 악화했지만, ②국내에서 먹고 마시는 사람이 사상 최대로 늘어나면서 ③식품의 필수재적 특성이 빛을 본 것입니다.** 선두주자는 바로 가정간편식(HMR)입니다.

줄 친 부분을 최소 문해력으로 읽어낼 수는 있다. 그런데 "코로나19 이후 왜 식품산업이 성장했다고?"라고 학생들에게 거꾸로 물어보면 의외로 답이 잘 나오지 않는다. ①, ②, ③을 사회적 맥락에서 이해하지 못했기 때문이다. 코로나19로 사람들이 전반적으로 지갑을 닫는 상황에서(①) 유학생도 이민자도 그나마 코로나19에 잘 대응하는 대한민국으로 들어오고 해외로 나가는 사람 수도 급감하는데(②), 어쨌든 인간은 먹어서 생존하는 존재(③)! 국내 시장의 식품 수요가 느니 식품산업은 성장한다. 이런 내용을 수업에서 찬찬히 짚는다. 언젠가는 학생 스스로 터득하겠지만, 사회적 맥락을 따져 보는 습관을 만들어주는 것은 일단 교사 몫이다.

그것은 나의 습관이기도 했다. 2021년에 성인 독해력 강좌에 참여한 나는 난해한 지문이 나오면 끊임없이 고민했다.

'이게 오늘날 어떤 현상과 관계가 있지?'

'예를 들자면…'

어느 순간부터는 이 고민 없이 글을 읽을 수 없었다. 글의 껍데기만 더듬고 있는 기분이었기 때문이다. 드러나지 않아도 글쓴이는 분명 어떤 현상을 보고 글을 썼다. 구체적 사례를 떠올려 연결하고 단서가 될 단어와 문장을 지문에서 찾아내는 건 좋은 독해 습관이다. 그러려면 많은 걸 꾸준히 채워야 한다. 외우라는 뜻이 아니다. 찰랑찰랑 넘칠 듯한 지식과 감각은 어느 순간 나도 모르게 발현되고 연결되어 독해의 희열을 선사한다. 그 과정을 신문과 함께하길 바란다. 지문의 사회적 맥락을 폭넓게 파악하는 데 신문만큼 효율적인 매체도 없다.

## 독해는 정보와 논리, 감정의 3종 세트

다시 문해력의 정의를 보자. '다양한 내용의 글을 이해하고 해석하고 창작하는 힘'이다. 창작하려면 먼저 해석하고, 해석하려면 먼저 이해하는 게 순리다. 그 이해의 원천은 독해력. 잘 읽어내지 않고, 즉 독해력을 키우지 않고 무언가를 만들어내는 건 욕심이다. 내가 <1년 치 신문 읽기> 수업의 부제로 독해력을 내세운 이유이기도 하다.

유시민 작가는 책《유시민의 글쓰기 특강》(생각의 길)에서 '독해란 어떤 텍스트가 담고 있는 정보를 파악하고 논리를 이해하며 감정을 느끼는 것이다. 더 나아가서는 그 정보와 논리와 감정을 특정한 맥락에서 분석하고 해석하고 비판하는 작업이다'라고 정의했다. 더 좋은 정의를 나는 만들 수도, 본 적도 없다.

유시민 작가가 내린 독해의 정의를 좇아 수업을 이끌어보자. 물론 수업시간에 "여기는 정보고, 여기는 논리고, 여기는 감정이다"라는 식으로 내용을 짚어내지는 않는다. 논리적으로 전개된 지문을 바탕으로 교사는 정보를 설명하고 함께 고민할 생각거리를 제시한다. 'AR·VR'을 다룬 다음 기사로 독해의 과정을 따라가 보겠다.

> 최근 국내 통신사를 비롯해 이커머스 기업, 콘텐츠 기업 등이 AR 기반 서비스를 속속 내놓으면서 많은 사용자가 AR을 경험할 환경이 갖춰지고 있다. AR은 현실 공간과 사물에 가상의 디지털 콘텐츠를 추가한 상태인 데 비해, VR은 환경과 사물이 모두 현실이 아닌 가상으로 구성된다. AR이 더욱 주목받는 이유는 스마트폰·태블릿으로 쉽게 사용할 수 있는 접근성에 있다. VR은 가상 환경에 몰입하기 위한 전용기기가 필요하지만, AR은 스마트폰만으로도 사용자에게 새로운 경험을 안겨준다.
> 모바일 기기가 대세가 되면서 AR과 결합할 기회를 포착한 IT 기업들이 이를 놓칠 리 없었다. 'FAAMG'으로 불리는 페이스북(Facebook), 아마존(Amazon), 애플(Apple), 마이크로소프트(Microsoft), 구글(Google)은 수년 전부터 AR을 연구하고 스타트업에 투자해 왔다. 글로벌 IT 기업들은 왜 증강현실에 주목할까? AR은 기존 현실 세계에 다양한 정보를 덧입히면 되기에 다양한 서비스로 확장하기 유리하다. 또 온라인과 오프라인을 쉽고 밀접하게 결합하는 방법이다. 오프라인에서 불가능한 영역을 AR로 온라인에서 구현하고, AR만 가능한 기술을 활용해 사용자에게 온라인에서만 주는 새 콘텐츠와 경험을 안겨준다. 게다가 과거 AR을 활용하려 할 때 발생하는 하드웨어나 인프라의 한계도 점차 해소된다. 최근 많은 스마트폰에 2개 이상 카메라가 장착되면서 사물을 인식해 AR을 사용할 수 있다.
> 이제 오프라인에서 파는 상품을 AR로 구현해 소비자에게 집에서 고르게 하거나 새 영상 콘텐츠를 만든다. AR로 구현한 자동차를 집에서 구석구석 둘러보고 색상도 바꿀 수 있다. AR은 이커머스, 교육, 엔터테인먼트, 금융 등 많은 산업에서 활용 가능한 기술이다.
> 
> <중앙일보, 2020. 04. 28. 윤준탁 에이블랩스 대표 기고> 중에서

윤준탁 대표는 '오늘날 AR(증강현실)은 VR(가상현실)보다 주목받는다'라고 주장하며 그 이유로 1문단에서 스마트폰이나 태블릿으로 쉽게 사용하는 접근성을, 3문단에서

현실 세계에 다양한 정보를 덧입히면 되는 확장성을 꼽았다. 2·4문단은 '정보'다. 글로벌 IT 기업들의 AR 기술 개발 동향, 향후 AR 활용 범위를 소개하며 글의 '논리'를 강화했다. 학생들은 이 지문으로 어떤 '감정'을 느낄까? 감정을 채우고자 여는 글을 먼저 준비하자.

*스마트폰의 성장이 둔화한 2017년 전후, VR과 AR은 IT 기업들의 차세대 먹거리로 주목받았습니다. 하지만 열기는 오래 가지 않았습니다. 고성능 VR 헤드셋에 소비자들의 관심은 줄었고, AR 시장도 '포켓몬 고' 열풍이 끝나자 침체했죠. 그러나 코로나19의 장기화로 VR, AR의 위상이 바뀌었습니다. 공연, 의료, 산업 등 여러 분야에서 비대면 기술 수요가 늘어난 것입니다. 단, 혜택을 먼저 받는 대상은 VR보다 AR이라는 의견이 지배적입니다.*

'그래, 언제부터인가 스마트폰은 신상품도 별다를 게 없었지. IT 기업들이 무엇으로 먹고살아야 하나 걱정이 많았구나. 그때 나타난 게 AR과 VR이었구나.'
'AR과 VR에 관심도 곧 시들해졌지. 나도 포켓몬 고 게임 좀 하다가 그만뒀어.'
'그런데 코로나19로 AR과 VR이 부활한 거네. 심심한 사람들이 비대면 환경에 모여들었구나.'

학생들 머릿속에 이런 생각이 처음부터 밀려오지는 않는다. 수업에서 교사가 적절히 짚어주며 감정을 실어줘야 한다.

비판도 해보자. 윤준탁 에이블랩스 대표가 강조하는 'AR이 VR보다 주목받는다'는 합당한 주장일까? VR의 한계를 더 파고 들어간 자료를 읽으면 된다. VR은 실제와 비슷한 가상공간을 조성해 사용자에게 몰입감을 주지만, 기술을 완벽하게 구현하기가 힘들고 기기 가격도 비싸다. 그의 주장은 합리적이다. 그런데 비판할 여지도 있다. VR 시장의 가능성을 보여준 사건이 발생했기 때문이다. 2022년 시즌3까지 나온 MBC 다큐멘터리, '너를 만났다'는 가상현실 세계에서 이루어지는 기적 같은 만남을 소개한다. 이를 통해 VR이 그리운 사람을 만나는 재회 콘텐츠로 효과적임을 확인할 수 있다. 그리고 'VR 시장이 열릴 가능성이 큰 분야는 재회, 교육, 의료 등이다'라는 주장을 담은 지문을 읽으면 다음 활동을 할 수 있다.

■ **VR 시장이 열릴 가능성이 큰 분야는 재회·교육·의료 콘텐츠 등이라고 합니다. 각 콘텐츠가 사용자에게 주는 장단점을 유추하세요.**

| 종류 | 장점 | 단점 |
| --- | --- | --- |
| 재회 콘텐츠 | - 그립지만 만날 수 없는 사람을 보고, 돌아갈 수 없는 과거와 마주한다. | - 비싸다.<br>- 그리움이 더욱 깊어지거나 현실을 부정하는 등 후유증이 남을 수 있다. |
| 교육 콘텐츠 | - 실제 할 수 없는 일, 갈 수 없는 곳을 싼 가격으로 간접 경험할 수 있다.<br>- 좀 더 생생한 학습이 가능하다. | - VR 고글을 쓰면 목 디스크, 시력 저하 등이 올 수 있다.<br>- 깊이 있게 읽고 쓰는, 끈기가 필요한 학습을 지루해할 수 있다. |
| 의료 콘텐츠 | - 치매 치료 효과가 있고, 가상수술 연습을 통해 의료의 질이 향상된다. | - 그 실험비용이 나중에 환자의 의료비로 전가될 가능성이 크다. |

특정 현상의 장단점과 긍정적·부정적 영향을 유추하는 활동, 오늘날 우리에게 주는 교훈을 생각해 서술하는 활동 등으로 사고의 폭을 넓힐 수 있다. 신문기사를 읽으며 풍부한 어휘와 잘 짠 문장, 글의 구조를 익히는 건 기본이다. 이 일련의 과정이 비판적 독해, 창의적 독해다.

# 독해력을 키우는 학습 문항

3

「신문기사를 찾아 읽고 알게 된 정보를 적어보세요.」

난 초등NIE 학습지에 자주 등장하는 이 문항이 불편했다. 그냥 읽고 무엇이든지 적어보면 될까? 신문과 친해지는 과정에서는 필요한 학습 문항이다. 신문기사의 정확성, 공정성, 객관성 등도 자연스럽게 파악할 수 있다. 하지만 이런 문항이 중등NIE까지 이어지면 난감하다. 정보도 수업의 틀 안에서 체계적으로 정리되어야 한다. 그렇다고 매번 요약하고 주장하는 글을 쓸 수도 없다. 가다가 지친다. 중학생들이 풀 만한, 유익한 학습 문항을 만드는 것도 중등NIE의 과제다.

## OX 퀴즈로 내용 확인하기

수업 초반에는 OX 퀴즈가 무난하다. 50% 승률이니 부담도 적고, 지문을 제대로 읽었는지 확인할 수 있다. 때로는 지문과 연결된 또 다른 정보를 OX 퀴즈에 추가해 수업의 밀도를 높이려고도 노력한다. '오염된 바다'를 학습한다면 쓰레기의 해양 투기 급증을 다룬 다음 지문을 읽어보자.

> **해양 투기량이 매년 증가한 이유 중 결정적 정책 실수는 1990년대 수도권매립지의 하수오니 직매립 금지 조치로 인한 풍선효과**였다. 풍선의 한쪽을 누르면 다른 쪽이 삐져나오는 현상처럼 **육지에서 처리되어야 할 폐기물이 고스란히 바다에 버려졌다.** 매립지의 침출수가 사회문제화된 1993년 11.2%였던 하수오니 해양 투기 비율은 직매립 금지가 시행되기 직전인 2002년 73.2%로 치솟았다. 1996년 해양수산부가 신설되고 환경부의 해양환경 관리 업무도 이관되었지만, **해양수산부는 육상 폐기물의 해양 투기 증가 현상을 방치했다.**
>
> <한겨레, 2014. 03. 14. 최예용 환경운동연합 바다위원회 부위원장 기고> 중에서

위 지문은 한국이 1980년대 말까지 아무런 통제 없이 폐기물을 인근 바다에 버렸다는 내용과 2012년 당시 정부가 "2014년부터 해양 투기를 종결하겠다"라고 발표했지만 2013년 정권이 바뀌며 그 발표를 뒤집었다는 내용이 앞뒤로 연결되어 있다.

| | |
|---|---|
| 수도권매립지에 하수오니 직매립을 금지한 이후, 정부는 지방자치단체와 기업 등 폐기물 발생원이 **발생량 자체를 줄이고** 발생한 폐기물은 **건조 및 재활용의 방법으로 처리**하도록 행정적·기술적 지원을 했다. 그래서 하수오니의 해양 투기가 급증했다. | X |

수도권매립지에 하수오니 직매립을 금지한 이후, 해양 투기가 급증한 것은 맞다. 그러나 밑줄 친 부분이 틀렸다. 발생량 자체를 줄이고 건조 및 재활용을 유도했다면 하수오니 해양 투기가 급증했을 리 없다. 인과관계가 맞지 않는다. 지문에 '육지에서 처리되어야 할 폐기물이 고스란히 바다에 버려졌다'라는 문장도 힌트다. 건조 및 재활용을 유도했다면 마구잡이로 바다에 버리겠는가? 숨은 내용까지 읽어내는 열쇠는 꾸준한 읽기 훈련뿐이다.

때로는 학생 자신의 경험과 지식을 대입해 틀리기도 한다. 2020년 '교류와 전염병' 수업에서 '콜럼버스가 신대륙을 발견한 이후 원정대가 운반했다고 추정하는 병원균 때

문에 원주민이 매우 많이 죽었다'는 내용을 학습하고 OX 퀴즈를 풀었다.

| | |
|---|---|
| 16~17세기에 아메리카 원주민 인구 3/4 이상이 목숨을 잃고 "인디오는 스페인 군인을 쳐다만 봐도 죽었다"는 기록이 남아 있었던 이유는 아메리카에 상륙한 유럽 국가 군인과 원주민이 치열한 전쟁을 벌였기 때문이다. | X |

그날 밤, N양이 메시지를 보냈다. 대화로 풀어보자.

"안녕하세요 선생님, 저 N인데요. 오늘 OX 퀴즈 3번을 틀렸는데 좀 모호해서요. 제가 책, 《총·균·쇠》를 읽었거든요. 거기 유럽 군인 500명이랑 원주민 50,000명이 치열하게 싸웠는데 총을 가진 유럽 군인이 이겼다고 쓴 부분이 기억나서요. 다시 설명해주실 수 있으세요?"

"N이 잘 짚었어. 그런데 유럽 군인과 원주민의 싸움이 늘 치열했을까? 치열한 전투도 있고 아닌 전투도 있었겠지. 임진왜란을 생각해봐. 이순신 장군이 지휘한 전투는 치열했지만, 그냥 항복한 전투도 있었지. 이 문제를 '16~17세기에 아메리카 원주민 인구 4분의 3 이상이 목숨을 잃었던 이유는 아메리카에 상륙한 유럽 국가 군인들과 원주민들이 치열한 전쟁을 벌였기 때문이다'라고만 썼다면 N의 문제 제기가 성립되지. 그런데 이건 '인디오는 스페인 군인을 쳐다만 봐도 죽었다'는 기록을 언급한 게 핵심이야. 치열한 전투 이전에 병원균이 퍼져 그들이 목숨을 잃었음을 비유한 표현이거든. 쳐다만 봐도 죽었음 = 싸우지도 않았는데 죽었음 = 병원균 때문에 죽었음을 비유!"

"아!!! 감사합니다!"

내 주관이 아닌 글쓴이의 의도를 생각하며 지문을 객관적으로 읽는 훈련이 필요하다. 뒤에 소개하겠지만 '오늘 배운 바를 내 생각 빼고 딱 20줄, 4문단으로 요약하기' 활동 역시 지문을 객관적으로 바라보는 노력이다.

## 표로 정리하기

표로 정리하기는 지문을 구조화하는 기초 작업이다. 구조화는 중요한 내용을 확인, 요약하고 그 관련성을 그림이나 도표로 만드는 것이다. 지문을 원인과 결과, 문제점과 대안 등으로 구조화해 정리하면 더 명확하게 이해할 수 있다. '식량안보'를 학습한다면 인류 역사에서 종자의 역할을 소개한 아래 기사를 읽고 활동할 수 있다.

■ 인류 역사상 종자는 인류를 살리기도, 때로는 위협하기도 했습니다. 다음을 읽고 맬서스의 경고와 이에 대응한 종자의 긍정적 역할을, 그리고 21세기에 다시 직면한 맬서스의 경고와 종자의 부정적 역할을 표로 정리하세요.

> 영국의 정치경제학자 맬서스는 《인구학 개론에 대한 소고》에서 <mark>인구는 기하급수적으로 증가하는 데 비해 식량은 산술급수적으로 증가하므로 인류 대다수는 빈곤에 처할 것</mark>이라 경고했다. 200여 년이 지난 지금, 그의 예언은 아직 실현되지 않았다. 책을 쓴 1798년 8억 명이던 인류는 현재 60억 명을 넘어섰지만, 이에 못지않게 <mark>곡물 생산성도 획기적으로 증가</mark>했기 때문이다. 맬서스는 <mark>농기구의 기계화, 비료·농약의 개발, 육종기술의 발달</mark> 등 과학기술의 힘을 간과했다.
> 21세기 초입에 들어선 <mark>인류는 '맬서스의 경고'에 다시 직면</mark>했다. 2050년이면 세계 인구는 90억 명이 넘어설 것으로 예상하는 반면, <mark>곡물 생산성은 예전처럼 증가하지 못하고</mark> 있다. <mark>지구 온난화</mark>로 농사지을 땅이 <mark>물 부족</mark>에 시달리고 있고, <mark>급격한 기후변화로 작물의 환경 스트레스가 커져</mark> 수확량이 적어지고 있기 때문이다. 유전자변형식품(GMO)이 대안으로 떠오르고 있으나, 안전성 문제로 시민사회의 저항이 만만치 않다.
>
> <한겨레, 2009. 07. 06. 조동영 기자> 중에서

'기하급수적'과 '산술급수적'의 뜻을 파악하면 인류의 빈곤은 숙명임을 알 수 있다. 그런데 그 문제를 종자, 육종기술이 해결했다. 하지만 21세기에 다시 직면한 맬서스의

경고는 다른 양상이다. 세계 인구는 계속 늘어나는데 육종기술의 발전 속도보다 기후변화 등에 따른 피해가 더 커지면서 곡물 생산성이 과거만 못한 것이다. 종자의 부정적 역할도 유추해보자. 먹을 입은 많은데 곡물은 늘지 않으니 글로벌 종자 기업이나 선진국의 힘이 세진다. 식량안보 문제가 불거져 종자 주권이 중요해지며 종자 전쟁 가능성도 제기된다.

| 맬서스의 경고 | 종자의 긍정적 역할 | 21세기에 다시 직면한 맬서스의 경고 | 종자의 부정적 역할 |
|---|---|---|---|
| 인구는 기하급수적으로 증가 vs 식량은 산술급수적으로 증가 ↓ 인류 대다수는 빈곤! | 육종기술 발달로 곡물 생산성이 획기적으로 증가 | 세계 인구는 계속 느는데 지구 온난화, 물 부족, 기후변화에 따른 작물 스트레스 ↓ 곡물 생산성은 예전처럼 증가하지 않음 | 식량안보 문제, 종자 전쟁 가능성 제기 |

## 긍정적·부정적 영향 유추하기

영화 '기생충'이 대한민국 영화산업을 어떻게 바꾸는지를 다룬 수업은 2020년 '충무로와 기생충'이었다. '기생충'이 2020년 2월, 미국 아카데미 시상식 4개 부문을 석권한 이유와 의미를 짚은 뒤, 대한민국 영화산업에 적극적으로 뛰어든 CJ그룹의 역할을 부각했다. '기생충'의 아카데미상 수상은 영화 자체의 우수성만으로 이룬 성과가 아니었기 때문이다.

영화 '기생충'의 봉준호 감독과 배급사 CJ ENM이 오스카 수상을 위해 미국 현지에서 캠페인에 박차를 가하는 가운데, 캠페인에 소요되는 예산과 인력 등에도 관심이 쏠리고 있다.
아카데미 수상은 미국 영화예술과학아카데미(AMPAS) 회원 8,000여 명이 결정한다. 이미 주요 오스카 후보자들은 지난해부터 회원들의 표심을 잡기 위한 아카데미 캠페인을 시작했다. **CJ ENM 역시 아카데미 국제영화상 한국 후보로 확정된 시점인 지난해 8월 말부터 해외 배급사 네온과 함께 본격적으로 아카데미 캠페인에 착수**했다. 아카데미 회원 대상 시사회를 미국을 포함한 여러 국가에서 진행했고, 미국 감독 조합 등 영화계 직능 단체들을 대상으로 하는 시사회를 통해 '기생충'을 적극적으로 알렸다.
**아카데미 캠페인은 예산과 인력, 글로벌 영화계 네트워크, 공격적인 프로모션이 모두 결합해야 하는 작업**으로, 상당한 예산이 소요되는 것으로 알려져 있다. '기생충'은 아카데미상 후보를 자주 배출하는 미국 할리우드 스튜디오와 비교하면 다소 열악한 상황이다. 주요 스튜디오들은 아카데미 캠페인 전담팀이 조직 내에 따로 마련돼 있어 1년 내내 적극적인 대응이 가능하지만, '기생충'은 한국 최초로 아카데미 후보에 오른 만큼 모든 것을 하나하나 부딪혀가며 할 수밖에 없다.

<조선일보, 2020. 01. 16. 이윤정 기자> 중에서

이 지문 등에 「CJ그룹이 대한민국 영화산업을 위해 한 일을 적어보세요」라는 활동 문항을 붙이는 건 전혀 새롭지 못하다. 전 세계 국가의 수도를 쓰고 외우는 것과 무엇이 다른가? 지문은 대기업의 역량이 대한민국 영화산업의 수준을 한껏 끌어올렸음을 확인한 것으로 만족한다. 여기에 '대기업이 뛰어들어 한국 영화가 전문화, 고도화, 분업화했음'을 알려주는 자료를 추가로 읽고 다음 문제를 풀어보자.

■ 위 지문을 바탕으로 영화가 대기업 등이 주도하는 산업으로 성장할 때 영화 소비자와 생산자, 국가가 얻는 장점을 각각 요약, 유추합시다.

| | |
|---|---|
| 영화 소비자 | - 대기업 자본을 바탕으로 제작된, 볼거리 많은 영화를 즐길 수 있다.<br>- 영화 관련 서비스(극장, 먹거리, 놀이 등)를 풍부하게 즐길 수 있다. |
| 영화 생산자 | - 대기업 자본을 바탕으로 다양한 도전(해외 로케이션, One Source Multi Use, 블록버스터 제작 등)이 가능하다.<br>- 영화의 전문화, 분업화, 고도화가 가능하다.<br>- 일자리를 다양하게 창출한다. |
| 국가 | - 문화 콘텐츠 수출이 늘어난다.<br>- 영화제 수상 등 전 세계에서 인정받을 가능성이 커져 문화강국으로 발돋움하며 소프트파워를 발휘한다. |

파란색은 지문에서 요약한 부분이고, 빨간색은 미루어 짐작하는, 즉 유추한 부분이다. 유추를 잘하는 학생이 대체로 창의력을 갖췄다. 드러나지 않는 것을 보는 힘이 있기 때문이다. 유추하기를 힘들어하는 학생들에게 나는 슬쩍 묻는다.

"대기업이 영화에 투자하고 영화관도 운영하니 너는 영화 소비자로서 뭐가 좋았어?"

"대기업 자본으로 CG도 빵빵하게 넣고 멋진 영화 만들면 수출도 잘 되겠지? 또 CJ그룹이 '기생충' 아카데미상 받게끔 적극적으로 도왔잖아. 그러면 국가적으로 뭐가 좋아?"

지문을 읽고 곧이곧대로 정리하는 데 머물지 않고 누군가의 활약이 다양한 대상에 미치는 긍정적·부정적 영향을 나누어 생각하고 서술하면 사고력도 확장된다.

## 통계 자료로 유추하기

표와 그래프에 담긴 의미도 해석해보자. 2021년 2분기, 편의점이 대형마트 3사의 매출을 넘어선 건 우리나라 편의점 역사에 길이 남을 사건이었다. 2021년 '편의점은 실험 중' 수업에서도 사회현상과 연결해 비중 있게 다뤘다.

■ '편의점은 비싼 상품을 급하게 살 때만 이용한다'라는 초창기 인식은 이미 사라졌습니다. 게다가 산업통상자원부에 따르면 편의점 3사의 2021년 2분기 매출(17.3%)이 사상 처음으로 대형마트 3사(15.1%)를 앞섰습니다. 편의점 매출이 대형마트 매출을 역전한 이유를 다음 그래프와 연결해 서술하세요.

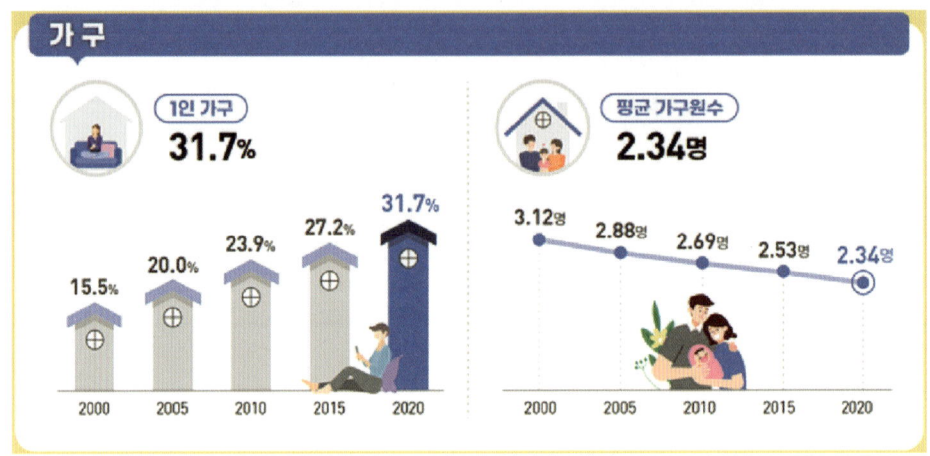

<통계청 발표, 2020 인구주택총조사>

'다음 그래프와 연결하라'는 그 그래프를 읽어 서술하라는 뜻이다. 2020 인구주택총조사에 나온 두 자료는 합하면 '1~2인 가구가 늘어났다'로 해석할 수 있다. 다른 단서가 없을까? 있다. 질문에 나온 대형마트와 편의점이다. 편의점과 대형마트는 각각 어떤 특징을 가질까? 1~2인 가구는 편의점의 어떤 면을 선호할까?

| 특징 | 편의점 | 대형마트 |
|---|---|---|
| 상품 | 소포장·소용량 | 대용량 |
| 위치 | 근거리 | 꽤 먼 거리 |

서술형 답의 구조는 '편의점 매출은 A 때문에 2021년 2분기, 대형마트 매출을 역전했다'이다. A에는 가구원 수의 변화, 그들의 소비 트렌드에 부합하는 편의점의 특징 등을 서술한다.

편의점 매출은 우리나라 1~2인 가구가 증가해 소포장·소용량 상품을 근거리에서 빠르게 구매하는 것이 소비 트렌드가 됨에 따라 대형마트 매출을 2021년 2분기에 역전했다.

하나만 더 해보자. 2022년 '엄마의 노동은 얼마짜리?' 수업은 전업주부가 수행하는 가사·돌봄 노동이 그림자 노동으로 취급받아온 이유를 파악하고 바람직한 해결방안을 모색했다.

■ UN은 1985년 "여성의 무급노동 기여는 국민 계정과 경제통계 등에 반영돼야 한다"고 선언했습니다. 그런데도 우리나라는 2014년에야 '가사노동의 경제적 가치'를 처음 추산했지요. 2021년 통계청이 발표한 '2019 가계생산 위성 계정'(무급 가사노동가치 평가)에서 여성 1명이 가사·돌봄 노동을 하는 시간과 가치를 돈으로 환산하면 연간 1,380만 원. 이를 남녀 평균 내어(남자는 521만 원) 전체 인구로 환산하면 우리나라 명목 국내총생산(GDP)의 25.5%인 490조 원입니다. 그런데 다음 '행동 분류별 무급 가사노동 가치 증감률 및 구성비' 표(단위: %)에서 표시 부분의 구성비가 줄어든 이유를 유추하세요.

|  | 증감률 | | | 구성비 | | | |
| --- | --- | --- | --- | --- | --- | --- | --- |
|  | 2009 | 2014 | 2019 | 2004 | 2009 | 2014 | 2019 |
| 무급 가사노동 | 34.8 | 33.7 | 35.8 | 100.0 | 100.0 | 100.0 | 100.0 |
| - 가정관리 | 39.2 | 36.3 | 44.3 | 59.6 | 61.5 | 62.7 | 66.6 |
| - 가족 및 가구원 돌보기 | 28.2 | 27.8 | 14.3 | 28.9 | 27.5 | 26.3 | 22.1 |
| - 자원봉사 및 참여활동 | 3.3 | 128.1 | 10.7 | 1.1 | 0.8 | 1.4 | 1.2 |
| - 이동(가정관리·돌보기) | 31.4 | 26.5 | 43.0 | 10.4 | 10.1 | 9.6 | 10.1 |

<통계청 발표, 2019 가계생산 위성 계정>

일부러 질문에 한가득 쏟아부었다. '이게 뭔 소리야?' 머리 아파도 한 단어, 한 문장 끈질기게 짚어보면 이해할 수 있다. 결론은 우리나라 전업주부들이 수행하는 무급 가사

노동의 경제적 가치를 추산해보니 GDP의 25%를 넘는다는 점. 그런데 왜 무급 가사노동 중에서 유독 '가족 및 가구원 돌보기'의 비중이 꾸준히 줄었을까? 학생들과 짧은 대화를 시작한다.

"가족 및 가구원이 누군지 생각해보자."

"엄마를 기준으로 남편, 자녀들, 부모님도 있겠죠."

"왜 그들을 돌보는 엄마의 역할이 줄었지? 너희를 향한 엄마의 애정이 식었나?"

"(부정의 웃음)"

"다른 가구원은 변화가 없을까?"

이쯤 되면 학생들은 생각해낸다. 자녀의 수가 줄었구나! 핵가족화도 한몫했구나! 서술형 답의 구조는 '가족 및 가구원 돌보기는 A 때문에 무급 가사노동에서 비중이 줄었다'가 좋다. 매일 들어온, 그래서 너무 당연한 저출산과 핵가족화를 이런 표를 보며 사회 변화의 원인으로 생각해내고 대입해 서술하는 능력을 기르는 것이 진짜 공부다.

가족 및 가구원 돌보기는 저출산으로 자녀를 적게 낳고 핵가족화로 노인들과 함께 사는 경우가 줄었기 때문에 무급 가사노동에서 비중이 줄어들었다.

## 정보를 구조화하기

다산 정약용 선생은 책을 읽을 때 뜻을 새겨 가며 깊이 읽는 정독(精讀), 중요한 부분을 발췌해서 옮겨 쓰는 초서(抄書), 책을 읽다가 떠오르는 생각이나 깨달은 바를 기록하는 메모를 열심히 하셨다. 바로 삼독법(三讀法)이다.

삼독법은 중등NIE에도 적용할 수 있다. 첫째, '정독(精讀)'을 지문 세 번 읽기로 실천한다. 두 번째, 세 번째 읽을 때 앞에서 보지 못했던 내용이 눈에 들어온다. 둘째, 요약하기가 대표적 '초서(抄書)'다. 셋째, '메모'는 유추하기로 연결된다. 미루어 짐작하고 영향력을 고민해보는 유추하기는 이 책 곳곳에 예시가 있다. 여기서는 '초서'만 보자.

지문 속 정보를 정리하는 것도 초서다. 단 이때는 상·하위, 행동과 효과, 원인과 결과, 문제점과 대안 등 체계를 잡는 훈련을 병행해야 한다. 중요해 보이는 내용을 무작정 베껴 쓰는 게 아니라 구조화하는 것이다. '남북극'을 학습한다면 다음 지문을 읽고 정리해 보자.

남극 진출 초창기엔 **자원 확보**가 목적이었다. 세종기지 대원들은 1993년부터 남셰틀랜드 군도 인근 지역 지질을 조사하다가 **메탄 하이드레이트**를 발견했다. 남극에는 메탄 하이드레이트가 국내 연간 천연가스 소비량의 300배가 묻혀 있다고 한다. **석유와 광물자원은 매장량을 아직 확인도 못할 정도**다.
**생물학 연구도 활발**하다. 연구자들은 세종기지 주변에서 **신종 박테리아 8종과 신종 무척추 동물 11종을 발견**했다. 남극 생물의 체계적 확보와 기록을 위해 11문 72과 2000여 종, 500점 이상의 **연안 해양생물 시료와 이미지 자료를 확보**했다.
기지 주변에 서식하는 **지의류와 이끼에서 화장품이나 의약품으로 이용될 수 있는 화합물도 발굴**했다. 항산화 효능이 탁월한 **'라말린'**이나 남극 박테리아에서 유래한 얼지 않는 단백질 **'P-CY01'**이 대표적이다. 라말린은 이미 화장품 원료로 상용화에 성공했고 P-CY01은 직접 수혈이 가능한 혈액 냉동보존제로 활용하는 연구가 진행 중이다.
**지구촌 이상기후 연구**를 위한 전초기지 역할도 감당한다. 세종기지 인근은 지구에서 가장 온난화가 빠르게 일어나는 지역이다. 기지 준공 이후 관측한 자료를 바탕으로 **세계기상기구(WMO)의 정규 기상관측소로 지정된 세종기지**는 하루 4회 이상 기상 정보를 제공한다.

<머니투데이, 2018. 01. 25. 민동훈 기자> 중에서

올해는 <u>장보고과학기지에서 K-루트</u> 주행거리를 기준으로 400㎞와 1,300㎞ 지점에 있는 <u>빙저호 시추 후보지에서 탄성파 탐사</u>를 벌일 계획이다. <u>빙저호는 수천m 두께 빙하 밑에 물이 얼지 않고 고여 있는 호수</u>다. 남극에는 빙저호 물을 퍼 올릴 수 있는 시추 후보지가 400개가량으로 추정된다. 빙저호는 수백·수천만 년 동안 햇빛, 대기 등 외부 환경과 격리된 채 존재했기에 이 물을 분석하면 <u>극한 환경의 생명 활동은 물론, 고대 지구의 기후와 환경의 단서를 얻을 수 있다</u>. 2013년 미국 몬태나주립대 등 공동 연구진은 남극 800m 빙하 밑 깊이 2m, 면적 60㎢인 빙저호에서 물을 시추해 올리는 데 처음 성공했다. 누런빛의 호수 물 1㎖에는 세포 13만여 개가 들어 있었고 총 3,931종의 미생물이 발견됐다.

K-루트 사업단의 최종 목표는 <u>2024년까지 장보고과학기지에서 남극점까지 도달할, 안전한 육상로를 확보</u>하는 것이다. 전반부 구간에서 2026년까지 빙저호 열수와 <u>심부 빙하코어를 시추해 분석</u>한다는 계획도 있다. <u>빙하코어 속에는 과거 지구 대기 중 이산화탄소 농도, 날씨 등 흔적이 고스란히 보존</u>되어 역시 <u>기후변화의 장기적 예측에</u> 도움을 준다.

<매일경제신문, 2019. 06. 28. 송경은 기자> 중에서

■ 장보고과학기지는 350km 밖으로 나가야 기지 대원 이외 사람을 만날 수 있는 고립된 환경에 놓여 있습니다. 그래도 연구자들은 "이 위치에 기지를 건설한 건 행운"이라고 평가합니다. 세종기지에 이어 장보고과학기지를 건설하고 남극을 탐사하는 노력이 우리나라에 줄 긍정적 영향을 경제적, 과학적으로 나눠 요약합시다.


먼저 상·하위 개념을 아빠와 아들로 설명한다.

"지문에서 아빠와 아들부터 찾는다. 아들은 아빠 밑에 있는 게 가장 안전하지? 상위 개념은 아빠, 그 아래 예시가 아들이야. 아들은 괄호에 넣자."

수차례 설명해도 P-CY01 아래 서술된 '혈액 냉동보존제로 활용'만 덜렁 써 놓는 학생이 나온다. 아빠(지의류, 이끼에서 화장품·의약품으로 이용 가능한 화합물)도, 아들(라말린, P-CY01)도 아닌 보조 내용만 남긴 형국. 지문을 구조적으로 파악하지 못했다는 증거다.

행동과 효과, 원인과 결과는 '→'로 정리한다. 빙저호 시추 후보지에서 탄성파 탐사가 '행동'이면, 극한 환경의 생명 활동과 고대 지구의 기후와 환경의 단서를 얻는 게 '효과'다.

| 특징 | 내용 |
|---|---|
| 경제적 영향 | - 각종 자원(메탄 하이드레이트, 석유, 광물자원 등) 풍부<br>- 지의류, 이끼에서 화장품·의약품으로 이용 가능한 화합물(라말린, P-CY01) 발굴<br>- 장보고과학기지에서 남극점까지 안전한 육상로(K-루트) 확보 |
| 과학적 영향 | - 빙하 속 화산재 분석 → 지구 변화 파악<br>- 우주에서 떨어진 운석 분석 → 지구 탄생의 신비 파악<br>- 생물학 연구 활발(신종 박테리아, 신종 무척추동물, 연안 해양생물 시료 등)<br>- 세종기지는 세계기상기구의 정규 기상관측소 → 지구촌 이상기후 연구<br>- 빙저호 시추 후보지에서 탄성파 탐사 → 극한 환경의 생명 활동, 고대 지구의 기후와 환경 단서 확보<br>- 심부 빙하코어를 시추해 분석 → 기후변화를 장기적으로 예측 |

한 지문을 넘어 수업 전체를 구조화하는 학생도 있다. J양은 수업을 마치면 자발적으로 마인드맵을 그린다. 물론 나부터 학생들에게 구조화된 지식을 전달하고자 노력하지만, 엄밀히 말하면 그건 내가 만든 구조다. 수업 이후 카톡 브리핑을 그리 힘들지 않게 쓸 수 있는 건 내 머리와 손끝이 수업의 스토리 구조를 기억하기 때문이다. 수업 내용을 마인드맵으로 정리하며 J양은 배운 바를 진짜 자기 것으로 만든다. 사고력이 확장되고 독해력이 상승하지 않을 수 없다.

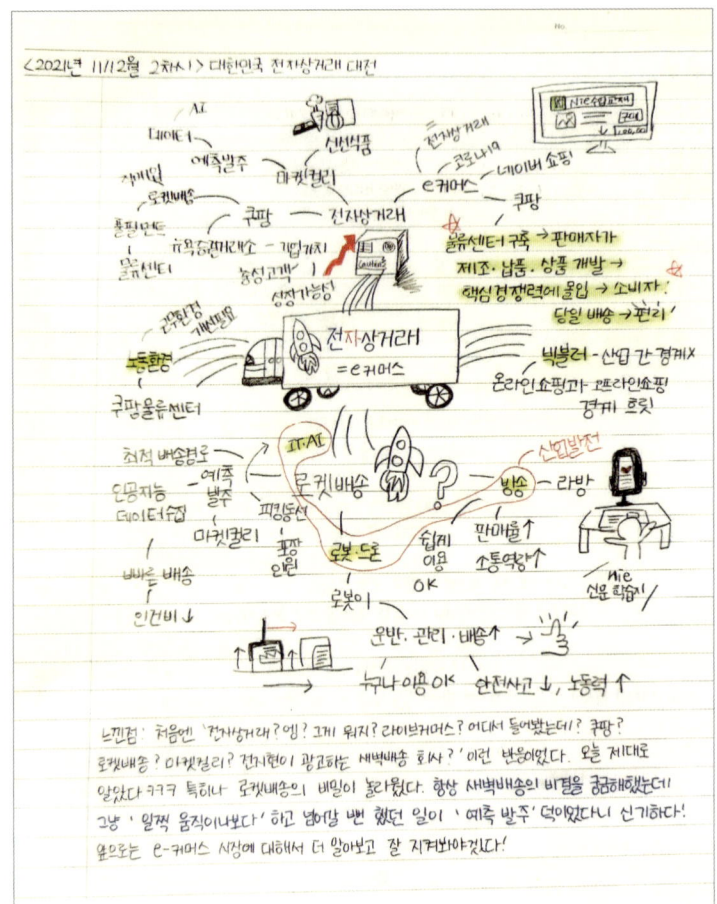

2021년 '대한민국 전자상거래 대전' 수업을 마치고 J양이 그린 마인드맵

## 요약은 배열, 조합, 재창조의 기술

　요약하기는 다시 강조하지만 내 생각을 거두고 글쓴이의 의도를 파악한다는 면에서, 또 핵심 내용을 추리고 정보를 구조화한다는 면에서 가장 중요한 활동이다. 요약하기의 백미는 요약글이다. 하지만 그전에 한 지문을 다섯 줄, 즉 한 문단으로도 요약해보자. 대입 논술전형 가운데 중학생들이 풀어볼 만한 문제를 요약해보는 것도 좋다. 2021학년도

수시 논술전형, 경희대학교가 인문체육계에 출제한 '감시' 관련 지문도 추천한다. 경희대학교 입학처 홈페이지에서 내려받을 수 있다. 여기서는 '감시'와 관련된 신문기사를 별도로 요약해보자.

<a> 인터넷으로 상징되는 정보통신기술이 <u>개인 역량과 행복을 증진할</u> 수 있는 기술이라는 데는 누구나 동의한다. 비판적인 전문가들은 <u>정보기술의 장점을 살리려면 개인의 이해와 역감시가 필수</u>적이라고 강조한다. <u>시민사회의 이런 집합적 역량이 강화될 때 기업과 국가 권력이 지닌 강력한 정보력 집중에 대한 균형을 가져올 수 있다</u>는 지적이다. <b> 사샤 마인래스 뉴아메리카재단 부대표는 <한겨레>와 한 인터뷰에서 "<u>기술에는 태생적으로 선과 악이 담겨 있지 않다</u>"고 강조했다. 그는 "단지 선과 악을 증폭하는 기능을 할 뿐이다. <u>사회적 합의는 우리가 이 강력한 도구를 어떻게 쓰느냐에 달려 있다</u>"고 말했다.

<c> 기술에 대한 개인들의 이해와 적절한 사용이 모이면 이는 거대한 권력에 대해서도 강력한 힘을 발휘할 수 있다. 카티차 로드리게스 전자프런티어재단(EFF) 국제권리팀장은 "우리는 편지를 보낼 때 내용을 볼 수 없게 봉투에 담아서 보내는 것을 당연하게 여기면서도 전자우편이나 메신저 등 <u>인터넷 서비스</u>에 대해서는 이런 이해가 부족하다"고 말했다. <u>기업들이 이런 정보를 국가에 건네는지에 대한 감시도 중요하지만, 개인들이 자신이 사용하는 서비스와 기기가 이런 암호화를 적절하게 하는지 등을 잘 알고 사용이나 구매에 반영</u>한다면 그 힘은 강하다는 게 그의 지적이다.

<d> 레베카 매키넌 뉴아메리카재단 선임연구원은 최근 저서 《인터넷 자유투쟁》에서 대중의 이런 집합적 역량과 힘을 <u>모든 구성원이 접근할 수 있는 문화적 자원</u>, '시민 코먼스(commons)'로 설명한다. <u>국경 없는 인터넷의 확장성은 세계 시민사회가 결합해 국가나 기업에 대한 강력한 역감시 체계도 갖출 수 있는 가능성</u>을 열어두었다. 매키넌은 "우리에게는 인터넷을 관리하는 자들이 디지털 권력을 남용하고 있지 않은지 <u>항상 감시할 책임</u>이 있다. 어느 날 아침 문득 우리의 <u>자유가 믿을 수 없을 정도로 퇴보한 것을 발견했을 때</u>, 단지 우리 자신을 탓할 수밖에 없을 것"이라고 지적했다.

<한겨레, 2015. 04. 14. 권오성 기자> 중에서

요약할 때는 **1단계, 글 전체의 키워드를 찾고 방향성을 파악한다.** 위 지문의 키워드는 '감시'이며, 지문은 국가나 기업의 감시에 다소 비판적 태도를 보인다. **2단계, 문단 내에서도 단락을 나눈다.** 위 지문은 총 3문단이지만 첫 문단을 둘로 나눌 수 있다. <a>, <b>, <c>, <d>로 표시했다. **3단계, 단락을 대표하거나 중요한 내용을 찾는다.** 주장하는 바와 그에 따른 예시를 구분하고, 비슷한 내용이 반복되면 더 중요한 부분을 찾고, 해당 문장이 글의 분위기를 잡는 정도인지 핵심 내용인지 판단한다. **4단계, 3단계에서 찾은 내용을 중심으로 자연스럽게 정리 요약한다.**

<a>는 정보기술에 대한 개인의 이해와 역(逆)감시를 강조한다. 내용을 더 정확히 이해하려면 p.69에서 강조한 사회적 맥락 파악에 집중해야 한다. 즉, '이게 오늘날 어떤 현상으로 설명되지?' 끊임없이 떠올린다.

"얘들아, 이 수업 틀이 줌(Zoom)이지? 이걸 운영하는 기업은 우리 공부하는 걸 볼 수 있어. 지금도 보고 있을지 몰라. 또 코로나19 확진자 동선이 다 밝혀졌지? 이미 정보는 기업과 국가에 집중되었어."

<b>는 기술을 선한 방향으로 이끄는 개인의 역할을 부각한다. 사샤 마인래스 뉴아메리카재단 부대표는 기술 자체에 선과 악이 담겨 있지 않음을 왜 먼저 언급했을까? 그는 기술의 사회적 의미를 결정하는 건 기술이 아닌 사람, 특히 정부나 기업이 아닌 개인이어야 함을 강조했다.

그래서 <c>는 그 방법인 역감시다. 개인은 인터넷 서비스와 기기를 제공한 기업이 개인 정보를 국가에 건네는지도 감시하며, 해당 제품의 암호화, 즉 보안 환경 등도 잘 파악해 사용하거나 구매하자. 이런 소비자가 늘어날수록 빅 브라더(Big Brother)가 되려는 기업과 국가의 욕망을 제어할 수 있다.

<d>는 역감시의 의의다. 인터넷의 확장성을 잘 활용하면 개인도 세계 시민사회의 일원이 되어 역감시 체계를 문화적 자원으로 가꿔 나갈 수 있다. 이는 개인의 책임이기도

하다. 이제 전체 지문을 300자 전후로 요약해보자.

> 정보통신기술이 개인 역량과 행복을 증진하려면 개인의 이해와 역감시가 필수다. 시민사회의 집합적 역량이 기업과 국가에 집중된 정보 불균형을 해소할 수 있다. 선과 악이 담겨 있지 않은 기술의 사회적 방향과 의미를 결정하는 주체는 개인이어야 한다. 따라서 개인은 인터넷 서비스와 기기를 제공한 기업이 개인 정보를 국가에 건네는지도 감시하며, 해당 제품의 암호화를 잘 파악해 사용이나 구매에 반영해야 한다. 국경 없는 인터넷이 확장된 오늘날, 세계 시민사회가 강력한 역감시 체계를 모든 구성원이 접근할 문화적 자원으로 가꾸어 나가자. 이것은 감시사회에 맞서는 개인의 책임이기도 하다.

이 7줄을 쓰기까지 1시간은 걸린다. 요약은 지문을 후다닥 읽고 중요해 보이는 문장을 대충 뽑아 나열하는 행위가 아니다. 단락과 단락, 문단과 문단의 연결고리를 파악하며 오늘의 현실에 대입해 재차 이해하고, 펄떡거리는 생선 같은 단어들을 새롭게 배열하고 조합한 후, 정교하고 깔끔한 단품 요리로 재창조하는, 솔직히 진 빠지는 일이다. 그래도 인간의 언어 역량이 가장 명확히 드러나는 활동이기에 끝까지 해보련다. 인체의 핵심 근육 같은 이 역량을 중학생 때 고생 고생하며 나와 함께 기르는 학생들에게 파이팅을 외친다.

■ 지문을 4단계로 요약하기

| 단계 | 활동 |
| --- | --- |
| 1 | 키워드를 찾고 방향성을 파악한다. |
| 2 | 문단 내에서도 단락을 나눈다. |
| 3 | 단락을 대표하거나 중요한 내용을 구분하여 찾는다. |
| 4 | 3단계에서 찾은 내용을 중심으로 자연스럽게 정리하며 요약한다. |

# 스토리로 읽는다 4

 2020년부터 인류의 삶을 본격적으로 뒤집어놓은 코로나19는 한두 차시 수업으로 끝낼 주제가 아니다. 과거 전염병 수업은 2014년 '에볼라 바이러스의 공포', 2015년 '(메르스를 중심으로 한) 전염병 대전' 등을 진행했는데, 코로나19는 피해 규모나 영향력 면에서 이들과 차원이 다르다. 하지만 그 많은 자료를 쏟아붓는 것은 과유불급이다. 코로나19를 타이틀로 단 특집 시리즈를 1년에 3~4차시 준비하되, 개별 수업도 코로나19와 연결고리를 잡는 게 좋다. 일례로 2020년 '쌀과 밀' 수업에서 베트남, 태국 등 쌀 수출국들의 쌀 수출 제한이 우리나라에 미치는 영향을 파고들며 코로나19에 따른 식량 위기를 한 번 더 짚었다.

 코로나19 특집 중에는 2020년 '교류와 전염병' 수업이 좋았다. 전염병의 역사를 다룬다 해도 "몇 세기 어디에 어떤 전염병이 퍼져~"를 읊는 것은 지루하다. 그래서 '교류'라는 의미를 부각했다. 아메리카 대륙에 천연두가 퍼진 것은 콜럼버스를 비롯한 유럽인들이 신대륙을 찾아 교류하고픈 욕망에서 비롯되었다. 인수공통전염병(Zoonosis)이 창궐하는 현실도 야생동물의 서식지까지 훼손하며 개발에 몰두한 인간의 욕심, 좋게 표현하면 교류 때문이다. 아이러니하게도 전염병을 잠재울 방법도 연결, 교류, 협력임을 에볼라와 메르스 사태로 확인한다.

## 여는 글로 감정과 궁금증을 채워

이번엔 코로나19 특집으로 '대한민국 의료 시스템' 수업을 하나 새롭게 만들어보자. '대한민국 의료 시스템'은 원격의료, 산업 규제 완화 등의 이슈가 불거질 때마다 눈여겨본 주제다. 단, 학생들 눈높이와 맞지 않아서 책상 맨 아래 서랍에 넣어두었는데, 코로나19가 두렵게 퍼져나간 수년간 의료 시스템의 중요성을 공감하지 않는 국민은 없다.

여는 글은 독해의 첫 감정을 잡아준다는 측면에서 더욱 공을 들이자. 재미있고 생생하지 않으면 많은 학생이 수업에 집중하는 첫 타이밍을 놓친다. 먼저 떠오른 건 2015년 메르스 사태였다.

*2015년 메르스 사태를 돌아봅시다. 당시 확진자는 186명, 사망자는 38명이었습니다. 감염병 대책을 촉구하는 목소리는 컸습니다. 이에 2년 후 대통령 선거에서 모든 후보의 선거 공약에는 감염병 대응 강화 방침이 등장했습니다. 그러나 이번 코로나19에도 감염병 전문병원과 현장 검역 인력은 여전히 태부족.*

대략 써 놓은 내용이 여는 글로 적절하지 않다는 건 금방 느낀다. 일단 딱딱하다. 대통령 후보의 공약, 검역 인력, 감염병 전문병원 모두 중학생에게 와 닿지 않는다. 또 2015년 메르스 사태를 기억하는 학생이 얼마나 있겠는가? 게다가 감염병 전문병원과 검역 인력의 확충은 코로나19 이후 적극적으로 추진해야 할 부분이다. 대안 카드를 먼저 내민 형국이다. 싹 지우자. 괜찮다. 첫 페이지를 뒤집는 건 비일비재하다.

학생 눈높이에서 궁금한 걸 생각해보자. 코로나19 환자를 치료하는 의료진이 누구지? 우리 동네 의사 선생님이 병원 진료 끝나고 가시나? 의료진이 하는 일이 구체적으로 뭐지? 환자 치료하다가 의료진이 감염되면 어떻게 하나? 이런 궁금증을 자연스럽게 풀어주고 의료진의 노고를 느낄 내용이 필요하다. 정부가 코로나19 대응 초기에 만든 홍보 동영상도 좋다. 흔한 말로 '국뽕'이면 어떤가. 정부 지휘 아래, 의료진을 필두로 대다수 국민이 코로나19에 맞서 열심히 싸운 건 우리가 직접 보고 느낀 진실이다.

미국 뉴욕타임스(NYT)는 2020년 3월 23일, '한국은 어떻게 (코로나19 발병) 곡선을 평평하게 했나?'라는 기사에서 한국 정부의 빠른 대응과 성숙한 시민사회를 칭찬했습니다. 정부가 코로나19 진단 장비 개발을 촉구하고 빠르게 승인해줬기에 확진자를 더 빨리 격리해 치료했으며, 시민들도 정부를 믿고 사재기 등을 하지 않고 예방수칙을 잘 따라줬다는 것입니다.
오늘 우리는 숨은 영웅을 먼저 기억합시다. 진단 장비로 국민을 검사하고 확진자를 이송·격리·치료하는 의료진(의사, 간호사, 임상병리사, 119구급대원, 간호조무사, 병·의원 행정직 직원 등)입니다. 코로나19의 최전선에서 지금도 사투를 벌이는 그들을 만나봅시다. (동영상)

자부심으로 수업을 시작하는 건 긍정적이다. 단, 뉴욕타임스가 칭찬한 네 가지 측면을 시시콜콜 다 소개하면 늘어지니 정부와 시민의 힘만 간단히 정리한다. "너희가 집에서 엄마의 잔소리와 심심함을 버텨낸 것도 성숙한 시민의식이었어"라고 학생들을 칭찬하자. 그리고 방역 현장에서 사투를 벌이는 의료진 모습을 동영상으로 소개한다. '의료진이 정말 고생하는구나!' 감정이입이 되면 의료진의 다음 이야기가 궁금해진다.

### 강점부터 명확히 분석하라
지문1은 의료진의 활약상이 나와야 한다. '모두 지쳤지만 힘내는 사회'를 조명한 기사는 이슈를 살짝 비껴간다. 2021년부터 현 의료 시스템의 문제점을 분석한 기사가 꽤 등장하지만, 시작부터 세세하게 파고들면 버겁다. 좋은 내용이라고 욕심을 내면 수업이 의도대로 흘러가지 않는다. 학생들이 '1 다음에 2가 나와야 하는데 선생님이 a를 이야기하시네?' 의아해하면 수업 분위기가 미묘하게 바뀐다. 욕심을 버리고 흐름에 충실해지자. 왜 대한민국은 코로나19 초기 대응을 잘해 냈나? 의료진의 헌신과 활약이 주요 원인이었고 진단 시약 생산업체의 노력, 이를 지원한 정부도 칭찬하지 않을 수 없다. 아래 기사로 확인해보자.

---

코로나19의 확산 속도가 빨라지면서 가장 바빠진 곳 중 하나는 전국의 보건소다. 2월 7일부로 의심 환자는 내외국인 관계없이 무료 진단검사가 가능해지면서 전국 보건소 선별진료소(124곳)를 찾는 이들의 발길이 늘었다. 특히 하루 수백 명의 확진자가 쏟아진 대구지역 보건소는 일손 부족으로 의료진의 건강 상태에 빨간불이 켜졌다. 부산지역 보건소 인력이 대구지역 보건소 선별진료소로 의료 봉사를 나서는 등 지역 간 지원도 아끼지 않았다.
이뿐만이 아니다. 대구는 하루 수백, 수천 명씩 검사하니 코로나19에 노출될 위험성도 컸다. 코로나19 검체 채취를 담당하던 간호사 등 일부 의료진이 확진 판정을 받아 다른 의료기관으로 옮겨졌다. 함께 근무한 의료진도 자가 격리에 들어가 의료 공백이 생기면 다른 지역 의료진이 급파돼 대체하는 식으로 업무를 이어갔다.

<여성동아, 2020. 03. 24. 김가영 에디터> 중에서

---

1월 27일 오후 3시 서울역 회의실에 질병관리본부(이하 질본)가 전날 긴급히 통보해 소집한 진단검사의학회, 진단 시약 생산업체 관계자들이 모였다. 질본은 국내외 코로나19 상황을 설명한 뒤 31일까지 진단 시약 긴급승인 신청을 하라고 통보했다. 회의는 1시간여 만에 끝났지만 신속하게 대량의 진단 시약이 개발, 승인되는 계기가 됐다.
시약 생산업체 4곳이 신청서와 시약을 제출했다. 질본은 밤새워 서류를 심사하고 시제품은 질본과 3개 의료기관에서 교차해 성능 검사를 벌였다. '긴급승인'이지만 강도 높은 심사가 진행돼 2월 4일 코젠바이오텍의 시약만이 승인을 받았다. 통상 6개월 이상 걸리던 심사가 초스피드로 진행됐다. 12일 씨젠에 이어 솔젠트, 에스디바이오센서, 바이오세움 등 5개 업체의 시약이 3월 초까지 잇달아 긴급사용 승인을 받았다. 국내 진단 시약은 20만 건 이상의 검사를 할 수 있는 물량이 확보됐다.

<동아일보, 2020. 04. 19. 구자룡 논설위원> 중에서

OX 퀴즈로 사자성어도 공부해보자. 사자성어를 무조건 외우기보다 상황과 연결해 학습하면 오래 기억할 수 있다. 코로나19 팬데믹에서 의료진의 헌신을 모르는 국민이 있을까? 묻지 않아도 아는 불문가지(不問可知), 답은 O다.

| | |
|---|---|
| 코로나19에 맞서는 대한민국 의료진의 봉사와 헌신을 국민 누구나 '불문가지(不問可知)' 한다. | O |

지문1을 확장한 문제도 바로 뒤에 배치한다. 코로나19에 잘 대응한 이유로 많은 전문가는 '메르스의 교훈'을 짚는다. 2015년 메르스 첫 확진 환자가 나왔을 때 국내에서 진단 검사가 가능한 기관은 질병관리본부(이하 질본, 2020년 9월 '질병관리청'으로 승격)와 서울대병원뿐이었다고 한다. 그러나 이번엔 달랐다.

■ 대한민국이 코로나19에 잘 대응한 이유는 의료진의 헌신과 활약, 정부의 지원, 진단 시약 생산업체의 노력 때문만은 아닙니다. 다음 지문을 읽고 또 다른 이유를 요약하세요.

> 한국은 현재 전국 시·도 보건환경연구원 18곳과 민간 검사기관 95곳에서 진단검사를 실시하며, 하루 평균 15,000건까지 검사가 가능하다. 성문우 서울대병원 진단검사의학과 교수는 "이 속도와 규모의 검사는 현재 세계에서 한국이 유일할 것"이라고 말했다. 그는 "메르스 첫 확진 환자가 나왔을 때 국내에서 검사가 가능한 기관은 질본과 서울대병원뿐이었다. 같은 일을 겪지 않기 위해 질본과 진단검사 관련 학회가 뜻을 모았다"고 말했다.
> 질본은 감염병분석센터를 만들었고, 지난 연말에는 방역 전문가로 구성된 '원인불명 감염병 진단분석 T/F'를 꾸려 가상훈련을 했다. 진단검사학회는 해외 연구소의 검사기법들을 수시로 살피면서 센터와 정보를 공유했다.
> <경향신문, 2020. 03. 10. 이혜인 기자> 중에서

근원적 이유는 '메르스의 교훈'. 위 지문에 '메르스'라는 단어와 '같은 일을 겪지 않기 위해'라는 문구를 바탕으로 요약할 수 있다.

> 대한민국은 질본과 진단검사 관련 학회 등이 진단검사기관을 확충하고 감염병분석센터를 만들고 방역 가상훈련과 정보 공유에 힘쓰는 등 수년 전 메르스 사태의 교훈을 토대로 철저히 준비했기 때문에 코로나19에 잘 대응했다.

대한민국 의료 시스템의 장점은 더 있다. 바로 의료보험제도이다.

| 코로나19 특집 |||
|---|---|---|
| 대한민국 의료 시스템 |||
| 원인1 | 원인2 | 원인3 |
| 의료진의 헌신과 활약<br>정부의 지원<br>진단 시약 생산업체의 노력 | 메르스 사태(2015년)의<br>경험과 교훈 반영 | 의료보험제도 |

2020년, 때마침 박은철 연세대학교 예방의학과 교수가 코로나19 확진자가 15,000명 이상(1일 기준) 발생한 국가 8개를 대상으로 '의료 시스템에 따른 확진자 수와 사망률'을 분석한 결과를 많은 신문이 게재했다. 그중 '코로나에 무너진 무상의료… 의료보험 채택국보다 사망률 3배 높아(조선일보, 20200403, 김민철 선임기자)' 기사는 무상의료제도와 의료보험제도, 민간의료보험제도를 각각 실시하는 국가들의 코로나19 대응 상황을 비교한다. 한국, 독일, 프랑스, 스위스 등 의료보험제도를 채택한 국가는 확진자 수와 사망률에서 비교적 선전했다. 그러나 어떤 제도든 일장일단이 있다. 장단점을 요약, 유추해보자.

■ 무상의료제도, 의료보험제도, 민간의료보험제도의 장단점을 요약, 유추합시다.

| 제도 | 장점 | 단점 |
|---|---|---|
| 무상<br>의료 | - 병에 걸리면 돈 내지 않고 치료를 받는다. | - 의료장비와 기법, 의료진 등의 질이 의료보험·민간의료보험제도의 그것보다 낮을 수 있다.<br>- 의료진이 열심히 진료하고 응급 상황에 제대로 대비할 동인이 적을 수 있다. |

| | | |
|---|---|---|
| 의료<br>보험 | - 병에 걸리면 민간의료보험제도보다 저렴하게 치료받을 수 있다.<br>- 무상의료제도보다 신속하고 품질 좋은 의료 서비스를 받을 수 있다. | - 최신 의료기법, 새 약제 등은 비급여 항목이 많아 비용이 늘어난다.<br>- 민간의료보험제도에 비해 의료기법, 약제 등이 더디게 발달한다. |
| 민간<br>의료<br>보험 | - 돈이 많아 보험을 잘 들었다면 최상의 의료 서비스를 받을 수 있다.<br>- 자유로운 선택의 권리를 강화한다. | - 보험도 없고 돈도 없으면, 또 보험에 가입했더라도 보장 내용이 적으면 제대로 치료받을 수 없다. |

특히 우리나라 의료보험제도는 무상의료제도와 민간의료보험제도의 장점을 딴 절충안이다. 그 가치를 무상의료제도와 민간의료보험제도의 문제점을 파악하며 알아보자. 무상의료제도는 보건에 관해 국가의 보호를 잘 받는 정책인 것 같지만, 환경이 제대로 조성되지 않으면 '빛 좋은 개살구'다. 국가 재정에 따라 예산을 들쑥날쑥하게 투입하거나 의료진이 낮은 처우 등으로 의료행위에 최선을 다하지 않으면 피해는 국민이 입는다. 반면 민간의료보험제도에서는 혜택을 받는 국민이 일부다. 국가가 모든 국민의 보건을 책임지지 않는다.

■ 우리나라 헌법 제36조 3장은 '모든 국민은 보건에 관하여 국가의 보호를 받는다'라고 국가의 역할을 규정합니다. 아래 지문을 참고해 무상의료제도와 민간의료보험제도를 채택한 국가를 비판하세요.

의료가 시장 논리에 따라 작동하는 미국 사회에서 보험은 그 시장에 접근할 '입장권'이나 다름없다. 돈이 많거나 좋은 직장에서 일하는 사람들은 자유이용권을 갖고 놀이공원에 간 것처럼 높은 품질의 의료 서비스를 마음껏 누릴 수 있다. <u>이 시스템이 가난한 사람들은 잔인하게 소외</u>시키지만 '좋은 보험'이라는 울타리 안에 들어와 있는 많은 미국인에게는 큰 문제가 되지 않을 수도 있다는 현실이다. 반면 <u>보험이라는 입장권이 없거나 보장성에 구멍이 숭숭 뚫린 보험</u>을 든 사람들에게 병원은 <u>파산으로 이어질</u> 수 있는 위험한 장소이다.

<경향신문, 2019. 09. 06. 이대한 벌레유전학자 기고> 중에서

> 스웨덴 병원은 국가에서 운영하는 공공기관으로 암이든 치질이든 누구나 거의 무상으로 치료를 받는다. **반면 국가의 한정된 예산으로 운영되므로 의료재정이 넉넉하지 않아 발생 가능성이 낮은 감염병까지 대비할 여력이 없다.** 평소 스웨덴 병원은 38도 이상 고열 환자도 가급적 집에서 처치하도록 '친절하고 냉정하게' 안내한다. 그래서 가벼운 증상으로는 병원에 잘 가지 않는다. <u>병원 문턱이 높아 초기 증상이 거의 없는 암 같은 무서운 질병은 조기 발견이 어렵다.</u> 병원은 병이 있을지 모른다고 검사를 하는 곳이 아니라 병이 난 사람을 치료하는 곳이라 생각하기 때문이다. <u>코로나19에도 예외는 없다.</u>
>
> <경향신문, 2020. 05. 08. 나승위 자유기고가 기고> 중에서

긍정적 영향이나 의미를 서술할 때는 가치 단어를, 비판할 때는 가치 반대 단어를 찾는다.

| 주어 | 현상 | 의미, 비판 |
|---|---|---|
| A는 | B하는 등 | C한다 |
| 주체 | 지문에 나와 있는 내용을 요약하기 | 지문에 나와 있지 않은 가치 (반대) 단어 떠올려 서술하기 |

서술형 답의 구조는 위와 같다. 먼저 주어는 무엇인가? 민간의료보험제도를 채택한 국가, 그리고 무상의료제도를 채택한 국가다. 민간의료보험제도를 채택한 국가부터 문장을 만들어보자. 현상은 지문에서 핵심 내용을 찾아 요약한다.

<1단계> 민간의료보험제도를 채택한 국가는(주어)

<2단계> 민간의료보험제도를 채택한 국가는(주어) 가난한 사람들을 소외시키고 파산까지도 이르게 하는 등(현상)

핵심은 의미이다. 지문에 나오지 않지만 관통하는 가치 단어를 찾는다. 질문에 나온 헌법 제36조 3장으로 '역할', '책임' 등의 가치 단어를 떠올릴 수 있다. 국민을 보호하는 건 국가의 역할이자 책임이다. '책임'이라는 가치 단어나 '무책임'이라는 가치 반대 단어로 비판해보자.

> **<3단계>** 민간의료보험제도를 채택한 국가는(주어) 가난한 사람들을 소외시키고 파산까지도 이르게 하는 등(현상) 모든 국민의 보건을 보호하는 국가의 **책임**을 다하지 않는다.(비판)

무상의료제도를 채택한 국가는 어떤가? 모든 국민의 보건을 보호하는 것 같지만, 한정된 예산 탓에 병원 문턱이 높다.

> **<1단계>** 무상의료제도를 채택한 국가는(주어)
>
> **<2단계>** 무상의료제도를 채택한 국가는(주어) 모든 국민의 보건을 보호하는 것 같지만 의료재정이 부족해 감염병까지 대비할 여력이 없는 등(현상)
>
> **<3단계>** 무상의료제도를 채택한 국가는(주어) 모든 국민의 보건을 보호하는 것 같지만 의료재정이 부족해 감염병까지 대비할 여력이 없는 등(현상) 법에 국가의 **보건적 책임을** 명시만 해놓고 다 지키지 않는다.(비판)

3단계로 정리한 내용을 모으면 서술형 답이 된다.

> 민간의료보험제도를 채택한 국가는 가난한 사람들을 소외시키며 파산까지 이르게 하는 등 모든 국민의 보건을 보호하는 국가의 책임을 다하지 않는다. 무상의료제도를 채택한 국가는 모든 국민의 보건을 보호하는 것 같지만 의료재정이 부족해 감염병까지 대비할 여력이 없는 등 법에 국가의 보건적 책임을 명시만 해놓고 다 지키지 않는다.

대한민국 의료 시스템의 장점은 더 많겠지만 중학생 수준에서 더 들어가는 건 무리다. 이제 해결 과제로 넘어간다. 어떤 이슈든 명암이 있다. 찬양만 하지도, 비판만 하지도 않는다.

## 어떤 이슈든 명암이 있다

코로나19로 드러난 의료 시스템의 한계는 '공공의료의 양과 질'이다. 아니, 질 이전에 양의 문제부터 심각하다. 2022년 기준, 권역별 감염병 전문병원은 조선대 병원만 2023년 완공을 목표로 건립 중이고, 검역 인원은 여야의 정치적 갈등에 휘말려 늘지 않고 있다. 2016년 OECD 통계에 따르면 한국은 공공의료시설 비중이 2015년 기준 5.8%. OECD 23개국(평균 53.5%), 심지어 민간의료보험의 천국인 미국(23.5%)보다도 훨씬 낮다. 이를 확인한 후, 공공병원이 예비타당성 조사를 거치며 비용 대비 편익을 증명해야 한다는 점, 공공의대 설립이 국회를 통과하지 못했다는 점, 각 병원이 돈이 되지 않는다는 이유로 감염내과 전문의들을 육성하지 않는다는 점 등을 지문으로 파악해보자.

여기서 「우리나라 공공의료의 질과 양은 OECD 국가 중 꼴찌그룹에 속한다」라는 기사는 온갖 신문에 나온다. 하지만 그걸로는 '왜 우리나라는 공공의료에 투자하지 않지?'라는 질문을 해결하기 어렵다. 무수한 검색 끝에 '공공병원 설립은 예비타당성 조사를 거쳐야 하는데 매번 경제적 셈법에 밀린다'는 내용을 발견했다.

기획재정부에 따르면 재정 지출이 500억 원 이상인 사회복지, 보건, 교육, 노동, 문화 및 관광, 환경보호, 산업·중소기업 분야 등 사업은 예비타당성(이하 예타) 조사를 거쳐야 한다. 반면 공공청사, 초중등학교 신설과 증축, 문화재 복원, 국방 사업 등은 예타 조사가 면제된다. 즉 공공병원은 예타 조사를 거치고 비용 대비 편익을 증명해야 한다.

메르스 유행 이후 마련된 부산의료원 최신식 음압 격리병상 시설을 둘러봤다. 나는 '큰일이네. 이렇게 비어서 어쩌지?' 걱정했다. 사실 평소 이런 손해를 감수하고 마련한 시설과 인력이 요즘 같은 위기에 진가를 발휘한다. 이를 어떻게 비용 대비 편익으로 산출할 수 있나. 70년 가까이 전쟁이 없는데 왜 대규모 군대를 유지하고 무기에 돈을 쓰냐고, 비용 대비 효과적이지 않다고 이야기하는 정치인은 없다. 유독 공공보건의료는 시민의 건강, 심지어 사회적 안녕을 보호하는 중요한 일인데도 깐깐한 제약조건의 장벽에 부딪혀 번번이 좌절된다.

<시사인, 2020. 03. 06. 김명희 시민건강연구소 상임연구원 기고> 중에서

현장 최고 전문가인 감염내과 전문의들을 찾아보기 어렵다. 군을 진두지휘할 장군이 없는 것이다. 2015년 감염내과 전문의 수는 204명에서 2019년 275명으로 겨우 71명(34.8%) 증가했다. 기피 분야라는 흉부외과(1,346명), 응급의학과(2,000명)에도 못 미친다. 확진자가 폭증하는 대구·경북지역 감염내과 전문의는 12명. 이 지역 코로나 확진자가 4일 기준 4,780명이니 산술적으로 감염내과 전문의 1명이 환자 400명을 치료하는 셈이다.

감염내과 전문의 부족 사태는 예견된 일이다. '수익'만을 쫓는 의료계와 2015년 메르스를 겪고도 인력충원 대책을 내놓지 않은 정부의 합작품이다. 감염내과 의사들은 소위 '돈 되는' 시술, 수술을 하지 않아 병원이 충원할 요인이 적다. 그러니 전공의들이 적다.

"우리끼리는 '의병(醫兵)'이라고 부릅니다. 감염병이 창궐할 때만 부르고, 상황이 종료되면 바로 찬밥신세기 때문이죠." 한 감염내과 전문의의 자조 섞인 말이다.

<한국일보, 2020. 03. 05. 김치중 의학전문기자> 중에서

기사를 접하면서 학생들은 왜 대한민국 공공의료의 양과 질이 낮은가를 파악할 수 있다. 그렇다고 그 내용을 다시 요약할 필요는 없다. 중요한 건 그런데도 왜 공공의료를 강화해야 하는가이다. 미루어 짐작하는 유추하기로 사고력이 커가는 과정이다.

■ 공공의료 강화가 우리 사회에 미치는 긍정적 영향을 유추하세요.

| 개인 | - 감염병 등 위급한 순간에 국가의 도움을 신속하게 받을 수 있다.<br>- 비교적 저렴한 비용으로 의료 서비스를 받을 수 있다. |
|---|---|
| 사회 | - 저소득층, 의료 취약계층의 의료권이 강화되어 복지사회, 평등사회로 갈 수 있다.<br>- 비용 대비 편익만 생각하지 않고 건강, 안녕 등을 중시하는 사회 분위기가 형성된다. |
| 국가 | - 감염내과, 응급의학과가 확충되어 국민 보건 역량이 향상된다.<br>- 잘 구축된 공공의료 체계가 국가 위기 상황을 버틸 원동력이 된다. |

어떤 현상이나 대상이 미치는 긍정적·부정적 영향을 개인, 기업, 사회, 국가 등으로 나누어 생각하는 훈련을 우리 학생들은 꽤 열심히 한다. "그거 하면 뭐가 좋은데?" 툭 던지는 질문에 그냥 반응하지 않는다. "개인에게는, 기업에는, 국내적으로, 국외적으로…" 나누어 생각하고 정리하면 면접, 말하기에도 효과적이다.

## 맥락은 이어져도 조금 다른 결론이 강력해

마지막이다. 무엇을 할까? '공공의료시설을 확충해주세요'라고 청와대 청원 글이라도 쓸까? 의료진에게 응원의 편지라도 보낼까? 썩 내키지 않는다. 코로나19 초기부터 마음에 남아 있는 게 있다. 2013년 문을 닫은 경상남도 공공의료시설인 진주의료원이 문을 닫지 않았다면 경상남도는 이번 코로나19를 어떻게 대처했을까?

2013년 경상남도청은 의료공급 과잉과 귀족 노조, 수익성 악화에 따른 적자 누적을 문제 삼아 진주의료원 폐업을 결정했다. '적자 누적'이라는 단어에서 비용 대비 효과를 중시했던 분위기를 가늠할 수 있다. 이것으로 주장글을 써보자. 코로나19에 고통받은 만큼 "비용 대비 효과만 따지는 건 지양해야 한다"라고 의견을 밝힐 수 있으니 말이다.

■ 이제 우리는 2013년으로 갑시다. 2013년 경상남도청에서는 도립 공공의료시설인 진주의료원 폐업 논의가 한창입니다. 코로나19를 경험한 우리는 '진주의료원 폐업은 바람직하지 않다'라는 주장에 맞춰 다음을 참고해 근거와 반론, 재반론을 정리합시다.

<가> 자본이 의료 서비스를 장악하면 의료행위는 수익 창출 수단으로 전락한다. 정상 체온의 아기를 열이 있다고 속이고 가벼운 상처에도 입원시킨 미국 병원그룹 HMA은 영리병원의 본질을 잘 설명한다. 영리병원이 돈이 안 되는 감염병에 관심을 가지겠는가.
코로나19로 각국 국가 시스템이 마비되고 있다. 치열하고 참혹한 전쟁이다. 일반 전쟁은 70년 넘게 발생하지 않았지만, 감염병 전쟁은 2000년대 들어서만 4번째다. 이 전쟁에서 이기기 위한 군대가 필요하다. ②-a. 예방·검진·치료를 위한 의료 및 행정 인력과 시설, 조직을 육성하고 훈련과 교육을 해야 한다. 막대한 돈과 시간이 들고 평상시 손해를 보는 일이지만 위기 때 진가를 발휘한다. 돈은 편의와 물질적 풍요를 제공한다. 의료 공공성은 시민의 생명을 보호하고 안전을 도모한다. 어디에 비중을 둬야 할지 명백하다.

<경향신문, 2020. 03. 24. 조호연 논설고문> 중에서

<나> 한국보건사회연구원 윤강재 센터장은 "감염병 대응은 대표적인 시장 실패 가능 영역으로서 가격과 시장체계 작동이 어렵기에 일차적으로 공공보건의료기관이 대응하는 것이 타당하다"라며 ①-b. "감염병 대응은 비용과 효율의 관점이 아니라 사전 예방의 관점에서 대응해야 한다"고 지적했다. 일례로 그는 국립대 병원과 지역 거점 공공병원에는 음압병상 수 확대를 의무화하거나 최소한 이동형 음압기를 일정 대수 이상 확보하도록 의무화하되, ①-a. 이에 따르는 손실분을 '착한 적자'로 인정하는 제도적 보완책 등을 제안했다.

<한국보건사회연구원, 2020. 03. 20. 보도자료> 중에서

경상남도청 홈페이지(gyeongnam.go.kr)의 도정뉴스(2013년 5월 29일자)에서 당시 홍준표 경상남도지사는 ①십수 년에 걸쳐 279억 원의 누적부채가 발생했고, ②직원 한 명이 하루에 환자 한 명도 채 진료하지 않았다고 볼 만큼 의료원 경영이 방만했음을 짚

었다. 진주의료원 입장에서 억울할 수 있지만, 숫자로 드러난 문제점은 맞다. 이 내용을 <다>로 보자. 주장인 '진주의료원 폐업은 바람직하지 않다'에 반론할 만한 내용이다. 그럼 근거 <가>, 반론 <다>, 재반론 <나>로 배치하나? 그리 단순하지 않다.

"진주의료원은 어떤 시설이지?"

"공공의료시설이죠."

먼저 학생들과 진주의료원이 공공의료시설임을 확인한다. 그리고 공공의료시설이 문을 닫으면 안 되는 이유를 지문에서 찾는다. 지문 <가>에 '감염병 전쟁에 필요한 군대가 공공의료시설이다. 막대한 돈과 시간이 들고 평상시 손해를 보는 일이지만 위기 때 진가를 발휘한다'라는 문장은 공공의료시설의 필요성을 잘 드러낸다.

반론은 <다>에서 찾고, 재반론은 문제해결과정이다. '누적부채가 상당하다'라는 반론 ①의 해결책은 지문 <나>에서 '착한 적자로 인정하자'(①-a), '사전 예방의 관점에서 대응하자'(①-b) 등을 강조하면 된다. '의료원 경영이 방만하다'라는 반론 ②의 해결책은 어디 있을까? 의외로 지문 <가>에 있다. 환자 적다고 시간 허비하지 말고 인력, 조직, 시설을 육성하고 훈련과 교육에 집중하자(②-a)는 것이다.

구조적으로 해체한 내용을 다음 표로 정리한다. 재반론 마지막 문장은 주장을 관철할 때 생기는 장점을 최종적으로 짚어준다. 이를 모으면 짧은 주장글이 된다.

| | |
|---|---|
| 주장 | 진주의료원 폐업은 바람직하지 않다. |
| 근거 | 진주의료원은 경상남도의 공공의료시설이다. 공공의료시설은 국민의 건강과 특히 저소득층의 의료복지를 책임지고, 감염병 등에 의료 서비스를 시행할 수 있다. 이는 평소 막대한 돈과 시간이 들어 국가적으로 손해를 보는 일 같지만, 위기 때 시민의 생명을 보호하고 안전을 도모하며 진가를 발휘한다. |
| 반론 | 물론 진주의료원은 십수 년에 걸쳐 누적된 부채가 많아 의료원 수입만으로는 운영 자체가 어렵다. 방만한 의료원 경영도 비판받을 만하다. |

| 재반론 | 하지만 이는 공공의료시설을 비용과 효율 관점으로만 생각하는 것이다. 발생한 손실은 '착한 적자'로 인정하고 사전 예방의 관점에서 대응해야 한다. 공공의료시설 임직원도 시간을 그냥 보내면 안 된다. 예방·검진·치료를 위한 의료 및 행정 인력과 시설, 조직을 육성하고 훈련과 교육에 집중해야 한다. **경쟁력을 갖춘 공공의료시설이 언제 닥칠지 모를 국가적 재난 상황에서 국민을 지킨다.** |
|---|---|

주장글의 핵심 주장이 '진주의료원 폐업은 바람직하지 않다'가 된 건, 이 수업이 공공의료 확충의 중요성을 강조하기 때문이다. 만약 주제가 코로나19와 관계없이 '공공의료의 질을 높일 방법은 무엇인가?'였다면 진주의료원 폐업은 '기피 과목 전담 의료진 지원' 등과 함께 또 다른 해결책으로 등장할 수 있다. 당시 경상남도청은 그 예산으로 서민의료를 확대하여 공공의료를 바로 세우겠다고 약속했다.

지금 우리 학생들이 어느 쪽 주장이 맞느냐를 따질 필요는 없다. 수업의 흐름에 맞춰 필요한 지문을 읽어내고 근거와 대안을 찾아 무언가를 설득력 있게 주장하는 훈련을 하면 족하다. 설령 내가 동의하지 않는 주장이라도 그 과정이 논리적이면 기꺼이 설득당할 수 있다. 이 훈련을 충분히 해낸 학생들이 훗날 나와 다른 생각을 하는 상대와 공존하고 그 의견도 존중하는, 바람직한 사회 구성원으로 거듭나는 것이다.

# 학부모님도 함께 읽는다

5

수업을 마친 날, 학생들이 읽을 콘텐츠는 더 있다. 카톡방에 올리는 수업 브리핑이다. 카톡방은 2013년 말쯤 열었다. 내 사정상 수업을 못 한 날이 딱 한 번, 2013년에 있었다. 긴급하게 수술을 해야 했는데 수업 전날 학부모님들에게 알릴 방법은 당시엔 NIE센터를 통한 공식 문자뿐이었다. '문자를 못 본 학부모님이 있으면 어쩌지?', '당장 내일 못 한다니 황당하실 텐데' 걱정과 미안함에 어쩔 줄 몰랐다. 위기를 넘긴 후, 나는 학부모님들·학생들과 소통하는 공간의 필요성을 느꼈다.

처음엔 공지사항 정도를 전달했는데, 활용방안을 고민한 끝에 그날 공부한 내용을 소개하기로 했다. 사자성어도 올리고 핵심 정보와 수업 흐름을 설명하다 보니, 어라, 이것은 요약본! 즉 카톡 브리핑은 학부모님들과의 공유요, 학생들에게 주는 리뷰(Review)였다. 학생들은 수업에서 배운 바를 카톡 브리핑으로 다시 요약해 읽는다. 낯선 내용이었을지라도 익숙해지고 구조와 흐름을 파악할 만한 복습이다.

## 수업의 공유, 그리고 완결

영화 '기생충' 제작 과정에서 봉준호 감독이 만든 스토리보드를 소개한 신문기사(배우 챙기고 막내 스태프에 깍듯 - 한겨레, 20200212, 서정민 기자)를 읽었다. 봉 감독은 머릿속에 그려둔 상황을 스토리보드에 글과 그림으로 꼼꼼히 표현해 배우·스태프와 공유한다고, 그래야 불필요한 혼선을 줄이고 완성도 높은 장면을 만들 수 있다고 말했다. 공유와 완성도. 나도 부족하나마 이를 소망하며 학부모님들과 학생들에게 말을 건다.

열다섯 개 전후의 카톡 브리핑을 만드는 시간은 90분 남짓. 코로나19가 퍼지기 전에는 광화문 수업을 마치고 강남으로 이동하는 지하철 안에서 절반 정도를 정리해 보냈는데 그 시간을 고달프게 느꼈던 적은 없다. 요약정리는 고달픈 일이 맞는데 피곤함보다 '배운 걸 싹 정리해서 빨리 선보이고 싶은' 설렘이 더 크다. 다 올린 카톡 내용을 한 번 쭉 훑으면 하나의 스토리를 만든 듯싶다. 그렇게 수업은 마무리되고 내 안에서 완성된다.

### 수업과 연결되는 세상도 확인해

아는 만큼 보인다고 했다. 수업에서 다루었거나 다루려고 준비하는 주제와 관련된 기사는 신문을 읽다가도, 침대에 누워 스마트폰을 갖고 놀다가도 눈에 들어온다. 일례로 2022년 '석유의 역설(逆說)' 수업은 코로나19를 시작하며 존재감을 잃었던 석유가 2021년 비대면 환경에서 반전의 역사를 쓰더니 2022년에는 러시아-우크라이나 전쟁을 계기로 가격이 폭등한 상황을 공부했다. 흔들리는 에너지 안보 앞에서 선진국은 탄소 중립은 뒷전이고 완전한 탈(脫)화석연료는 먼 미래인 양 행동하고 있다.

유가와 인플레이션, 경기침체 등을 둘러싼 인류의 사투는 2022년부터 새롭게 시작되었다. 학생들이 특집 수업 몇 개만으로 상황을 다 파악하기도 힘들고 한 번에 이해할 주제도 아니다. 그래서 관련 기사를 꾸준히 찾아 읽으라고 주문했는데 바로 며칠 후 멋진 기사, '누가 석유 공룡이 멸종한다 했나'(조선일보 WEEKLY BIZ, 20220602, 안상현 기자)를 발견했다. 기사는 수업 날짜와 거의 비슷한 시기에 나와 당시에는 활용되지 못했다. '석

학습한 내용과 신문기사가 완전히 일치하지는 않는다. 그러나 학생들은 해당 이슈의 전개 과정과 핵심 쟁점을 알기에 신문기사로 처음 접하는 부분 역시 어려워도 읽어낼 수 있다.

유가 드라마틱하게 부활하는', '기후변화에 인류의 대응이 늦어지고', 'ESG 외치던 큰손들, 돈다발 싸 들고 빅오일로' 등의 문구가 눈에 들어왔다. A라는 현상을 수업에서는 B라는 표현으로 배우고 C로 분석한 신문기사를 읽어내려가면, 그래서 D를 예측하고 E의 문제점을 끄집어내면서 스스로 해당 주제의 얼개를 잡아가면, 사회적 맥락을 더 깊이 파악할 수 있고 당연히 독해력 넘어 문해력까지 상승한다. 마치 우리를 위해 도착한 소식인 양 설레어 일독을 권했다. 우리 학생들도 언젠가는 새로운 정보를 스스로 발견하고 이미 터득한 정보와 연결해 깨달음을 얻는, 소소한 융합의 즐거움을 느낄 것이다.

## 읽기, 잠깐 문답

중등NIE '읽기'에 대한 학부모님들의 궁금증을 Q&A로 정리했다.

**Q 1** "지문을 읽는 태도부터 바로잡을 수 있을까요?"

"이 역시 학부모님이 물어본 적 없는, 제 바람을 담은 가상 질문입니다. 학생이 지문을 읽는 모습을 보면 대략 결과가 예상됩니다. 수동적 태도로 지문을 읽는 학생은 적극적이고 능동적 태도로 읽는 학생의 독해력을 따라가기 어렵습니다. 보고자 하는 만큼 보이기 때문이죠.

'무슨 내용인지 어디 한번 볼까요?'

'어떤 이야기든 해보세요. 열심히 들어보겠습니다!'

학생들이 이런 마음을 먹으면 읽는 자세부터 표가 납니다. 필기도구를 잡거나 자세를 고쳐 앉습니다. 제가 '시~작!'을 외치는 순간, 망설임 없이 읽기를 시작합니다. 게임을 하듯 흥미진진하게 파고듭니다. 그들에게는 모르는 단어에 색깔 동그라미를 치는 것도, 어려운 단락에서 헤매는 것도 곧 선생님 도움을 받아 깨닫기 위한 사전 작업입니다. 그래서 설명을 하다 보면 '아하, 알겠다!'라는 그들의 표정이 보입니다. 기특합니다. 제가 공교육 교사라면 「아는 것과 모르는 걸 의욕적으로 구분하고, 수업시간에 집중하여 모르는 것을 깨달았을 때 지적 희열을 느끼는 학생이다」라고 생기부에 써줄 것입니다.

반면에 수동적 태도가 굳어진 학생은 제가 '지문이 너에게 말을 걸고 있어. 그 메시지에 귀 기울여봐' 아무리 강조해도, '해보시든가요~', '너(지문)는 너, 나는 나'라는 마음을 다양한 행동으로 표출합니다. 옆자리 학생이 서너 줄을 읽었을 시점에야 읽기 시작합니다.

수동적 태도를 비난하는 것은 아닙니다. 학습의 동기 부여가 적은 중학생 시절, 2시간 동안 고정된 글자를 적극적으로 탐색하는 것이 마냥 즐겁겠습니까? 그런데도 태도는 습관입니다. 지문과 대화하며 능동적으로 읽어가는 습관을 들여야 글의 흐름과 맥락이, 전체와 부분이, 결정적 정보가, 답이 보입니다."

**Q 2** *"우리 아이는 덜렁대는데 지문을 제대로 읽어낼 수 있을까요?"*

"'덜렁대다'의 사전적 의미는 '침착하지 못하고 자꾸 가볍게 행동하다'이지요. 마음이 들뜬 채 지문을 가볍게 대하는, 대충 후딱 읽는 학생이 적지 않습니다. 이런 학생은 고생을 좀 합니다. 줄 친 부분도 매우 적고(핵심을 꿰뚫었기에 줄 친 부분이 적은 것과 다릅니다) 세밀하고도 중요한 내용을 놓치니 OX 퀴즈도 틀리고 서술형 문장도 탄탄하게 구성하지 못합니다. 지금부터라도 지문을 꼼꼼히 제대로 빠르게 읽는 습관을 들여야겠죠. 중학생 시절이 그 습관을 들일 마지막 기회라고 생각합니다."

**Q 3** *"단어를 몰라도 읽을 수 있나요?"*

"지문을 읽을 때 학생들에게 '잘 모르는 단어를 만나도 크게 거슬리지 않으면 유추하고, 너무 알고 싶거나 해석이 잘 안 되어 답답하면 물어보라'라고 요구합니다. 그런데 잘 안 물어봐요. 학생들 스스로 '이런 내용이겠지?' 대략 감을 잡으며 읽죠. 단어를 잘 몰라도 유추해 지문을 읽어내는 훈련은 꼭 필요합니다. 대신 모르는 단어는 동그라미를 치면서 읽게 하세요. 그리고 엄마든 선생님이든 그 내용을 설명해줄 때 단어의 뜻을 슬쩍 짚어줍니다. 학생들은 상대가 어떻게 설명하는지 궁금해서라도 더 집중해 듣습니다."

## Q 4  "단어 10개를 정리하라고 했는데, 모르는 단어가 10개 이상이면요?"

"10개씩만 꾸준히 정리하세요. 단, 학습해야 할 단어를 파악하는 안목은 길러야 합니다. J군은 2021년 '우리 엄마는 해녀입니다' 수업의 단어노트를 '포작', '영등굿', '할마당' 등 특정 단어로 채웠습니다. 이들은 주로 제주도 해녀 집단이 썼던 단어이고, 지문을 잘 보면 '어부의 옛말인 포작', 이런 식으로 뜻이 소개되어 있습니다. 뜻을 굳이 찾아볼 필요가 없는 단어에 시간을 할애하느라 J군은 '국한', '계승하다' 등 훨씬 더 중요한 단어를 정리하지 못했습니다. 그러나 괜찮아요. 꾸준히 하다 보면 중요한 단어를 느끼거든요. J군의 단어노트도 이제는 단어 목록부터 다릅니다.

국면, 인도적, 재단하다, 간파하다, 묵인하다…. 학생들의 단어노트에 멋진 단어들이 자리 잡고 있습니다. 존재만으로 무게감이 느껴지는 단어들이죠. 꾸준히 단어노트를 정리한 학생은 단어를 고르는 역량부터 달라요. 꼭 익혀야 할 단어, 품격 있는 단어를 보는 안목부터 기르고, 이들 단어가 학생들에게 선물처럼 다가오기를 기대합니다."

## Q 5  "핵심을 잘 짚지 못하는 것 같은데 괜찮은가요?"

"그게 참 안타깝지요. 전체 3문단으로 구성된 지문을 읽는다고 할 때, 핵심은 2문단인데 1문단, 3문단 주변부에 줄 긋고 애쓰는 학생들이 있습니다. 방법은 끝없이 읽고 듣고 다시 읽고 쓰면서 스스로 흐름과 핵심을 깨닫는 것뿐입니다. 꾸준히 읽으면 낯선 지문이라도 나름의 패턴이 보이거든요. 명확하게 주장하고 예시를 뒤에 붙였다거나, A를 강조하는 듯해도 사실은 뒤에 나오는 B를 부각하려고 A를 넌지시 앞에 깔았다거나, 전문가의 한마디에 현상의 의미가 오롯이 담겨 있다거나. 여기까지 파악한다면 지문

읽기는 게임이 될 수 있습니다. '이쯤에서 C가 나올 법한데. 그래, 여기 있네!', '카, 의미를 이렇게 서술했구나!' 지문 읽기가 즐거워집니다. 또 각 문단의 첫 문장은 중요한 내용일 가능성이 커요. 일단은 신경 써서 읽으세요.

아무튼, 독해의 즐거움을 느낄 때까지 읽고 또 읽읍시다. 핵심을 보는 눈이 부족하다 싶은 학생들은 교사가 모범적으로 서술한 답과 줄 친 부분을 집중해서 확인하는 것도 좋은 전략입니다. 내가 중요하다고 여긴 게 부수적인 내용이었음을 깨달으면서 읽기 감각을 키워가는 거죠. 그 훈련이 지금, 중학생 때 필요합니다."

제 3 장

# 3

―― 지문으로만 해석하기 어려울 때
## 보기와 듣기

# 3

아침마다 포털사이트 앱에 올라온 뉴스를 훑는다. '오늘도 세상은 바쁘게 돌아가겠구나' 살짝 각성하게 된다. 기사 제목만 훑으며 흐름을 파악하다가 내게 필요한 내용이면 잠깐 멈춰 대충 읽는다. 정독하는 무게감은 없어도 '그렇군' 정도의 감상은 하루를 여는 용도로 꽤 괜찮다. 이후 책상 앞에 앉아 신문을 훑어볼 때, 아까 그 기사나 연관된 기사는 눈에 확실히 들어온다. 이처럼 '보기'는 부담 없이 물꼬를 트는 행위다. 우리가 읽어내야 할 콘텐츠와 연결고리를 만드는 것이다.

보는 대상이 텍스트가 아닌 동영상이면 효과는 배가된다. 2021년 '아프리카' 수업에서 아프리카 사람들이 굶주리는 원인 중 하나로 내전을 짚었다. 내전이 한 국가 안에서 주로 정부군과 반군이 벌이는 싸움이라고, 억울하게 고통받는 대상은 국민이라고 설명했다. 그런데 다음 주에 나는 영화 '모가디슈'를 보며 감탄했다. 읽어낸 지문이나 교사의 설명과 차원이 다르게 화면 속 영상과 음향은 내전이 무엇인지 제대로 알려주었다.

## 지문으로만 해석하기 어려울 때 - **보기와 듣기**

약한 각성, 연결, 구체적이고 가공할 실제까지. 중등NIE는 대표적인 디지털 미디어인 동영상의 매력을 빌릴 수 있다. 단 비중은 2분 내. 어떤 동영상도 2분을 넘어가면 학생들이 기대만큼 집중하지 않는다. 또 우리는 많은 사람이 애써 외면하는, 문자화된 기록물을 읽어내는 역량부터 기르려고 작정한 사람들이다. 동영상 시청은 힘든 훈련에 잠시 찾아온 여유 정도면 족하다. 오늘날 디지털 미디어 리터러시(Digital Media Literacy: 디지털 미디어에 접근할 수 있고, 그것이 제공하는 정보를 비판적으로 이해하고 활용할 수 있으며, 나아가 이를 창조적으로 표현하고 소통할 수 있는 능력)가 중요하다고 해도 그것은 중등NIE로 터득할 목표에 살짝 비껴있다. 나는 우리 학생들과 전통적 미디어, 그래서 때로는 옛것으로 취급받는 신문기사의 숨겨진 가치를 찾아 나서고자 한다. 그 과정에서 다양한 디지털 미디어가 중등NIE의 완급을 조절하는 보조적 역할을 해준다면 정말 감사하다.

# 보면 연결할 수 있다

2021년 '대한민국 전자상거래 대전(大戰)' 수업을 보자. 저렴한 가격과 빠른 배송으로 대한민국 전자상거래산업이 성장했음을 짚은 뒤, 데이터·AI산업(S/W), 로봇·드론산업(H/W), 방송산업 등도 함께 발전한다는 내용을 다뤘다. 일례로 물류센터에 있는 상품을 사람이 아닌 로봇이 운반하고 오지에는 드론이 날라주면 로봇·드론 시장은 성장할 수밖에 없다. 이건 금방 이해된다. 문제는 데이터산업의 발전을 어떻게 설명하는가였다. 일단 중간 글로 궁금증, 학생들의 감정을 끌어올렸다.

그런데 어디 사는 고객이 언제 무엇을 얼마나 주문할지 어떻게 알까요? 고객과 가장 가까운 물류센터에 물건을 한가득 쌓아두면 빨리 배송할 수는 있어도 엄청난 비용이 듭니다. 재고가 적으면 비용은 줄어도 품절, 배송 지연 사태가 벌어질 가능성이 커지겠죠. 또 넓은 물류센터 어디에 어떤 물건을 배치해야 가장 빠르게 배송할까요? 이런 고민 속에 데이터·AI 관련 산업이 발달합니다.

쌓이는 데이터로 예측 발주를 하고 시스템으로 물류센터 내 피킹 동선을 최적화하는 전자상거래산업의 혁신을 지문으로만 해석하기는 어려웠다. 로봇 몇 대가 물류센터 내에서 움직이는 동영상 정도는 약했다. 이때 찾아낸 것이 LG CNS의 스마트 도심

물류센터 동영상이었다. LG CNS는 회사 홈페이지에 그들이 구축하는 MFC(Micro Fullfillment Center), 스마트물류사업을 실감 나게 소개했다. 피킹 로봇들이 10초 만에 주문한 물건을 물품대에 가져다 놓는 장면, 사람이 지나다닐 통로가 필요 없는 물류센터 공간을 1/4로 줄인 뒤 같은 물류센터를 3개 추가했음을 설명한 CG 화면 등은 대한민국 전자상거래산업의 미래를 가늠하고 첨단 물류 산업이 인류에게 미칠 긍정적 영향을 유추하기에 충분했다.

기업들이 선도하는 4차 산업혁명이 다양하고 친절한 동영상으로 소개되고 있다. 각 기업이 선점하려는 산업 분야가 무엇인지, 세상은 어떻게 바뀔지, 훗날 우리 학생들의 역할은 무엇일지 파악하기에 참 좋은 자료들이다. 이를 기업의 매출을 일으키는 보조수단으로만 쓰는 것은 아쉽다. 기업들의 홍보 동영상을 교육 현장에서도 적극적으로 활용하도록 교육부에서 관련 플랫폼을 만들어주기를 기대한다. 기업으로서도 미래 고객을 선점할 기회다.

LG CNS가 구축하는 MFC(Micro Fullfillment Center), 스마트물류사업 홍보 동영상 캡쳐
(출처: LG CNS 홈페이지)

## 들으면 명확해진다　　　2

동영상 중심의 디지털 미디어가 읽은 것과 상상한 것을 연결하는 접착제라면, 교사의 설명은 학생이 읽은 것을 깊이 분석하게 만드는 촉매제이다. 낯설고 난해한 지문을 처음 읽었을 때 어떤 순서로 어떤 생각을 하며 핵심을 파악하는 게 바람직한지 교사는 말로 시범을 보인다. 이 장에서 **갈색으로 짙게 표시된 부분**은 내가 수업시간에 '의도적으로 학생들에게 들려주는' 이야기이다. 그 의도를 생각해보자.

### 어떤 흐름인지 들어봐

'이게 뭔 뜻이야?'

직·간접 경험이 부족한 상태에서 낯설고 어려운 지문을 읽을 때 드는 생각이다. 그러나 독해력을 쌓아가면 이런 원초적 생각에 머물지 않는다.

'이 지문의 흐름이…'

'이게 오늘날 어떤 현상과 관계가 있지?'

'예를 들자면…'

'그렇다면 핵심문장은…'

학생들이 지문을 대하는 낯설고 두려운 감정을 줄이고 이런 생각을 자연스럽게 하게 이끄는 게 교사의 역할이다.

제일 먼저 고민할 부분은 지문의 흐름이다. 한 지문당 읽을 기회를 세 번 준다고 했다. 지문을 처음 읽고 나서 나는 목소리를 바꿔 학생 흉내를 낸다.

*"처음 읽었다. 이 지문은 편의점, 특히 편의점의 변신을 다루네. 시대의 변화에 따른 편의점의 변신을 비교적 긍정적으로 서술하는구나."*

처음 읽으면 지문 전체의 키워드를 찾고 방향성을 어렴풋이 파악하라고 강조한다. 물론 고등학교에 가서 국어 모의고사 지문을 처음 읽을 때 이 정도만 파악하면 시간이 부족하다. 그러나 우리 학생들은 아직 중학생이니 낯선 지문에 다가가는 기초 단계를 밟고 가도 괜찮다.

*"앞에 두 문단은 애들이 편의점으로 피신한다는 예시네. 그래서 3문단에 '편의점이 공공성 기능까지 제공한다'라고 주장하면서 행정기관의 주도적 사례를 4문단까지 적었네. 여기! 마지막을 잘 봐야 해. 두 문단 다 '배경'이라는 단어가 나오지만, 앞쪽 배경은 공공 인프라로 기능하는 '여건'! 뒤쪽 배경은 지역사회에 공헌하는 '의도'!"*

처음부터 문단별 키워드, 지문의 흐름을 또박또박 짚어가는 학생은 많지 않다. 이 훈련 없이 고등학생이 된다고, 그때는 머리가 컸다고 독해력과 문해력이 향상될까?

사전지식이 필요하기도 하다. 단, 초반 세밀한 학습은 서로 부담스럽고, 해당 주제의 세상 속 좌표만 대략 파악해도 지문을 좀 더 수월하게 읽을 수 있다. 2021년 'Made In KOREA-한국 제조업의 힘' 수업을 준비하면서 '제조업이 무엇인지 학생들이 제대로 알까?'라는 의문이 들었다. 학교 사회시간에 배웠지만, 지문을 읽으며 제조업의 특징을 바로 떠올릴 학생들이 몇이나 되겠는가. 영국의 경제학자인 콜린 클라크가 분류한 산업 구조로 설명했다.

■ 산업의 분류와 특징

| 산업 | 분류 | 특징 | |
|---|---|---|---|
| 1차 산업 | 농업, 목축업, 임업, 어업 등 | 주로 자연에서 일해! | 콜린 클라크는 한 나라의 경제가 발달할수록 1차에서 2차, 3차로 산업 구조의 비중이 커진다고 강조 |
| 2차 산업 | **제조업**, 건설업, 광업 등 | 1차 산업으로 나온 재료를 가공해 물건 등을 만들어! **협업 중요해!** | |
| 3차 산업 | 상업, 금융업, 유통업 등 서비스업 | 1·2차 산업으로 나온 물건을 팔아! 사람들 생활을 편리하게 해! | |

다시 강조하지만, 사전지식은 학생들의 관심을 끄는 선에서 가볍게 정리된 게 좋다. 그래서 표의 내용도 쉽게 쓰고, 설명도 편하게 한다.

*"제조업은 2차구나. 제조업은 일반적으로 경공업과 중화학공업으로 나뉘는데 우리나라는 이 두 가지를 다 잘해 냈지."*

■ 경공업과 중화학공업 비교

| 제조업 | 특징 | 예시 | 누가 언제 | 공통 특징 |
|---|---|---|---|---|
| 경공업 | 가벼운 산업 (노동력 중요) | 섬유, 신발, 식품 등 | 1960년대부터 주로 여공들이 | **원료(소재), 부품, 에너지, 장비** 등으로 공급망을 탄탄히 구축해야 성공! |
| 중화학공업 | 화학 처리를 하고 기계를 쓰는 무거운 산업 (장비·기술 중요) | 조선, 기계, 철강, 석유화학, 자동차 등 | 1970년대부터 주로 남자 기능공들이 | |

*"자, 공통 특징이 중요해. 잘 들어봐. 제조업은 일단 원료가 필요해. 그걸로 부품을 만*

*들지. 그 부품들을 조립해서 완제품을 만들어. 이 스마트폰은 완제품이잖아. 여기에 붙은 카메라 렌즈는 부품이야. 이 부품을 만드는 핵심소재가 레진이라고 있대. 아하, 소재-부품-완제품! 이게 제조업의 공급망이구나. 그리고 이 모든 과정을 기계, 장비가 책임져. 그 장비는 에너지가 있어야 돌아가. 즉 장비와 에너지도 공급망에 포함돼."*

표의 단어 하나하나에 동그라미를 치며 사전지식을 갖춘 학생들은 연이어 보는 동영상이 우리나라 1960년대 경공업을, 지문1이 1970년대 이후 중화학공업을 설명하고 있음을 금방 파악한다. 지문 속 '원료를 가공하여', '기초 소재와 부품 생산은 물론' 같은 문구가 거슬리지 않는다. 지문을 더 입체적으로 바라볼 수 있다. 물론 관련 체계, 사회적·역사적 흐름 등을 학생들이 몽땅 기억하기를 바라는 건 욕심이다. 일례로 '탄소 중립'은 2020년 이후 두 달에 한 번은 어떤 방식으로든 꼭 나오는 핵심 단어이며 특집으로도 다루었지만, 학생들은 또 잊는다. 그게 정상이다. 하지만 쌓이다 보면 흔적이 남는다. 이슈에 반응하며 배운 바를 연결해낸다. 지식이 축적되는 속도까지 빨라지면 세상사의 얼개가 머릿속에 탁 장착되고 사회적 맥락을 이해하며 독해를 하는 순간이 온다.

## 머물지 않아도 되는 부분

교사가 설명하고 학생들이 들을 기회로 한 지문당 세 번을 추천한다. 첫 번째 설명이 전체적 흐름과 문단별 키워드를 살짝 언급하는 정도였다면, 두 번째와 세 번째 설명은 구체적으로 파고든다. 이때 교사는 신문기사나 학습자료의 문구를 똑같이 읊지 않는다. 독해가 지문과의 '적극적 대화'임을 교사가 먼저 학생들에게 보여주어야 한다.

그렇다고 지문 전체를 일일이 해석하자는 건 아니다. 모든 내용이 중요한 지문은 없다. 글쓴이의 호흡을 생각하자. 글쓴이는 강조할 부분, 부차적 부분, 장식적 부분 등을 미리 염두에 두고 글을 쓴다. 글쓴이의 의도, 나아가 글의 질서를 파악하는 건 우리 몫이다. 그 목적을 달성하려고 지문에 밑줄을 친다. 지문이 10이면 중요해서 줄 친 양은 3~5, 더 중요해서 스토리로 이해하며 형광펜을 칠한 양은 2 정도다. 2019년 '기술, 장애인의 삶을 바꾸다' 수업에서 팀 쿡, 애플 CEO의 MIT 졸업식 축사 일부를 읽었다.

■ 기술은 어떻게 (하면) 장애인의 삶을 바꿀 수 있습니까? 다음을 읽고 요약하세요.

> "무엇을 하든지 사람을 중심에 두십시오. 그러면 그 영향은 막강할 것입니다. 아이폰은 눈먼 사람이 마라톤을 하게 합니다. 애플 시계는 심장마비가 발생하기 전에 심장의 상태를 점검합니다. 아이패드는 자폐증을 앓는 아이를 세상과 연결시켜 줍니다. 즉 기술이 여러분의 가치와 융합할 때 모든 사람을 위한 진보가 일어납니다. 우리는 기술을 타고난 인류애와 융합해야 합니다. 나는 여러분 세대의 열정, 인류애에 봉사하려는 여정을 믿습니다."
>
> <팀 쿡 애플 CEO, 2017. 06. 09. MIT 졸업식 축사(해석본)> 중에서

서술형 문장 구조는 '기술은 A함으로써 장애인의 삶을 바꿀 수 있다'이다. 장애인 자립의 필요성 등은 수업에서 이미 배운 상태다.

"팀 쿡이 말하네, 뭘 하든 사람을 중심에 두래. 그 뒤에 아이폰, 애플 시계, 아이패드에 흔들리지 마. 애플이 사람을 중심에 두고 자기네 제품을 만들었다고 자랑하는 거야. 패스! 또 말하네. 인류애와 융합하래. 인류애는 뒤에 나오는 열정도 포함하겠네."

이래도 아이폰, 애플 시계, 아이패드를 서술형 답에 버젓이 써 내려가는 학생이 나온다. 또 한 번 학생들의 눈높이에서 설명을 추가한다.

"(목소리 톤 바꿔서) 어? 선생님, 중간에 '모든 사람을 위한 진보가 일어납니다'라는 부분은 중요하지 않아요? (목소리 톤 다시 바꿔서) 질문을 다시 봐라. 어떻게 하면 장애인의 삶을 바꿀 수 있느냐, 즉 조건을 잡으라는 거지. 모든 사람을 위한 진보가 일어나는 상황은 조건이 아니라 결과지."

> 기술은 사람을 중심에 두고 인류의 가치와 타고난 인류애, 그리고 열정과 융합할 때 장애인의 삶을 바꿀 수 있다.

핵심을 파악하는 만큼 핵심이 아닌 부분도 파악할 수 있다. 그러면 힘을 줄 때와 뺄 때를 알게 된다. 지엽적인 내용을 읽을 때 독해의 호흡을 가다듬을 수 있다. 꼼꼼하게 읽겠다는 각오는 좋지만, 모든 정보를 다 머릿속에 넣을 필요는 없다. 지문의 뼈대를 파악하고 근육은 붙이고 군살은 버리며 스스로 읽어낸 후에 교사의 설명을 들으며 재확인해 보자.

몇몇 학생은 자신이 줄 친 부분과 선생님이 줄 친 부분, 설명 포인트가 달라서 당황하기도 한다. 실전이 아니니 괜찮다. 꾸준히 훈련하다 보면 더 중요한 걸 느낀다. 설명할 수 없는 '감(感)'이 쌓이면 낯선 지문에서도 중요한 부분을 골라낸다.

## 어떤 사례가 있는지 들어봐

앞에서 대입 논술전형으로도 설명했지만 '감시'는 갈수록 중요해지는 주제다. 흥미로운 것은 지금껏 정보 독점으로 사회를 통제하는 관리 권력인 빅 브라더(Big Brother)가 주로 글로벌 IT 기업이었다면, 코로나19 이후 국가가 그 역할을 강화한다는 점이다. 세계 각국은 감염병 저지를 위해 국민 감시체제를 구축했다. 조지 오웰이 소설 《1984》에서 처음 예견한 빅 브라더 역시 국가였다. 국가의 귀환이다.

그러나 '감시'나 'IT'를 다루는 지문은 중학생들 눈높이에서 까다롭다. 학생들 표현대로 재미없고 딱딱하다. 문장 하나하나가 개념, 이론에 가깝기 때문이다. 그래서 관련 수업에서는 특히 교사의 설명이 중요하다. 최대한 재미있고 쉽게 실제 사례를 섞어서. '감시사회'를 학습한다면 다음 지문을 읽어보자.

> 구글과 페이스북, 네이버·카카오 등 **IT기업들은 ①데이터를 이용해 일상의 불편함을 줄이고 편리를 제공하지만, 한편으로 ②개인 맞춤형 상품과 광고를 판매해 수익을 얻는다.** 구글에서 무선 이어폰을 검색하면, 페이스북이나 쿠팡 같은 소셜미디어, 소셜커머스에 관련 상품 광고가 뜬다. 유튜브에서 영상을 보면 계속 관련 영상을 추천하면서 시선을 붙잡는다. **개인의 경험과 정서가 데이터로 바뀌고, 취향으로 분석되고, 다른 상품의 소비로 이어지는 구조**다. 하버드대 교수인 쇼샤나 주보프는 책,《감시자본주의의 시대》에서 **인간의 경험을 원자재 삼아 상품과 서비스를 만들어내는 경제를 '감시자본주의'라고** 칭했다. 기존 상품과 서비스를 개선하기 위해 **③필요한 것 이상으로 '잉여적인' 행동 데이터를 수집하고 이용**해, 소비자가 지금, 곧 미래에 무엇을 할지 예측하는 상품을 만들어내 수익을 얻는 자본주의를 뜻한다. **데이터 수집을 위한 핵심적 활동은 '감시'**다.
>
> <경향신문, 2020. 07. 04. 주영재 기자> 중에서

쭉 읽으면 다 아는 이야기 같지만, 다시 생각하면 아니다. 데이터로 일상의 불편함을 어떻게 줄이지? 데이터가 왜 편리해? 개인 맞춤형 상품과 광고로 뭘 보여주는데? '필요한 것 이상의 데이터를 수집한다'가 무슨 뜻이지? 무엇을 예측하는데? 중학생이 명확하게 해석하기는 쉽지 않다. 알 듯 말 듯 모호한 글을 마주하면 예시를 떠올려라! 원론적 이야기가 가득한 지문이라면 머릿속에서 해체해 구체적 사례로 치환한다. '①데이터를 이용해 일상의 불편함을 줄이고 편리를 제공한다'라는 문장부터 설명해보자.

*"선생님이 청소기를 사고 싶어. 그럼 여러 사이트에서 몇몇 청소기의 평점을 확인해.*

어떤 사이트는 사람들이 많이 검색한 청소기를 먼저 보여주네. 아하, 누군가 평점으로 제공한 데이터, 검색 횟수 데이터를 활용해 나는 좋은 청소기를 사는구나!"

'②개인 맞춤형 상품과 광고를 판매해 수익을 얻는다'도 해보자.

"선생님 아들이 수능 보는 고3이야. 선생님이 밤낮으로 대학 검색을 했더니 O대학 광고가 스마트폰 밑에 뜨네. 자세히 보니 '대학을 많이 검색한 사람들에게 무작위로 광고를 보낸다'라는 문구가 적혀 있어. 아, 대학들이 플랫폼 기업에 광고를 의뢰했구나. 대학 검색 많이 하는 사람들에게 우리를 홍보해주세요. 그럼 플랫폼 기업들은 광고비를 받겠고."

'③필요한 것 이상으로 데이터를 수집하고 소비자가 미래에 무엇을 할지 예측한다'를 설명할 때는 우스꽝스러운 내용으로 정점을 찍자.

"선생님 집에 AI 스피커가 들어왔어. 내 말을 잘 듣고 답변하는 게 AI 스피커의 역할인데, 얘가 그 이상의 내용을 듣네. AI 스피커 뒤에는 글로벌 IT 기업들이 있잖아. 기업들이 들어보니까 어? 선생님이랑 선생님 남편이 계속 싸운다, 싸운다, 이혼할 것 같다! 결국, 그들은 선생님에게 이혼 전문 변호사 광고를 보내. AI 스피커로 나를 끊임없이 감시하며 선생님이 뭘 할지 예측한 거지. 여러분. 이건 소설입니다. 선생님은 남편과 사이가 좋아요."

학생들이 피식 웃으면 이해했다는 뜻이다. 이후 다시 지문을 읽어보자. 내용이 훨씬 더 생생하게 다가온다. 원론적이고 관념적인 문장 속에 팔딱팔딱 뛰는, 날 것 같은 스토리를 투영해내자. 그 과정이 생생한 게임 같고, 독해력을 넘어 문해력까지 당연히 상승한다.

사실, 이 과정이 좀 힘들다. '이게 무슨 뜻인지 애들이 잘 모를 거야' 꾸준히 의심하면 내용 하나하나를 구체적으로 해석해 준비해야 한다. 당연히 수업이 편안히 흘러가지 않는다. 읽고, 끊고, 설명하고, 듣고, 다시 읽고, 끊고, 다시 강조하고, 쓰고, 고치느라 정신이 없다. 하지만 이만큼의 노력이 학생들에게 도움이 된다는 걸 안 이상, 물러설 수 없다. 교사가 최선을 다하면 언젠가 우리 학생들도 자기 일을 그렇게 하겠지 라고 믿어보자.

## 글쓴이의 의도를 들어봐

또 독해는 '글쓴이와의 대화'이다. 대화를 잘하려면 상대의 의도를 알아야 한다. 글에 대해서도 글쓴이의 의도를 파악하자.

2019년은 3.1운동과 대한민국 임시정부 수립 100주년이 된 해였다. 100주년의 기쁨을 함께 누릴 수 있어 감사했다. 조선총독부의 동화주의와 무단통치에 신음하던 우리 국민이 파리강화회의로 독립의 희망을 품고 고종의 승하로 절망을 느낀 상황을 스토리로 훑어 내려가 3.1운동까지 왔다. 여기서 "3.1독립선언서 배포하고 비폭력 투쟁으로 만세를 불렀어. 유관순 열사 등 많은 분이 옥고를 치렀지." 정도로 설명하고 넘어가면 얕다. 무엇보다 3.1운동은 우리 국민이 수천 년 이어온 왕정을 뇌리에서 지우고 민주공화제를 꿈꾸고 선포한 현장이었다는 의의가 크다. 한인섭 서울대학교 법대 교수는 "3.1운동이야말로 대한민국을 태동시킨 혁명이다"라고 평가했다. 2019년 '3.1운동 100주년' 수업에서 그 가치를 생생하게 파악하고자 3.1운동 100주년 기념사업추진위원회가 제공한 '쉽고 바르게 읽는 3.1독립선언서' 일부를 함께 읽었다.

**우리는 오늘 조선이 독립한 나라이며, 조선인이 이 나라의 주인임을 선언한다.** 우리는 이를 세계 모든 나라에 알려 **인류가 모두 평등하다는 큰 뜻을 분명히 하고, 우리 후손이 민족 스스로 살아갈 정당한 권리를 영원히 누리게 할 것**이다.

이 선언은 오천 년 동안 이어 온 우리 역사의 힘으로 하는 것이며, 이천만 민중의 정성을 모은 것이다. **우리 민족이 영원히 자유롭게 발전하고, 인류가 양심에 따라 만들어가는 세계 변화의 큰 흐름에 발맞추려는 것**이다. 이는 하늘의 뜻이고 시대의 흐름이며, 전 인류가 함께 살아갈 정당한 권리에서 나온 것이다. 이 세상 어떤 것도 우리 독립을 가로막지 못한다.

**낡은 시대의 유물인 침략주의와 강권주의에 희생되어** 우리 민족이 수천 년 역사상 처음으로 다른 민족에게 억눌리는 고통을 받은 지 십년이 지났다. 그동안 우리 스스로 살아갈 권리를 빼앗긴 **고통은** 헤아릴 수 없으며, 정신을 발달시킬 기회가 가로막힌 아픔이 얼마인가. 민족의 존엄함에 **상처받은** 아픔 또한 얼마이며, 새로운 기술과 독창성으로 세계 문화에 기여할 기회를 잃은 것이 얼마인가.

울분과 원한에 사무친 **조선인을 힘으로 억누르는 것은 동양평화를 보장**하는 길이 아니다. 오늘 우리 **조선의 독립은 조선인이 정당한 번영을 이루게 하는 것인 동시에, 일본이 잘못된 길에서 빠져나와 동양에 책임을 다하게 하는 것**이다. 또 중국이 일본에 땅을 빼앗길 것이라는 불안과 두려움으로부터 벗어나게 하는 것이며, **세계 평화와 인류 행복의 중요한 부분인 동양 평화를 이룰 발판을 마련하는 것이다.** 조선의 독립이 어찌 사소한 감정의 문제인가!

아, 새로운 세상이 펼쳐지는구나. **힘으로 억누르는 시대가 가고, 도의가 이루어지는 시대가 오는구나.** 지난 수천 년 갈고 닦으며 길러온 인도적 정신이 이제 새로운 문명의 밝아오는 빛을 인류 역사에 비추기 시작하는구나. 그래서 **우리는 떨쳐 일어나는 것이다.** 양심이 나와 함께 있으며 진리가 나와 함께 나아간다. **남녀노소 구별 없이 어둡고 낡은 옛집에서 뛰쳐나와, 세상 모두와 함께 즐겁고 새롭게 되살아날 것**이다. 수천 년 전 조상의 영혼이 안에서 우리를 돕고, 온 세계의 기운이 밖에서 우리를 지켜주니, 시작이 곧 성공이다. 다만, 저 앞의 밝은 빛을 향하여 힘차게 나아갈 뿐이다.

<3.1운동 및 대한민국 임시정부 수립 100주년 기념사업추진위원회 제공> 중에서

민족대표 33인의 마음을 들여다보면 선언서는 더 다가온다. 그 결의에 찬 마음을 전달하자.

"우리 민족대표 33인은 당당히 선포한다. 조선은 독립된 나라고 조선인은 이 나라의 주인이야. 조선은 임금이 주인인 나라 아니냐고? 이제 아니야. 우린 왕정으로 돌아가지 않아. 인간은 평등해. 후손들도 스스로 살아갈 권리가 있어. 우리는 자유롭게 살 거야!"

평등, 권리, 자유, 양심… 당시 사람들은 이 단어들의 뜻을 알고 있었을까? 아마 아닐 것이다. 그래서 3.1운동은 근대적 사고를 전파한 첫 단추가 되었다.

"또 인류의 양심에 따라 세계는 변화해. 바로 민족자결주의야. 그 흐름에 맞춰 우리는 독립해 정당한 번영을 이룰 거야. 그게 동양 평화, 세계 평화, 인류 행복을 가져오는 길이지!"

1차 세계대전 이후 미국 윌슨 대통령이 주창한, '각 민족은 정치적 운명을 스스로 결정할 권리가 있다'라는 민족자결주의에 우리는 얼마나 설레었는가. 또 조선의 독립 의지는 사소한 감정이 아니다. 동양 평화, 나아가 세계 평화, 인류 행복을 이룰 방법이다.

"야 일본! 너의 침략주의, 강권주의 때문에 우리의 희생과 고통, 상처는 컸어. 스스로 살아갈 권리도 빼앗기고, 정신을 발달시킬 기회도 가로막혔잖아. 그리고 우리 민족이 무능하냐? 너의 가스라이팅(Gaslighting)에 상처받았어. 우리 독창적 기술로 세계 문화에 기여할 기회까지 잃었지. 이렇게 살 수는 없어. 떨쳐 일어나 새로운 세상을 열 거야! 독립할 거야!"

품격 있는 문장에 비해 내 해석은 비루하다. 그러나 해석까지 고매함을 추구하면 중학생들은 흥미를 잃는다. 내용을 쉽게 이해한 후 품격 있는 문장을 다시 읽으면 그 표현이 훨씬 더 다가오고 이해된다. 교사는 쉽고 재미있게 양념만 쳐주면 된다. 독립을 간절히 원하고 일제에 분노한 앞선 이들의 감정에 이입하면서.

## 숨어 있는 내용을 들어봐

러시아의 우크라이나 침공에 대한 서방의 제재, 그에 따라 러시아가 EU에 천연가스 공급을 끊는 보복 조치는 2022년 기준, 전 세계 에너지 시장을 뒤흔들고 있다. 코로나19의 위기를 극복하고 이제야 한숨 돌리나 싶었던 인류에게 예상치 못한 복병이 등장한 것이다. 그래서 2022년 '가스관이 잠겼다' 수업을 준비했는데 이는 에너지 안보의 중요성만 강조하고 끝낼 스토리가 아니었다. 특히 러시아 가스관이 유럽 전역에 파고든 역사를 이해해야 문장 하나하나를 더 생생하게 파악할 수 있었다. 즉, 행간에 숨어 있는 내용을 끄집어내는 노력도 좋은 독해 훈련이다.

독일·프랑스 등 서유럽 국가들은 ①역내 에너지 자원 매장량의 한계, ②육로를 통한 용이한 공급망 확보 등을 이유로 냉전 시대부터 줄곧 소련 에너지에 크게 의존해왔다. 서유럽은 ③빠르게 진행되는 산업화에 안정적 에너지 공급원이 절실했고, 소련에 서유럽은 국가 재정을 채워주는 든든한 구매처였다. ④팽팽한 체제 경쟁에도 두 진영의 이해관계가 맞아떨어져 우크라이나, 폴란드 등을 가로지르는 파이프라인을 통한 석유·가스 거래는 꾸준히 증가했다.

소련에 대한 에너지 의존이 과도하게 높아지는 상황에 서유럽 내에서 경계의 목소리가 없었던 것은 아니다. 최대 우방인 유럽이 에너지를 볼모로 소련에 예속되는 것을 원치 않았던 ⑤미국도 1950~1960년대 소련의 대(對)유럽 석유 수출이 크게 늘자 서유럽의 송유관 건설을 저지했다. 당시 뉴욕타임스에는 '소련의 석유, 서방을 분열하다'라는 제목의 1면 머리기사가 실리기도 했다. 소련과 치열한 군비 경쟁을 벌이던 미국은 이 상황을 탐탁지 않게 여겼고, 1980년대에는 가스관 건설 기술 및 정보가 유럽 밖으로 유출되는 것도 막았다.

이런 우려는 2000년대 들어 현실이 됐다. 러시아는 친서방 정권이 들어선 우크라이나 정부와 천연가스 가격 협상 및 가스관 통제권을 두고 갈등을 빚다 ⑥2006년 1월 우크라이나로의 천연가스 공급을 갑자기 중단해버렸다. 공급은 곧 재개됐으나 러시아와 우크라이나 간 기 싸움은 계속됐고, 3년 뒤인 2009년 1월 러시아는 아예 우크라이나를 통과해 유럽으로 향하는 모든 가스관의 밸브를 다시 2주 넘게 걸어 잠갔다. 유럽과 우크라이나를 단번에 코너로 몰아세운 것이다.

하지만 가스 비축분으로 가까스로 대형 위기를 피한 서유럽은 수입원을 다변화하거나 비축 시설을 늘리는 등 에너지 안보를 근본적으로 개선하는 대신, ⑦외교적인 해결책 모색에 주력했다. 유화책과 교역으로 러시아를 길들일 수 있다고 생각한 것이다. 그 결과, 서유럽의 러시아에 대한 에너지 의존도는 더 높아졌다.

<조선일보 WEEKLY BIZ, 2022. 08. 25. 김지섭 기자> 중에서

1문단은 러시아 가스관 건설 원인이다. 품격 있는 문장이 가득하지만, 학생들에게 이면의 역사를 들려줄 필요가 있다.

"독일은 석탄과 철광석이 풍부하고 석유와 천연가스는 거의 없어(①). 그런데 산업화, 즉 제조업을 육성하겠다네(③). 그럼 석유와 천연가스를 어디선가 받아오는 공급망을 구축해야 하는데, 아이고 신나라, 배도 비행기도 필요 없네. 소련에서 육로로 쉽고 빠르게, 편리하게 받을 수 있네(②). 비록 당시는 미국과 서유럽의 자본주의, 소련과 동유럽의 사회주의가 싸우는 냉전 시대였지만, 계산기 두드려보니 서유럽과 소련은 서로가 필요해(④). 우리 친하게 지내자~~~!"

한 남학생이 씩 웃는다. 설명이 먹힌다는 뜻이다. 나는 더 용기를 냈다. 2문단은 서유럽이 소련에 지나치게 의존하는 걸 우려하는 목소리가 이미 1950년대부터 나왔다는 내용이다.

"너무 가까워지는데? 자본주의의 리더인 미국은 불안해. 그래서 과거 미국은 소련의 석유를 서유럽으로 보내는 송유관 건설을 막았어(⑤). 서유럽이 수긍했을까? 형님 말씀이니 때로는 들었겠지만 진짜 마음은 이거지. (불만 가득한 목소리로) '우리 경제 좀 살리겠다는데 미국 네가 무슨 상관이야?' (냉정한 목소리로) 이미 서유럽은 싸고 풍부한 소련의 에너지에 푹 빠진 거야."

3문단은 우려가 현실이 된 역사, 4문단은 서유럽의 잘못된 대응이다. 1991년, 소련은 해체되어 러시아를 비롯한 15개 신생 공화국이 국제사회에 등장했다.

"사실 러시아는 2006년과 2009년에 신호를 줬어(⑥). 우크라이나 거쳐 서유럽으로 가는 천연가스를 끊었잖아. 그때 서유럽이 '러시아는 믿을 만한 파트너가 아니구나' 깨닫고 다른 파트너를 찾거나 비축시설을 늘렸어야지. 그런데 오히려 러시아를 달랬어. (부드러운 목소리로) '러시아야, 화 풀어. 우리는 친구잖아. 다른 국가 안 거치고 러시아에서 우리 독일까지 직통으로 오는 가스관도 만들자. 돈 벌게 해줄게(⑦).' (냉정한 목소리로) 유화책, 교역을 택한 거야."

글과 설명은 다르지만 통한다. 설명을 다 들은 여학생이 고개를 끄덕였다. '똑똑한 독일이 러시아 에너지에 빠져 정신을 못 차렸네'라고 생각하는 듯했다. 어떤 생각이든 좋다. 읽고 듣고 다시 생각하고, 다시 읽고 듣는 사이, 지문을 해석하는 능력이 길러진다.

《대통령의 글쓰기》(메디치미디어)의 저자, 강원국 작가는 한 칼럼(미워하는 그에 대해 써라. 그가 곧 나일지니 - 한겨레, 20190401)에서 '읽기와 듣기는 남의 것을 내 것으로 만드는 소유 행위이며, 쓰기와 말하기는 내 것을 남에게 나눠주는 공유 행위'라고 서술했다. 매우 멋진 표현이다. 학생들이 많은 것을 소유하기를 바란다. 신문사와 글쓴이, 그리고 내가 공유하는 것들로 해당 이슈의 사회적 맥락, 관점, 지식과 정보를 넘어 삶의 깨달음까지 얻기를 바란다. 대신 지금 학생들이 공유하는 행위는 쓰기로 한정한다. 더 많은 것을 공유할 미래를 기다리며 그때까지 충분히 소유해야 한다. 앞에도 적었지만, 수업 중 말하기는 하지 않는다. 이유는 p.38에 있다. 말하기로 자기 생각과 지식을 공유하고자 하는 중학생은 소규모 토론 수업에 참여하면 된다.

# 보기와 듣기, 잠깐 문답

중등NIE '보기와 듣기'에 대한 학부모님들의 궁금증을 Q&A로 정리했다.

**Q 1**  *"잘 듣는 건 왜 중요한가요?"*

"듣기는 학생이 교사의 읽기 방식을 습득하는 행위입니다. 지문 어디에 집중해야 하는지, 단어의 뜻을 모를 때는 어떻게 해석해야 하는지, 이 내용에 걸맞은 구체적 사례가 무엇인지, 글쓴이는 어떤 의도로 이런 표현을 썼는지 등을 자연스럽게 파악하는 기회지요. 그렇게 읽는 습관이 생기면 훗날 교사의 설명 없이 홀로 읽어내야 할 때 독해의 태도부터 달라집니다. '이게 무슨 뜻이지?', '어떤 사례가 있지?', '저자는 왜 이런 문장을 넣었지?' 스스로 묻고 답하며 더 적극적으로 지문과 소통할 수 있습니다."

**Q 2**  *"지문을 왜 반복해 설명하나요?"*

"반복 아닙니다. 설명하는 내용이 달라요. 학생 관점에서 보자면 지문을 읽고 ①, 듣고①, 또 읽고②, 또 듣고②, 마지막으로 읽고③, 마지막으로 듣습니다③. 듣기①에서 교사는 주로 문단별 키워드와 지문의 흐름을 짚어줍니다. 시간상 듣기①을 생략한 적이 있었는데, 의외로 학생들이 헤맸습니다. 방향을 안다는 건 그만큼 중요합니다. 듣기②에서는 문장을 해석합니다. 설명도 추가하죠. 2021년 '백신 외교 전쟁' 수업에 '인도 세럼연구소 대표가 미국에 백신 원자재 수출 금지를 풀어달라고 호소했다'라는 내용이 나오는데, 이때 1950년 6.25전쟁을 위해 제정된 미국 국방물자생산법을 설명하면 왜 미국이 백신 원자재 수출까지 금지하며 공유에 소극적인지를 이해할 수 있습니다.

읽기③에서는 스토리를 만들라고 주문하죠. 흐름도 잡히고 해석도 되었다면 이제 글을 굽어보며 지배하라는 뜻입니다. 나무를 넘어 숲을 보기 위해 듣기③에서는 설명 범위도 넓힙니다. 2022년 '석유의 역설' 수업, 듣기②에서 미국의 러시아 경제 제재 방침을 설명했다면, 듣기③에서는 경제 제재를 단행한 미국의 속마음까지 짚어줍니다. 아무리 낯선 지문이라도 내 눈으로 세 번 읽고 내 귀로 세 번 들으면 익숙해집니다."

**Q 3** "온라인 수업이 확대되면서 학생들이 집중해 듣기가 더욱 어렵습니다. 어떻게 학생들의 몰입도를 높일까요?"

"저도 늘 같은 고민을 합니다. 단, 질문한 분이 교사이시면 우리, 하나는 꼭 지킵시다. 지문을 똑같이 반복해 읽는 것은 지양합시다. 그건 내가 준비가 덜 되었다는 뜻입니다. 그러다 보면 '내가 지금 뭘 하고 있나?' 싶고, 어김없이 학생들은 그 틈을 노려 멍해집니다. 수업시간에 남남이 된 기분을 지속하면 그날은 끝입니다.

학생들은 처음 보는 글과 사투 중입니다. 우리가 도와야죠. 시대적 상황이나 추가 정보를 제공하든, 구체적 예시를 들든, 독특한 말투로 분위기를 바꿔보든, 과도한 행동을 하든, 학생들 이름을 설명하는 중간에 자연스럽게 넣어 부르든, 재미와 자극을 주려고 더 노력합시다. 한 어머니가 카톡으로 전해주셨습니다. '선생님 목소리 따라가려면 온라인이어도 수업시간에 딴짓 못 해요'라고요. 때로는 말투도, 말의 속도도 학생들을 집중시키는 전술이 됩니다."

제 4 장

# 4

## 틀을 갖춘 글부터 쓰기

# 4

"초등학교 다니는 내내 논술을 배웠는데도 글 쓰는 실력이 향상되지 않았어요."

학부모 간담회에 가끔 나오는, 어머님들의 하소연이다. 어떤 글을 써왔을까? 편지, 일기, 감상문, 설명문, 포스터, 표어… 무엇이든 자유롭게 썼을 것이다. 그 시절에는 부담 없이 쓰는 게 맞다. 교사도 공감과 칭찬에 집중하면 된다. 학생의 경험이 들어간 글이면 "그런 일이 있었구나"로, 다소 엉뚱한 글이면 "창의적이다!"로 소통하는 것이 일반적이다.

그러나 중학생이 되면, 안타깝지만 쓰기를 평가받는 요소가 달라진다. 평가는 대체로 글이 질문과 조건에 충실한가, 논리가 일관적인가, 근거는 주장과 연결하여 적합한가, 내용을 다각적·심층적·창의적으로 전개하는가, 단어 선택과 문장 서술 등 표현력이 탁월한가 등이다. 즉, 논리적 글쓰기 역량을 평가하는 것이다. 유시민 작가는 책《유시민의 글쓰기 특강》(생각의길)에서 '논리적 글쓰기는 문학 글쓰기보다 재능의 영향을 훨씬 덜 받는다'라고 서술했다. 전적으로 동의한다. 논리적인 글은 문학적 글, 한 줄 카피를 만들어내는 재능을 그리 요구하지 않는다. 틀이 있고 방법이 있다. 앞뒤가 맞다. 그래서 평가자는 글을 통해 글쓴이가 질문, 즉 상대의 요구를 파악하고 소통할 사회

## 틀을 갖춘 글부터 - **쓰기**

---

적 역량을 갖추었는지 확인한다. 이 평가에 대비한다는 목적을 고려해서라도 나는 학생 마음대로 쓰는 글을 선호하지 않는다. 소통의 기본 역량을 시급하게 갖추어야 하는 학생들에게 무작정 자유를 줄 이유는 없다.

특이한 글, 저세상의 상상력으로 쓰는 글, 맥락을 고려하지 않은 글, 상식적으로 이해하기 힘든 글 등을 애써 창의적이라고 보듬어줄 시기는 지났다. 창의적 글쓰기를 훈련은 하겠지만, 논리적으로 전개된 글이 기본이다. 더 냉정히 말하면 글쓰기 역량은 내가 키워줄 수 있는 부분이 적다. 교사가 아무리 방법을 알려준다 해도, 시간과 정성을 들여 글을 쓰고 알려준 방법대로 수정하고 그 실수를 되풀이하지 않는 수고는 학생 본인이 해야 하기 때문이다.

# 질문과 지문, 그 치열한 줄다리기

　수업시간에 요약글이나 주장글 한 편을 쓰는 건 물리적으로 힘들다. 통 크게 한 시간을 할애한다고 한들, 대규모 수업에서는 학생들 절반 이상이 목표를 잃는다. 수업 중 글쓰기는 질문의 요구사항을 파악하고, 짧은 지문에서 핵심 내용을 찾아 주술구조 맞게 1~3개 문장을 쓰고, 현상의 가치를 서술하는 데 집중한다. 야구로 치면 단타 연습이다. 그래도 질문이 요구하는 바에 관심 없고 지문의 핵심을 못 짚고 답 쓸 때 주어부터 헷갈리는 학생들이 적지 않다.

## 질문이 요구하는 바를 찾기

　서술하기의 시작은 질문을 잘 읽는 것이다. 질문에는 요구하는 바가 담겨 있고 결정적 힌트도 있다. A를 요구하는데 B나 C를 쓰거나, 이미 A는 질문에 나와 있고 B를 요구하는데 굳이 A를 다시 쓰는 건 질문을 꼼꼼히 읽는 훈련이 되어있지 않기 때문이다.

　2021년, 주요 온라인 유통업체 매출이 역사상 처음으로 오프라인 유통업체의 매출을 넘어섰다. 그러나 유통업체 거대공룡인 백화점, 대형마트도 당하고만 있지는 않았다. 그중에서 대형마트가 이 위기를 극복하는 과정을 학습한다면 다음 지문으로 질문이 요구하는 바를 찾아 요약하는 활동을 할 수 있다.

■ 대형마트의 혁신은 초신선제품과 고객 맞춤 서비스에 그치지 않습니다. 다음을 읽고 대형마트의 또 다른 혁신을 요약하세요.

> 지난해 12월 문을 연 서울 잠실 제타플렉스(기존 롯데마트 잠실점)는 와인 전문매장 '보틀벙커' 등 기존 마트에서는 볼 수 없는 공간을 앞세웠다. 새 단장 한 달 만에 방문객 수가 32.5% 증가하고 매출은 55%나 늘었다.
> 보틀벙커는 세상의 모든 와인을 한곳에 모아 놓은 것처럼 보인다. 매장 면적의 70%를 와인으로 채웠다. 테이스팅탭에는 50㎖씩 시음할 수 있는 와인이 총 10개 섹션으로 나뉘어 병째 준비되어 있다. '배달음식과 어울리는 와인', '이럴 때 이 와인' 등 친절한 제목을 달아 소비자의 선택을 도와준다. 이동진 제타플렉스 점장은 "고객이 오프라인 매장에 꼭 와야만 하는 이유를 보여주는 것이 제타플렉스의 지향점"이라고 말했다.
>
> <경향신문, 2022. 04. 24. 정유미 기자> 중에서

질문을 읽으며 학생들은 두 가지를 생각해야 한다. 첫째, 초신선제품과 고객 맞춤 서비스는 대형마트의 대표적 혁신 사례이다. 둘째, 그들 사례는 질문에 적혀 있으니 그걸 제외하고 서술한다. 단순해 보이는가? 그런데도 지문 속 문구, '고객이 오프라인 매장에 꼭 와야만 한다'에 착안해 답에 '고객 맞춤 서비스'를 적는 학생이 의외로 있다.

> 대형마트는 와인 등으로 고객을 오프라인 매장에 끌어들이며 고객 맞춤 서비스를 제공한다. (X)

짧게 끊어 물으면 핵심 단어가 나온다. 대형마트는 무엇을 하는가? 공간을 바꾼다. 공간을 무엇으로 바꾸는가? 기존 마트에서는 볼 수 없었던 제품군 위주의 전문매장으로 바꾼다. 그래서 무엇을 추구하는가? 고객을 끌어들이고자 한다. '공간', '전문매장', '고객' 등이 핵심 단어다. 아래와 같은 답을 만들 수 있다.

> 대형마트는 공간을 기존 마트에서는 볼 수 없었던 제품군 위주의 전문매장으로 바꾸는 등 선택과 집중 전략으로 고객이 꼭 매장에 오게 만든다. (O)

요약은 핵심 단어의 조합이다. 여기서 '롯데마트', '와인', '제타플렉스' 등은 예시일 뿐, 핵심 단어가 아니다. 예시는 핵심 내용을 부각하는 보조적 장치임을 늘 기억하며 글을 읽고 쓰자. 또 '선택과 집중'은 이 전략의 가치, 의미를 나타내는 단어다. 가치를 서술하는 활동은 바로 뒤(p.146)에서 소개한다.

## 핵심 문단과 핵심문장을 찾기

지문에서 핵심을 찾는 훈련도 해보자. 'SNS, 연결망의 힘'을 학습한다면 아래 지문으로 핵심 문단과 핵심문장을 찾는 활동을 할 수 있다.

■ 혹자는 마크 저커버그가 페이스북(현 메타)을 만든 진짜 이유를 아래와 같이 추측합니다. 다음 지문을 읽고 그 이유를 요약하세요.

> 내성적인 사람들은 인간관계를 쌓고 싶은 욕구가 있어도 낯선 사람과의 직접적 커뮤니케이션을 부담스러워한다. 그런 면에서 **페이스북은 내성적인 사람들에게 간접적으로 커뮤니케이션하고 친구들을 선별할 수 있는 시간을 준다.**
> 페이스북을 만든 경위는 그의 성격과 관련 있어 보인다. 저커버그는 다른 사람들과 잘 어울리지 못했다. 페이스북을 개발한 동기도 **많은 사람과 친해지고픈 내면적 욕구**였다고 한다. 또 그가 하버드대 심리학과에서 인간 심리를 연구한 것은, **사람들이 페이스북을 통해 자신의 진정한 모습을 알리는 것이 더 건강한 사회를 만드는 길이라고 생각했기 때문**이다.
> <CBS노컷뉴스, 2012. 09. 13. 김민수 기자> 중에서

1문단은 페이스북의 특징을, 2문단은 마크 저커버그가 페이스북을 만든 이유를 설명한다. 집중해서 읽을 곳은 2문단이다. 1문단에서는 그의 성격을 짐작할 만한 단어, '내성적'만 주의 깊게 보면 된다. 이유는 두 개다. 내성적인 그가 ①많은 사람과 친해지고 싶

었고, ②페이스북을 통해 자기의 진정한 모습을 알리는 사람이 많아지면 더 건강한 사회를 만들 수 있다고 생각했기 때문이다. '그게 진심일까?' 같은 자기 주관을 개입할 필요는 없다.

> 마크 저커버그가 페이스북을 만든 진짜 이유는 내성적인 그가 많은 사람과 친해지고픈 내면적 욕구가 있고, 페이스북을 통해 자기의 진정한 모습을 알리는 사람이 많아지면 더 건강한 사회를 만들 수 있다고 판단했기 때문이다.

단, 이 답은 주어가 길다. 마크 저커버그를 주어로 삼아 '마크 저커버그는 a 때문에 페이스북을 만들었다'라는 구조로 쓰면 더 깔끔하다. 그러나 알려진 이유 말고 숨겨진 진짜 이유를 강조하기에 주어를 '마크 저커버그가 페이스북을 만든 진짜 이유는'으로 길게 잡았다.

## 주어 잡아 서술하기

지문을 세 번째로 읽기 직전, 학생들에게 묻는다.

"답 쓸 때 주어는?"

지문을 두 번 읽었으니 흐름을 알 테고, 사실 지문을 읽지 않아도 질문만으로 답의 주어를 잡을 수 있다. 서술형 답은 주어 잡기가 제일 중요하다. 탄탄한 주어 아래 명확한 서술어가 붙는다. '지문을 읽고 저출산이 지방에 가져올 악영향을 요약하세요'라는 질문이면 답의 구조는 다음 중 하나다.

㉮ 저출산이 지방에 가져올 악영향은 A다.
㉯ 저출산으로 지방은 A한다.
㉰ 저출산은 지방을 A하게 만든다.

문장 구조로 보면 ㉯가 가장 단순 명확하다. 답을 쓰는 공간에 주어까지 써놓고 세 번째 읽기와 듣기로 핵심을 짚으면 서술부를 잘 쓸 수 있다.

### ① 짧은 주어 아래 서술부 달기

'글로벌 빅테크 기업'을 학습한다면 아래 지문으로 핵심 문단과 핵심문장을 찾는 활동을 할 수 있다. 수년에 한 번씩 수업에서 단독으로 다루어도 늘 새로운 스토리가 나오는 기업이 애플이다. 애플은 음악·영화·앱 판매·동영상 서비스 등을 제공하며 아이폰 위주의 하드웨어 기업에서 서비스·콘텐츠 기업으로 변신 중이다.

■ 애플이 서비스·콘텐츠 기업으로 발전할 가능성이 큰 이유를 다음을 읽고 요약하세요.

> 앱 서비스와 이를 모아 놓은 **생태계를 만든** 게 애플과 구글이다. 그들은 핀란드의 한 개발자가 만든 앱이 실시간으로 전 세계에 퍼질 수 있는 시장을 개척했다. 이를 통해 **많은 부가가치가 창출됐고 소비자도 편익을 누렸다**. 수수료가 부당한 측면이 있지만, 항변할 수 없는 건 소위 **플랫폼의 힘**이다. 터미널, 백화점, 대형마트 등이 과거 플랫폼의 역할을 했다면, 코로나19로 빨리 찾아온 미래 플랫폼은 애플, 구글, 아마존 등의 모습일 것이다.
>
> <한국경제신문, 2020. 10. 09. 김재후 실리콘밸리 특파원> 중에서

답의 주어는 '애플은', 혹은 '애플이 서비스·콘텐츠 기업으로 발전할 가능성이 큰 이유는'이다. 문장 구조 파악이 서툰 학생은 질문 그대로 긴 주어를 만든다. 하지만 문장은 되도록 짧은 주어, '애플은'으로 시작하는 게 좋다.

서술부를 쓰기 위해 지문을 보며 스스로 묻고 답해보자. 애플이 무엇을 가졌는가? 앱 서비스를 모아 놓은 생태계를 가졌다. 그 생태계의 장점은 무엇인가? 부가가치를 창출하고 소비자에게도 편익을 준다. 하물며 그 생태계는 플랫폼, 누구나 꼭 거쳐 가는 장소

이다. 익숙한 애플 생태계에서 또 다른 서비스와 콘텐츠를 경험한 고객들은 또 지갑을 열 것이다.

> 애플은 부가가치를 창출하고 소비자 편익을 높일 앱 서비스 생태계, 즉 누구나 꼭 거쳐 가는 플랫폼을 갖추고 있어 이를 바탕으로 서비스·콘텐츠 기업으로 발전할 가능성이 크다.

### ② 안긴 문장의 주어까지 꼼꼼하게

이번엔 '안은 문장'과 '안긴 문장'까지 생각하며 주술구조를 잡아보자. '감시사회'를 학습한다면 코로나19로 각국 정부가 글로벌 IT 기업처럼 빅 브라더(Big Brother)가 되는 상황을 짚는 게 좋다. 중국이 대표적이다. 중국이 즐겨 쓰는 CCTV, 안면인식기술, AI 기반 감시기술 등 강력한 감시 수단을 확인하고 다음 문제를 풀어보자.

■ 세계적 경제사학자인 니얼 퍼거슨은 "코로나19로 중국식 IT 전체주의가 확산한다. 민주주의가 패배할 수 있다"라고 경고했습니다. 전체주의의 뜻을 고려해 '중국식 IT 전체주의'를 해석해보세요.

> **전체주의(Totalitarianism):** 개인은 전체 속에서 비로소 존재 가치를 갖는다고 주장하며 강력한 국가 권력이 국민 생활을 간섭·통제하는 사상 및 그 체제.(네이버)

주어는 '중국식 IT 전체주의는'이다. 중국식, IT, 전체주의를 각각 어떻게 풀까? 전체주의의 뜻을 고려하라고 했으니 위 풀이 중 중요한 부분인 '강력한 국가 권력이 국민 생활을 간섭·통제하는 사상 및 그 체제'를 잡는다. 무엇으로 통제하나? 바로 IT다. 중국식이라고 했으니 '중국처럼'이라는 단어를 붙이면 뜻이 더 명확해진다. 지문에서 중국이 즐겨 쓰는 CCTV, 안면인식기술, AI 기반 감시기술 등을 찾아낸다. 그런데 이렇게 답을 적는 학생이 있다.

| A군의 답 | 중국식 IT 주의는 국민의 사생활을 침해하는 중국의 사상 그 자체이다. |
|---|---|

주어부터 틀렸다. '중국식 IT 주의'가 아니라 '중국식 IT 전체주의'다. 큰 차이가 없다고? 아니다. 작은 것들을 슬슬 빠뜨리다 보면 결정적인 것도 빠뜨린다. 또 '전체주의'의 핵심 내용을 제대로 따오지 않았다. 느낌으로 대충 알아차린 감시사회의 폐해인 사생활 침해를 짚었다.

| 1차 수정한 답 | 중국식 **IT 전체주의**는 **IT로** 국민의 생활을 **간섭·통제해** 침해하는 사상 및 그 체제이다. |
|---|---|

**짚은 부분**을 추가했다. A군이 쓴 단어, '침해'는 추가해도 좋다. 그런데 안긴 문장의 주어가 없다. 학생들은 복문 구조에서 주어, 목적어 등을 자주 잊는다. "누가 통제해? A가 해?" 그제야 국가를 떠올린다. 더 나은 답을 만들자면 중국이 집중하는 감시 수단도 넣자.

| 2차 수정한 답 | 중국식 IT 전체주의는 **중국처럼 국가가 CCTV, 안면인식기술, AI 기반 감시기술 등** IT로 감시 체계를 마련해 국민 생활을 간섭·통제해 침해하는 사상 및 체제이다. |
|---|---|

완벽한 답은 아니라도 부족한 답은 만들지 말자. 안은 문장과 안긴 문장, 주어와 목적어, 꼭 들어가야 하는 단어 등을 하나하나 따져가며 서술형 문장 쓰기를 훈련한다.

③ 가치까지 유추해 서술하기

서술형 문장의 난도를 조금 더 높여본다. 지문에 나오지 않은 가치까지 유추하는 것이다. '양성평등'을 학습한다면 여성의 사회 진출, 가사·돌봄 노동의 분담 등에 머물렀던 소재를 넓혀보자. 나는 몇 년 전부터 방송인 송은이 씨를 주목해왔다. 과거 유재석 씨 등 개그계 동료들이 쭉쭉 뻗어 나갈 때, 송은이 씨는 비혼 여성 예능인이라는 이유로 밀려났다. "예능 말고 사무직이 적성에 잘 맞아 액셀을 배우고 있다"라는 그녀의 위트 넘치는 말에도 나는 웃을 수 없었다. 그런데 그녀가 방송계의 판을 뒤집었다. 그것도 남이 깔아준 판이 아닌 스스로 만든 판이었고, 비슷한 상실감을 느꼈을 여자 예능인 후배들까지 끌어와 그 판에서 놀게 하더니 이를 주류로 만들어버렸다. 이 사연이야말로 양성평등이다. 단, '실패를 딛고 절치부심하여 성공!'으로 직진하면 매력이 없다. 작은 갈등, 흔들림 속에서 빛나는 가치를 뽑아내야 재미있다. 다음 지문으로 그녀의 삶이 전하는 가치를 유추해 서술하는 활동을 할 수 있다.

■ 남편도 아이도 시집도 없는, 그래서 상품성을 인정받지 못한 40대 비혼 여성 예능인들은 팟캐스트 '비밀보장'으로 다시 기회를 잡았습니다. 그런데 대중이 먼저 호응한 사람은 송은이 씨가 아닌 김숙 씨였습니다. 김숙 씨는 한국의 가부장제를 비판하는 신개념 여성 캐릭터로 '제1의 전성기'를 구가했습니다. 그런 후배를 보는 송은이 씨는 어떤 기분이 들었을까요? 다음을 읽고 송은이 씨가 이 상황을 어떻게 대처했는지 요약하고 가치를 유추하세요.

> "저도 일등 하고 싶은 시절이 있었어요. 그런데 상당히 일찍, 숙이처럼 웃기는 재능보다 옆에서 웃기게 해주는 쪽에 더 재주가 있다는 걸 알았어요. 처음 깨달았을 땐 속상했어요. 이것도 재능인가. 시간이 흐르니 그 자체가 즐거워지는 경지가 됐어요. 주제 파악을 정확히 했고 다른 사람의 장점을 찾아 웃기게 만드는 일이 더 재미있고 가치 있다고 여겼어요."
> <씨네21, 2020. 01. 30. 김혜리 기자, 송은이 씨 인터뷰> 중에서

송은이 씨의 대처 방안을 요약하기 전에 교사는 이렇게 설명해보자.

"얘들아, 어떤 문제가 생길 때 무작정 앞으로 나아갈 수는 없어. 그 문제를 마음에서 털어버리든지 극복하든지 어떻게든 마무리를 지어야 해. 그래야 다음 단계로 나아갈 수

있어. 그렇다면 1단계로 송은이 씨는 무엇을 했을까?"

그녀의 말에 힌트가 있다. "웃기는 재능이 없다는 걸 인정했다". 즉 송은이 씨는 예능인에게 일반적으로 필요한, 웃기는 재능이 부족한 걸 속상해하지 않았다. 2단계 과정도 나와 있다. 그녀는 자기 장점, 즉 남 웃기는 걸 도와주는 재능을 파악해 즐기며 가치 있게 여겼다.

"이건 어떤 가치를 보여줄까? 가치의 기준은 '사랑'이라고 했어. 하지만 이건 사랑은 아니야. 송은이 씨가 '내가 만든 판인데 왜 쟤가 나보다 인기가 많지? 김숙 미워! 나가!' 했다면 다음 단계로 나아갈 수 없었을 거야. 그는 자기가 가진 것을 귀하게 여겼어. 어떤 가치일까?"

맞다. '자아존중'이 어울린다. '송은이 씨는 A를 속상해하지 않고 B에 집중하여 C(가치 단어)를 실현했다'라는 구조로 서술형 답을 써본다.

> 송은이 씨는 예능인에게 일반적으로 필요한, 웃기는 재능이 적은 걸 계속 속상해하지 않고, 자기 장점, 즉 남 웃기는 거 도와주는 재능을 파악해 즐기고 더 소중히 여기며 역량을 쌓았다. 즉, **자아존중**을 실현했다.

의외로 학생들은 지문에서 중요한 내용을 뽑아 주술구조를 갖춰 서술하는 데 취약하다. 후다닥 해낸다고 기대하면 오산이다. '앞뒤 딱딱 맞는 문장 쓰기가 이리도 어려운 일이었나?'라고 나부터 놀란다. 그러나 수십 번을 읽고 듣고 쓰고 고치고 또 고치다 보면 핵심을 파악하는 능력, 핵심 내용을 재조합해 정확한 문장을 만드는 능력을 기를 수 있다. 장황하게 서술하지 않게 된다. 그렇게 정리된 문장이 모이고 모이면 한 문단이, 나아가 한 편의 글이 되는 것이다. 그 걸음걸음이 중요하다는 걸 알기에 우리는 서로 힘들어도 끈질기게 해낸다.

# 수업시간에 결론 한 문단 쓰기 2

때로는 중등NIE 두 시간 수업이 짧다 싶다. 가장 큰 이유는 글을 쓸 시간이 부족하기 때문이다. 그날 배운 바를 정리하며 30분씩 꼬박 1년간 글을 쓰면 글쓰기 실력은 분명히 는다. 하지만 수업의 최우선 목표가 비문학 독해력, 나아가 문해력 향상임을 고려하면 수업의 1/4을 내주는 건 주저하게 된다. 일단 차선책은 약 15분간 요약글과 주장글의 결론 한 문단 쓰기 훈련이다.

글쓰기 숙제는 2차시와 4차시를 마치고 쓰는 요약글(4문단 각 5줄), 3차시와 5~6차시를 마치고 쓰는 주장글(5문단 각 8줄)로 나뉜다. 그 마지막 문단, 결론을 수업시간에 써보자. 결론 한 문단 쓰기는 핵심 내용을 요약하거나(요약글) 주장하는 바를 근거로 강조하면서(주장글) 스토리를 완성하는 작업이다. 그러려면 교사가 먼저 글의 흐름을 생각하며 수업을 구성해야 한다. 정보를 조각조각 낸 수업이면 글쓰기도 편지나 제안서 정도에 그친다.

## 요약글 결론 쓰기

우리나라는 2020인구주택총조사에서 반려동물 인구를 국가 통계 역사상 최초로 공식 집계할 만큼 반려동물 관련 시장이 성장하는 국가다. 반려동물과 정서적 교감을 나누는 학생들도 꽤 많다. '생활 속에서 찾기'를 적용해 '반려동물'을 다루는 수업을 해 볼 수 있다.

요약글 결론 쓰기를 마무리 활동으로 하려면 수업을 논리적으로 전개해야 한다. A, B, C를 순차적으로 공부했으니 이제 결론으로 D를 쓰는 식이다. 우리나라에 반려동물 인구가 증가하는 원인과 펫코노미(Petconomy)로 시작해, 그런데도 그 증가세를 인식과 문화, 제도와 법률이 따라가지 못하는 상황을 짚고 개선방안을 찾으면 어떨까? 마지막은 동물권이 중요한 이유를 서술하면 좋겠다. 수업의 흐름을 총 네 문단으로 정리하면 아래와 같다. 결국, 이것이 요약글의 흐름이다.

| 문단 | '(반려동물을 중심으로) 대한민국 동물권' 관련 수업 구성 |
|---|---|
| 1 | 반려동물을 키우는 인구가 증가하는 원인과 관련 산업의 호황 |
| 2 | 반려동물 산업과 인식·법·제도 등의 불일치(그 결과로 유기동물 급증) |
| 3 | 개선 방안(번식장·경매장·펫숍 중심의 산업 구조 변화, 펫티켓 등) |
| 4 | 우리가 동물권을 강조해야 하는 이유 |

동물권을 강조한 지문을 읽고 5줄로 요약하는 활동을 할 수 있다.

■ 우리는 왜 동물권을 강조해야 합니까? 대한민국의 동물권은 우리 사회에 어떤 교훈을 줍니까? 책《어느 날 고양이가 내게로 왔다》(불광출판사)의 저자인 보경스님은 "살아 있는 모든 것은 다 행복하라. 평안하라. 안락하라"라고 축복했던 부처님 말씀을 떠올리며 자연 만물이 모두 이어진 존재이며, 나 이외 존재의 안녕이 나의 안녕과도 이어져 있다고 강조합니다. 보경스님이 강조한 바를 포함해 아래 지문을 5줄로 요약합시다. 요약글의 결론이 됩니다.

인지심리학자인 스티븐 핑커는 ①1970년대 동물권 논의가 확산한 이후 ②동물 학대 건수가 급감하고 성차별, 아동 학대, 인종 혐오 범죄도 함께 줄어들고 있음을 방대한 자료로 보여준다. 또 "③소수인종, 여성, 아동, 동성애자, 동물을 위한 진보는 함께 진행되었다. 우리는 감각 있는 ④다른 존재들의 처지에 자신을 대입하여 그들의 이해를 고려하게 된다"고 썼다.

> 예컨대 바닷가재는 전신에 신경망이 뻗어있어 끓는 물에 산 채로 집어넣으면 극심한 고통을 느끼다 죽어간다. 이 사실이 과학적으로 밝혀진 뒤 그 고통을 금지하도록 법을 개정한다면 이런 선언이 된다. 「우리 사회는 다른 생명체의 고통을 알고도 방치하는 사회가 아니다.」 이런 사회라면 성차별, 인종 혐오, 아동 폭력을 나둘 리 없다는 인식이 국민들 사이에 공유되는 것이다. ⑤한 사회가 동물권을 보장하는 정도는 그 사회가 약자를 대하는 가장 민감한 척도가 될 수 있다.
>
> <KBS, 2019. 09. 08. 송형국 기자> 중에서

요약글은 내 생각을 배제하고 배운 내용 중 핵심을 정리한 글이다. 질문과 지문 분석이 먼저다. '지문은 한 개인데 질문에 조건이 있네. 질문에 나온 보경스님 말씀에서도 뽑아 쓰라네. 하지만 보경스님 말씀을 처음부터 넣는 건 어울리지 않아. 마지막에 넣어야겠어'라고 판단해야 한다. 5줄 요약이니 지문에서 3줄, 보경스님 말씀에서 2줄을 뽑는 게 적당하겠다.

요약할 때는 스스로 질문하고 답을 찾자. **'어떤 현상인가? 그 현상이 일어난 시점은?'** ①에 있다. 스티븐 핑커에 따르면 1970년대 동물권 논의가 확산하면서 다른 것들도 바뀌었다. ②와 ③은 비슷한 변화다. 범위가 조금 더 넓은 ③을 현상으로 택한 뒤 스스로 질문해본다. **'어떻게 가능했을까?'** ④다. 다른 존재들의 처지에 자신을 대입해 그들을 이해했기 때문이다. 또 질문한다. **'이게 왜 중요하지?'** ⑤다. 그것이 그 사회가 사회적 약자를 대하는 민감한 척도다. 또 질문한다. **'이것이 어떤 의의와 교훈을 주지?'** 보경스님 말씀이 기다린다. 바닷가재나 고양이 이야기는 5줄에 들어갈 이유도, 공간도 없다. 다음 글에 < >는 생각의 흐름이다.

> **<핵심 현상이 뭐야?>** 스티븐 핑커에 따르면 1970년대 동물권 논의가 확산한 이후, 소수인종, 여성, 아동, 동성애자, 동물 등 사회적 약자를 위한 진보는 함께 진행되었다. **<어떻게 가능했지?>** 다른 존재들의 처지에 자신을 대입하면서 그들을 이해한 것이다. **<이게 왜 중요해?>** 한 사회가 동물권을 보장하는 정도는 그 사회가 약자를 대하는 민감한 척도다. **<어떤 교훈일까?>** 나 이외 존재의 안녕이 나의 안녕과 이어진다. **<주장하는 바를 다시 강조하자>** 그러므로 동물권을 존중하고 지켜나가야 한다.

요약하기는 문과 대입논술의 단골 메뉴이다. '[가]와 [나]를 활용하여 [라]와 [마]를 설명하고, [다]의 관점에서~'라는 문제에서 지문을 활용하는 방식도, 관점을 서술하는 방식도 기본은 요약이다. 지금은 요약 범위를 2~3문단으로 한정해도 좋다. 흘려보낼 부분과 꼭 서술할 부분을 구분하고, 찾은 바를 논리적으로 연결해내는 고도의 훈련! 그 중요성은 백번 강조해도 지나치지 않다.

## 주장글 결론 쓰기 ①

'장애인' 관련 수업을 고민할 때마다 2017년, 장애아동들의 특수학교를 짓게 해달라며 무릎을 꿇었던 어머니들을 떠올린다. 2019년 '기술, 장애인의 삶을 바꾸다' 수업에서 장애 극복을 돕는 기술을 다루었지만, 기술이 모든 걸 해결할 수는 없다. "우리 동네는 특수학교 절대 못 짓는다"라는 님비현상이 계속되는 한, 장애인에 대한 우리 사회의 인식이 개선되지 않는 한, 장애인과 비장애인의 공존을 이끌 제도와 인프라를 구축하지 않는 한, 기술은 반쪽짜리도 되지 않는 해결책이다.

그래서 '기술, 장애인의 삶을 바꾸다' 수업에 이어 '흰 지팡이'를 등장시키는 또 다른 수업을 만들어보자. (여기에 2022년 불거진 '장애인의 이동권'까지 추가하면 특집이 된다.) 흰 지팡이는 시각장애인이 길을 찾고 활동하는 데 필요한 도구이며 그들의 자립과 성취를 나타낸다. 수업에서는 어떤 장애인이든 자립과 성취를 돕는 흰 지팡이가 필요함을 강조하자. 흰 지팡이로 무엇을 꼽을까? '기술, 장애인의 삶을 바꾸다' 수업을 선행했다면 위 설명대로 기술은 배제한다. 대신, 특수학교로 대표되는 장애아동의 학습권, 일자리, 제도와 인프라, 비장애인들의 인식 등이 수업의 소재, 즉 본론1·2의 주요 글감이 될 수 있다. 본론3은 문제점과 대안인 만큼 사회적 약자에게 더 취약했던 코로나19를 짚어도 좋다. 2022년 3월, '장애인 코로나19 사망률이 비장애인의 23배'라는 질병관리청 자료가 공개되었다.

| 문단 | '장애인의 흰 지팡이' 관련 수업 구성 |
|---|---|
| 1(서론) | 2017년 특수학교 건립을 허락해달라고 무릎 꿇은 어머니들<br>(장애인을 향한 우리 사회의 편견, 님비현상 등) |
| 2(본론1) | 장애인들의 학습권과 일자리, 평생교육 |
| 3(본론2) | 제도와 인프라(이동권 보장, 편의시설 늘리기 등) |
| 4(본론3) | 코로나19 같은 국가적 위기에 더 취약한 장애인 등 사회적 약자 돌봄 실태 |
| 5(결론) | → 결론은 본론을 반복해서 강조할까? |

주장글은 서론, 본론, 결론으로 내 주장과 근거, 대안을 포함한 글이다. 주장글 개요 짜기는 p.183에서 설명하고, 여기서는 결론 한 문단 쓰기에 집중하자.

주장글 결론을 쓸 때는 부디 서론과 본론 내용을 반복하지 말라. 결승선 앞에서 긴장을 풀어버린 채, 앞에 쓴 걸 반복하는 학생들이 적지 않다. 위 구조라면 결론에 '그래서 장애인의 학습권과 일자리를 보장하고 제도와 인프라를 구축하고 코로나19 같은 국가적 위기에도 장애인을 보호할 수 있어야 한다'라고 또 읊는 셈이다. 얼마나 지루한가. 말 잘하는 사람의 특징은 다른 데서 공개하지 않은 이야기를 하는 것이라는데, 글도 마찬가지다. 앞에서 나오지 않은 내용, 그러나 흐름은 이어지는 내용을 결론에 서술해야 좋은 글이다. 그렇다면 주장글 결론에 들어갈 글감을 따로 마련해야 한다. 내 표현으로는 '떡밥'이다.

글감을 '떡밥'이라는 다소 가벼운 단어로 표현한 것은 의도적이다. 흐름을 이어가면서도 차별된 소재를 찾겠다는 의지를 보여주는 단어다. 수업에서 떡밥은 교사가 준비한다. 훗날 학생 홀로 글을 쓸 때 떡밥을 찾을 수 있게, 지금은 좋은 떡밥을 판단하는 감각부터 길러준다.

나아가 떡밥에는 또 다른 조건이 있다. **가치를 부각**해야 한다. 수업을 통틀어 주장하는 바를 강조하며 어떤 가치를 드러내면 스토리는 완결된다. 중·고등학생은 가치를 필요성, 의미, 의의, 참뜻, 교훈, 영향력 정도로만 이해해도 좋다. 나는 학생들에게 이렇게 주문한다.

"가치 단어의 기준은 '사랑'이야. 예수님은 믿음, 소망, 사랑 중에 제일은 사랑이라고 말씀하셨어. 그런데 지문을 보니 사랑은 아니네. 교훈이 될 만한, 다른 긍정적 단어를 떠올려봐."

그렇다면 '흰 지팡이'와 관련된 수업의 결론으로 어떤 떡밥을 제공할까? 그 떡밥은 어떤 가치를 부각할까? 주장글 논제는 「장애인의 자립을 돕는 흰 지팡이로 대표할 것들(기술 제외)과 그 중요성을 논하라」 정도가 좋겠다. 이때는 교사가 가치를 먼저 고민하며 떡밥을 찾는 게 효율적이다. 장애인의 자립을 통해 우리 사회는 어떤 교훈을 얻을 수 있는가? 화합? 배려? 나쁘지 않다. 그런데 괜찮은 자료가 별로 보이지 않는다. '우리는 누구나 장애인이 될 수 있으니 서로 이해하고 공존해야 한다' 정도의 내용이 다수다. 이때 주목할 만한 대상이 헬렌 켈러다. 다음 지문이나 헬렌 켈러 위인전기를 간단히 읽고 활동을 할 수 있다.

■ 사회적 약자가 처한 불평등을 해소하는 것은 지속 가능한 사회를 만드는 기본 요건입니다. 장애인의 흰 지팡이를 지켜가려는 노력은 어떤 가치를 부각합니까? 우리(개인, 사회, 국가 등)는 어떤 교훈을 얻을 수 있습니까? 오늘 숙제인 주장글의 결론이 됩니다.

> 1904년 래드클리프 대학을 졸업하기도 전에 헬렌 켈러는 세계적으로 유명한 작가가 되었다. 헬렌 켈러는 입술로 말하는 방법을 배워 강연회에서 연설을 시작했다. 간혹 자신의 장애 극복 과정을 이야기할 때도 있었지만, 그 내용은 이미 책에 담겨 있었기에 반복하지 않았다. 노력하면 된다는 말은 하나 마나 한 것으로 생각했다. 강연회에서 그런 이야기를 늘어놓을 시간이 없었다. **그녀는 여성 참정권 획득, 사형제 폐지, 전쟁 반대, 인종차별 철폐, 아동노동 폐지, 장애인 권리 증진 등 사회 현안에 관해 적극적으로 의사를 표명**했다.
>
> <경향신문, 2020. 12. 08. 장영은 성균관대 초빙교수 기고> 중에서

곰곰이 생각해보면 헬렌 켈러만큼 훌륭한 떡밥이 없다. 헬렌 켈러를 가르친 앤 설리번 선생님이 최고의 흰 지팡이였기 때문이다. 단, '헬렌 켈러에게 앤 설리번 선생님이 있었듯 누구에게나 흰 지팡이가 필요하다'라는 정도의 결론은 얕다. 흰 지팡이는 흐름을 연결하는 매개체로 족하다. 결론 한 문단 쓰기를 난 아래와 같이 3단계로 주문한다.

■ 주장글 결론 3단계로 쓰기

| 단계 | 내용 |
| --- | --- |
|  | 먼저 주장글의 흐름과 내용에 어울리는 떡밥을 찾는다. |
| 1단계 | 떡밥을 4줄 요약하며 가치 단어를 부각한다. |
| 2단계 | 1단계가 오늘날 개인이나 사회, 국가에 주는 교훈을 4줄 자유롭게 서술한다. |
| 3단계 | 교훈을 실행으로 옮겼을 때 도달할 이상향이나 실행하지 않았을 때 최악의 상황을 1문장으로 서술하며 마무리한다. |

1단계부터 가자. 가치 단어로 '기여'가 어떨까? 헬렌 켈러는 장애를 극복한 것을 넘어

여성 참정권, 사형제, 전쟁, 인종차별 등에 목소리를 내며 사회에 '기여'했다. 설리번 선생님의 기여가 헬렌 켈러의 기여로 이어졌다.

다음은 2단계. 우리 사회가, 또 비장애인이 흰 지팡이가 되어 장애인에게 기회를 준다면 장애인도 헬렌 켈러처럼 동병상련의 마음으로 또 다른 사회적 약자를 돌볼 수 있음을 강조한다. 약자였기에 약자의 마음을 더 잘 헤아린다. 단, 2단계는 세분화할 수 있다. 아래 '주장글 결론 쓰기②'에서 설명한다. 그리고 3단계. 이 교훈을 우리 사회가 잘 이행했을 때 세상은 어떻게 변할까? 꿈꾸는 이상향으로 마무리한다.

| 가치 단어 | 장애인의 흰 지팡이를 만드는 노력은 어떤 가치를 부각하나? + 오늘날 교훈 + 잘해 냈을 때 다다를 이상향 |
|---|---|
| 기여 | 헬렌 켈러는 복합 장애인이었지만 흰 지팡이 역할을 해준 앤 설리번 선생님 덕분에 훗날 여성, 인종, 아동 등 사회적 약자를 돌보는 사회운동가로 변신했다. 자립과 성취를 실천한 장애인을 넘어 사회를 변화시키는 데 기여했다. (**헬렌 켈러 떡밥으로 가치를 부각하며 요약**) 오늘날 장애인들도 사회가 제공하는 흰 지팡이를 짚고 일어선다면 또 다른 사회적 약자를 돌아볼 수 있다. 자신의 경험을 투영해 진심으로 돕고 올바른 사회 방향까지 제시할 수 있다. (**오늘날 교훈**) 서로를 돕고 돕는 선순환이 이어질 때 우리 사회는 어떤 위기도 서로 기대어 해결해내는 탄탄한 공동체가 될 것이다. (**꿈꾸는 이상향**) |

## 주장글 결론 쓰기 ②

"선생님, (결론에서) 오늘날 교훈을 뭐라고 써야 해요?"

1단계로 떡밥을 열심히 요약한 학생들이 2단계에 멈춰서는 경우가 적지 않다. '이는 많은 생각할 거리를 던져준다'나 '이런 일이 생기지 않게 국가와 사회가 노력해야 한다' 같은, 알맹이 없는 문장이 대뜸 등장하는 이유다. 그래서 여기도 틀을 만들어보았다.

■ 주장글 결론 3단계에서 2단계 세부 흐름 잡기

| 단계 | 내용 | | |
|---|---|---|---|
| 1단계 | 먼저 주장글의 흐름과 내용에 어울리는 떡밥을 찾는다. | | |
| | 떡밥을 4~5줄로 요약하며 가치 단어를 부각한다. | | |
| 2단계 | 1단계가 오늘날 개인이나 사회, 국가에 주는 교훈을 4~5줄 자유롭게 서술한다. | ① | 오늘날 문제점을 지적한다. |
| | | ② | **짧고 객관적인 교훈 한 문장으로 중심을 잡는다.** |
| | | ③ | 그래서 각 주체(주로 국가와 개인)의 역할을 간단히 서술한다. |
| 3단계 | 교훈을 실행으로 옮겼을 때 도달할 이상향이나 실행하지 않았을 때 최악의 상황을 1문장으로 서술하며 마무리한다. | | |

'굶주림'과 관련된 수업은 인류가 함께 풀어야 할 과제를 살펴보는 기회이다. 스테디셀러인 《왜 세계의 절반은 굶주리는가》(장 지글러 지음, 갈라파고스)를 읽고 진행하는 수업은 세계시민교육의 하나로 p.261에서 소개한다. 여기서는 주장글 결론 쓰기만 보자. 수업은 내전, 지도자들의 부정부패, 글로벌 자본, 코로나19 등 굶주림의 원인을 짚고, 음식물 쓰레기 줄이기, 기부, 빈국의 자립경제 도움 등 해결방안도 모색할 수 있다. 이제 「풍요의 시대에도 상당수 인류가 굶주리는 원인과 해결방안을 논하시오」 주장글을 위해 수업 후반부에 결론 쓰기를 해보자.

이 떡밥도 찾기가 쉽지 않다. 굶주림에 대한 글을 보면 대부분 '인도적 차원에서 굶주린 사람들을 돕자', '굶주림은 도덕적인 문제다' 등을 강조한다. 그걸 적용하면 글은 누구나 예상하는 방향으로 흘러갈 가능성이 크다. 기억하자. 결론에는 당연하지 않은 떡밥, 그러나 흐름이 자연스럽게 이어지는 떡밥이 필요하다. 다음 칼럼으로 매우 의미 있는 결론을 만들어낼 수 있다.

■ 우리는 왜 굶주림을 함께 해결해야 합니까? 레닌그라드 시민들이 굶주리는 순간에도 실천했던 일을 돌아봅시다. 그 노력이 우리에게 주는 교훈은 무엇입니까? 이를 해결할 때 인류는 어떤 이상향을 마주할까요? 8줄 전후로 쓰세요. 주장글의 결론이 됩니다.

<u>1941년</u> 9월 8일 <u>독일군이 레닌그라드시로 통하는 모든 육상 연결 통로를 차단하면서 시작된 봉쇄는 1944년 1월 27일까지 872일 동안</u> 지속되었다. 생필품과 의약품은 물론, 식량과 연료의 공급이 중단되었다. 연일 계속되는 공습으로 폐허가 된 도시에서 사람들은 개와 고양이, 쥐를 잡아먹으며 버텼다. <u>100만 명 이상의 민간인이 굶어 죽었다.</u>
이 끔찍한 시기에 레닌그라드시는 22개의 도서관을 운영했다. <u>사람들은 허기진 배를 움켜쥐고 도서관을 찾아 전기가 끊겨 얼음 창고가 된 열람실에서 책을 읽었다.</u> 영양실조로 다 쓰러져가는 사서들은 유령처럼 서가를 헤매면서 책을 찾아다 주었다.
시시각각 다가오는 <u>종말 앞에서</u> 책은 모든 사람을 <u>평등</u>하게 만들어 주었다. 어두컴컴한 열람실 한구석에 앉아 죽음을 전 존재로 체감하며 얼어붙은 손가락으로 책장을 넘기는 사람들, 그들이 무엇을 읽고 있던, 그동안 어떻게 살아왔던, 그들에게는 이미 선악과 미추의 척도로는 재단할 수 없는 공통의 무언가가 있었을 것이다. 그것이 인간 본성이건 <u>인간의 존엄이건, 그것을 지켜주고 공유</u>하기 위해 사서들은 목숨을 내던졌을 것이다.

<가톨릭평화신문, 2020. 08. 23. 석영중 고려대 노어노문학과 교수 기고> 중에서

# '인간의 존엄성'은 <u>인간이라는 이유만으로 사람은 존재 가치가 있으며, 그 인격은 존중받아야 한다</u>는 이념을 말한다.

독일군이 3년 가까이 당시 소련의 레닌그라드시를 봉쇄해 100만 명 이상의 레닌그라드 시민들이 굶어 죽어갔다. 그런데도 그들은 도서관을 찾아 책을 읽으며 인간의 평등과 존엄을 입증했다. 굶주림도 훼손하지 못한 가치, 바로 인간의 '존엄성'이다. 이를 요약한 게 1단계다.

자, 2단계다. 학생들에게 묻는다.

"오늘날은 어떠냐? 굶주리는 사람들이 존엄을 생각할 수 있니? 문제점을 꽉꽉 까자."

문제점을 '꽉꽉 까라'(2단계-①) 요구한 건 신랄한 비판을 이끌기 위함이다. 오늘날에는 존엄을 찾기는커녕 굶주림에 무기력한 사람들이 가득하다. 굶주림이 너무 오래되었고, 이외에도 너무 많은 문제가 그들을 짓누르기 때문이다. 그런데도 세상은 이를 방관하고 있다. 레닌그라드 시민들에게 총부리를 겨눈 독일군이나 관심 없는 우리나 다를 바가 무엇인가?

"교훈은 짧게!"

이것은 분명 인류 전체의 문제다. 이를 외면하고 방관한다면 우리도 공범이라는 교훈을 만들(2단계-②) 수 있다. 짧은 교훈으로 결론이 살아난다. 각 주체, 주로 국가와 개인의 역할(2단계-③)은 본론3에 서술할 해결방안(음식물 쓰레기 줄이기, 기부, 빈국의 자립경제 도움 등)과 겹치지 않아야 한다. 그리고 잘해 냈을 때 이상향으로 마무리한다.

| 가치 단어 | 우리가 굶주림을 함께 해결하는 노력은 어떤 가치를 부각하나? + 오늘날 교훈 + 잘해 냈을 때 다다를 이상향 |
|---|---|
| 존엄 | 1941년부터 1944년까지 3년간 독일군은 소련 레닌그라드시를 봉쇄했다. 100만 명 이상의 민간인이 굶어 죽는 상황에도 사람들은 허기진 배를 움켜쥐고 도서관을 찾아 끊임없이 책을 읽었다. 굶주림 속에 다가오는 죽음 앞에서도 책을 통해 인간의 평등과 존엄을 입증했다. **(가치 단어 부각하며 요약)** 그러나 오늘날 굶주리는 이들은 존엄은커녕 무기력하다. 굶주림의 상황은 너무 오래되었고, 원인과 결과가 뒤섞인 여러 문제가 그들을 짓누르기 때문이다. 인류의 문제를 방관하는 자도, 침묵하는 자도 공범이다. 국가는 국제기구 등과 협력하여 굶주림을 조장하는 투기자본 등에 보다 엄중히 대처해야 하고, 개인은 내가 먹는 음식 하나의 의미도 되새기며 나와 이웃의 존엄을 함께 지켜야 한다. **(오늘날 교훈)** 인류 전체의 문제를 해결한다면 인간은 지구에서 더욱 소중한 생명체로 거듭날 수 있다. **(다다를 이상향)** |

결론을 꼭 이 틀대로만 써야 하는 건 아니다. 하지만 무작정 자유롭게 글을 쓴다면 필자는 길을 헤매고 독자는 이해하기 힘들 가능성이 크다. 이 틀은 족쇄가 아니라 논리다.

연결된 상황을 설명하고, 현실을 비판하고, 교훈을 얻고, 우리의 역할을 다지며, 이상적 미래를 꿈꾸는 것이 결론의 흐름으로 합리적이다. 이 틀 안에서 내용과 표현으로 충분히 창의성을 보일 수 있다.

# 요약글, 핵심만 남긴다

3

'요약하다'의 사전적 정의는 '말이나 글의 요점을 잡아서 간추리다'이다.

그래서 **요약글 쓰기는 첫째, 내 생각을 버리는 훈련이다.** 수업에서 '집밥이 사라지는 원인'으로 전통적인 아내·남편의 역할이나 절대적 희생을 거부하는 밀레니얼 세대의 등장, 가사노동의 가성비 추구 등을 짚었는데, '요즘에는 배달서비스가 아주 잘 되어있다. 배달의 민족, 요기요, 띵동, 배달통 등 여러 배달업소에서 시켜 먹으면 된다. 그러므로 요즘 엄마들은 음식을 하지 않고 주문한다'라고 요약하는, 즉 자신의 경험과 생각을 굳이 글에 녹이는 학생도 있다. 글쓴이의 의도는 아랑곳하지 않고 지문을 주관적으로 읽고 풀 조짐이 보인다. 요약글 쓰기로 그 습관을 버려야 한다.

**둘째, 가장 중요하고 중심이 되는 부분, 즉 요점을 파악하는 훈련이다.** 수업시간에 핵심 내용을 읽고 줄 긋고 스토리로 해석했음에도 의외로 많은 학생이 글을 쓸 때 핵심을 비껴간다.

**셋째, 요점을 간추려 흐름이 있는 글을 쓰는 훈련이다.** 구슬을 준비했어도 꿰지 못하면 보배가 될 수 없다. 4문단 각 5줄, 총 20줄짜리 보배를 만들어야 한다.

## 핵심 내용을 스스로 묻고 답하라

"내 생각 빼고 쓴다는 건 알겠는데, 어디가 중요한지 모르겠어요"라고 토로하는 학생도 많다. 2022년 '대한민국 임시정부, 27년의 여정' 수업 이후 요약글 쓰기로 연습해보자. 끝없는 갈등과 내분, 일제의 위협을 이겨내며 항일독립운동의 중심체로 우뚝 선 대한민국 임시정부(이하 임정)의 스토리는 역사NIE로 충분히 다룰 만하다. 특히 2022년 3월 1일, 국립대한민국임시정부기념관이 서대문형무소역사관 가까이에 문을 열었다. 관련 자료는 홈페이지를 방문해 찾아보자. 어쨌든 우리는 요약글의 흐름까지 정리했다.

> < 요약글 쓰기 숙제 > (4문단 구조로 **내 생각 빼고** 20줄(각 문단 5줄))
>
> ### 대한민국 임시정부 27년의 여정과 그 교훈을 요약하시오.
> - ■ 1문단 : 상하이 시기(임정 통합, 민주공화국 정부, 독립운동 주도권 확보 노력 등)
> - ■ 2문단 : 이동 시기(내부 분열 → 한인애국단 → 고난과 희망의 여정)
> - ■ 3문단 : 충칭 시기(진정성, 한국광복군의 한반도 침투 준비, 대한민국 건국강령 마련 등)
> - ■ 4문단 : 대한민국 임시정부의 교훈과 우리의 역할

수업은 통합 임정이 설립 초기부터 독립운동 주도권을 쥐고자 노력한 부분부터 다룬다. 상하이 시기(1919~1932)의 활약이다. 그렇다면 1문단은 어떻게 써야 좋을까?

| L군의 1문단 | 3.1운동 이후, 독립운동을 체계적으로 진행할 조직이 필요하자 임정이 국내외에 생겨났다. 그리고 1919년 9월 15일, 독립을 위한 외교정책을 고려해 상하이정부 중심으로 통합된 임정이 상하이 시기를 시작했다. 우리나라 최초의 민주공화제 정부인 임정은 독립운동의 주도권을 잡고자 비밀 통신망을 확보하고 행정조직을 활용해 국민에게 공문을 전달하고 독립전쟁 인력과 자금을 모으는 등 여러 노력을 기울였다. |
|---|---|

| P양의<br>1문단 | 임정은 현재 대한민국의 토대가 되는 정부이다. 과거 1919년 4월 10일 상하이의 프랑스 조계 지역에 29인의 애국지사들이 모여 밤샘 논의 끝에 탄생한 것이 대한민국 임시헌장이다. 임정은 인민의 자유와 평등을 강조하는 곳이었다. 과거 임정은 총 3지부가 있었지만 3개가 통합해 통합 임정이 탄생하였다. 그러면서 독립운동 주도권을 쥐고자 국내 곳곳에 지하 행정조직과 통신망을 구축하였다. |
|---|---|

똑같은 공부를 하고 1문단의 키워드와 소재를 적어놓았음에도 핵심을 보는 눈이 다르다. 핵심은 어떻게 찾는가? 적어도 아래 질문에 답이 1문단 5줄에 포함되어야 한다.

① 임정이 만들어진 계기는 뭐야?
② 임정을 통합하는 과정에서 왜 상하이 정부가 중심이 되었어?
③ 통합 임정의 대표적 특징은 뭐야? 독립운동의 주도권을 잡고자 그들은 어떤 일을 했어?

P양의 1문단에는 아쉽게도 ①이 없었다. 또 ②, 통합 임정이 탄생한 이유가 제대로 드러나지 않았다. ③, 통합 임정의 대표적 특징이 민주공화제 정부인데 29인 애국지사와 대한민국 임시헌장에 그쳤다. 독립운동의 주도권을 잡으려는 노력은 둘 다 잘 서술했다.

안타깝게도 임정은 오래 가지 못했다. 내부갈등과 분열로 1922년 내각이 총사퇴했다. 이후 임정의 리더로 등장한 분이 백범 김구이고, 그는 수년 후 비밀조직인 한인애국단을 결성했다. 한인애국단을 계기로 임정 사람들이 일본을 피해 움직인 8년이 임정의 이동 시기(1932~1940)이다. 2문단의 핵심 내용이다.

| L군의<br>2문단 | 하지만 통합 임정은 2년 만에 내부 분열을 겪고 1922년 내각이 총사퇴하는 등 추풍낙엽 신세가 되었다. 이후 최고 지도자가 된 김구는 무장비밀조직인 '한인애국단'을 결성해 임정의 독립운동을 외교에서 무장투쟁까지 확대했다. 한인애국단을 계기로 임정 사람들은 그들의 목숨을 노리는 일본의 추격을 8년간 피해 다녔다. 하지만 그 고난의 여정은 민주공화국과 자유, 평화라는 씨앗을 지켜내고, 독립을 이루겠다는 다짐으로 함께 버틴 희망의 여정이기도 했다. |
|---|---|

> **P양의 2문단**
>
> 그러나 1926년 임정의 핵심인물들이 전부 떠나면서 백범 김구가 최고 지도자에 올랐다. 그는 이봉창, 윤봉길 등 많은 사람이 독립운동에 헌신하는 것을 도왔다. 그러면서 저절로 임정의 명성이 높아지고 지원금이 쇄도하여 권위 역시 되살아났다. 이후 중일전쟁이 일본 쪽으로 기우면서 1937년 임정과 100명 대가족이 상하이를 떠났다. 그들은 난징, 창사, 광저우, 류저우를 지나면서 일본군을 피해 다녔다. 그러나 임정은 희망을 잃지 않았고 피난 가는 도중에도 3.1운동 20주년 기념대회를 열고 독립운동을 계속했다.

P양의 2문단도 나쁘지 않다. 단, 2문단에도 꼭 짚어볼 사항이 있다.

> ① 한인애국단이 만들어진 계기와 의의는 뭐야?
> ② 임정 사람들은 왜 이동 시기를 고난의 여정이면서도 희망의 여정이라고 생각했어?

이 기준으로 볼 때 P양은 이동 시기가 희망의 여정인 이유를 구체적으로 서술하지 못했다. 3.1운동 20주년 기념대회 등은 부수적인 내용이다.

3문단은 충칭 시기(1940~1945)이다. 충칭에서 임정은 비로소 정부의 기능을 회복했다. 임정만큼 오랜 시간 꾸준히 일본과 대립한 항일독립운동 단체가 없었기에 이제 독립운동가들은 이념 상관없이 임정으로 모여들었다. 또 임정은 한국광복군을 창설해 미국 OSS와 일명, 독수리 작전으로 한반도 진공을 추진했고, '대한민국 건국강령'도 발표했다. 이들 자료를 확인한 후 문제를 풀었다.

> 1919년 4월 중국 상해에서 만들어진 대한민국 임시정부는 이후 1945년 8.15 해방 때까지 모두 여섯 차례에 걸쳐 국가의 근간이라고 할 수 있는 헌법을 만들거나 수정하였다. 이를 차례로 보면 1919년 4월 「대한민국 임시헌장」, 1919년 9월 「대한민국 임시헌법」, 1925년 「대한민국 임시헌법」, 1927년 「대한민국 임시약헌」, 1940년 「대한민국 임시약헌」, 1944년 「대한민국 임시헌장」 등이 그것이다.

반면 1941년 11월 28일 임정 국무회의를 통과한 '**대한민국 건국강령**'은 앞서 언급한 것들과 같은 정식 헌법 문서가 아니라, **해방 이후 헌법 제정에 대비해 장차 독립된 새 국가의 국가시스템을 어떻게 만들고, 국가 정책을 어떤 방향에서 펼칠 것인가에 대해 정리한 문헌**이다. 즉 국권 회복 과정과 그 이후의 건국 과정에서 임정이 어떤 정책을 추진해야 할 것인가와 관련하여 임정의 헌법구상을 종합화해 발표한 것이다.

<국사편찬위원회 우리역사넷 '대한민국 건국강령'> 중에서

■ 임정이 대한민국의 역사적 뿌리인 이유를 충칭 시기를 중심으로 요약하세요.

| 진정성 | - 임정만큼 오래 일본과 계속 대립한 항일독립운동 단체가 없음<br>- 많은 독립운동가가 임정의 권위, 영향력, 진정성을 인정해 이념 상관없이 모여듦<br>→ 통일의회 |
|---|---|
| 무력 투쟁 | - 임정이 정규 군대인 한국광복군 창설<br>- 한국광복군, 미국 OSS와 한반도 진공 추진 |
| 해방 후<br>국가건설<br>방책을<br>구체화 | - 조소앙의 삼균주의에 바탕을 둔 '대한민국 건국강령' 발표<br> 1) 국가건설을 '독립선포-정부 수립-국토 수복-건국' 과정으로 설명<br> 2) 보통 선거를 통한 민주공화국의 수립<br> 3) 정치·경제·교육의 균등 등을 규정 |

충칭 시기의 활약상을 표로도 정리했으니 3문단을 수월하게 쓰리라 기대한다. 하지만 아직은 우리 학생들이 핵심을 꿰뚫는 역량이 부족하다.

| L군의<br>3문단 | 8년이란 시간을 버틴 임정은 마지막 정착지인 충칭으로 향했다. 8년 동안 임정도 많이 바뀌었다. 무장투쟁을 멀리하던 임정이었지만, 이제는 '한국광복군'이라는 군대를 창설했고 통일의회를 만들었다. 한국광복군은 미국과 협력해 한반도 침투 준비를 마쳤지만, 2차 세계대전에서 일본의 패배가 광복의 결정적 계기가 되어 결국 임정은 그들의 손으로 이루지 못한 독립을 맞이하게 됐다. |
|---|---|

| P양의<br>3문단 | 이후 일본의 파멸이 머지않았다는 것을 느껴 단결에 나섰다. 임정은 처음으로 대한민국 림시정부 간판도 내걸었다. 그리고 여러 당을 합쳐 해방 후 민족주의 정당으로 활동한 한국독립당을 창설했다. 이후 김구는 미국과 한반도 진공을 추진해 압록강을 넘어 국내에 진입시키려 했다. 그리고 임정은 <u>삼균주의를</u> 바탕으로 국가건설을 여러 과정으로 설명하고 보통 선거를 통한 민주공화국의 <u>여러 균등 등을 규정하고 있다.</u> |
|---|---|

L군은 대한민국 건국강령을 놓쳤다. 줄 그은 부분도 임정의 쓰라린 역사가 맞지만, 충칭 시기의 핵심 내용과는 다소 거리가 있다. P양은 여러 독립운동가가 이념에 상관없이 임정에 모여든 상황을 잘 짚었으나 이를 진정성으로까지 풀어내지 못했다. 줄 친 부분에서도 대한민국 건국강령이 나와야 했는데, 대한민국 건국강령의 세부 내용만 서술했다.

4문단은 임정의 교훈과 우리의 역할이다. 이를 위해 대한민국임시정부기념사업회 고(故) 김자동 회장의 메시지를 해당 홈페이지에서 찾아 함께 읽었다.

## 문단과 문단이 자연스럽게 이어져야

글의 흐름을 잡고 문단별 키워드와 소재까지 정리했음에도 핵심을 비켜 서술하는 학생이 부지기수다. 어디가 핵심인지 스스로 묻고 답하며 부지런히 써보고, 모범 답안으로 확인하고 고쳐보는 방법밖에 없다. '대한민국 임시정부 27년의 여정', 20줄 요약글 모범 답안이다.

■ 대한민국 임시정부 27년의 여정과 그 교훈을 요약하시오.

**3.1운동 이후 독립운동을 체계적으로 진행할 조직이 필요했다.** 이에 임정이 국내외에 생겨났는데, 독립을 위한 외교정책을 고려해 상하이정부 중심으로 통합된 임정이 상하이 시기를 시작했다. 우리나라 최초의 민주공화국 정부인 임정은 평등, 자유, 참정권 등 근대적 사고를 법제화했다. 또 비밀 통신망을 확보하고 독립운동 인력과 자금을 모았으며 파리강화회의 등에 외교력을 집중해 조선 독립의 정당성을 알리는 데도 힘썼다.
**그러나 임정은 점차 내부갈등과 분열에 휩싸여 핵심인물들이 떠나버렸다.** 지도자가 된 김구는 일본 군부와 정계 거물들을 살상하는 비밀조직인 한인애국단을 결성해 임정의 독립운동을 외교에서 무장투쟁까지 확대했다. 이를 계기로 임정 사람들은 목숨을 노리고 쫓아오는 일본을 8년간 피하는 고난의 여정, 이동 시기를 맞이했지만, 민주공화국, 자유, 평화의 씨앗을 지키고 독립을 이루겠다는 의지로 희망의 여정을 더 크게 경험했다.
**임정은 피란 종착지인 충칭에서 정부의 기능을 회복했다.** 임정만큼 오랫동안 일본과 계속 싸운 단체가 없었기에 많은 독립운동가가 임정의 권위와 영향력, 진정성을 인정하고 이념과 상관없이 합류했다. 또한 임정은 한국광복군을 창설해 미국 OSS와 한반도 진공을 추진했다. 그리고 일본의 패망을 예견하고 삼균주의를 바탕으로 '대한민국 건국강령'을 마련하여 해방 후 국가건설 방책을 구체화하였다. 임정은 대한민국의 역사적 뿌리였다.
일제강점기, 일본에 협력하는 것은 현실적이고 쉬운 길이었다. 그러나 임정은 끝까지 대의를 믿고 독립에 도전했다. 또 임정 사람들은 왕정복고와 명백히 선을 긋고 국민주권의 민주공화국을 꿈꿨다. 덕분에 남한에 민주주의가 정착되었지만, 여전히 반쪽짜리다. **이제 우리는 다양한 생각을 지닌 세력의 공존을 꿈꿨던 임정의 정신을 이어받아 통일 국가를 구축해야 한다.**

<u>굵게 밑줄 그은 핵심문장들</u>로 스토리는 자연스럽게 이어져야 한다. 사실 자기 의견이 들어가는 주장글 쓰기보다 지문에 집중하는 요약글 쓰기가 비문학 독해력을 더 향상한다. 어떤 지문이든 핵심 내용을 함축적으로 읽어낸다면 수능 문제도 더 신속 정확하게 풀 수 있다.

# 주장글, 내 생각을 담는다 4

 핵심을 오롯이 뽑아내야 하는 요약글과 달리, 주장글은 자신의 주장에 부합하는 근거와 의견을 문단 곳곳에 배치해야 한다. 즉, 고민해야 할 부분이 많다. 그러나 주장글은 고민 끝에 등장한 에피소드로 매력을 더하고, 힘껏 주장하는 바로 울림을 준다. 물론 처음부터 자기 생각을 용감하고 화려하게 꽂아 넣는 학생은 드물다. 상당수가 배운 바를 그대로 적는다. 그런 글에 교사가 '학생의 생각을 넣을 지점을 짚어주면' 0%였던 자기 의견이나 아이디어가 글의 10%, 20%, 30%, 50%, 점점 비중을 높여간다. 남의 생각에 자기 의견을 더해도 보고, 소박한 이야기를 서론에 툭 던지며 참신한 맛도 낸다. 그 소소한 경험을 중학교 때 충분히 해야 글쓰기 실력이 향상된다.

## 주장글의 틀부터 익히자

 주장글은 어떤 주제에 자기 생각이나 주장을 조리 있게 밝혀 쓴 글이다. '조리'란, 말이나 글의 앞뒤가 잘 들어맞고 연관성 있게 체계를 갖춘 것이다. '짜임새'로도 설명된다. 수업에서 주로 익히는 주장글 구조는 서론-본론(1·2·3)-결론, 5문단이다. 이 구조로 주장글의 틀을 만들어보자.

| 구조 | 내용 |
|---|---|
| 서론 | 문제 상황(말랑말랑하고 구체적이고 작은 소재) |
| 본론1 | 주장1(핵심문장) + 근거1(뒷받침 문장) + 내 느낌·의견·평가 문장 |
| 본론2 | 주장2(핵심문장) + 근거2(뒷받침 문장) + 내 느낌·의견·평가 문장 |
| 본론3 | 오늘날 문제점 + 해결 방안(대안) + 내 느낌·의견·평가 문장 |
| 결론 | 떡밥을 찾아 주장글과 연결해 가치를 부각하며 요약 + 오늘날 교훈 + 다다를 수 있는 이상향 기대(혹은 최악의 상황 경고) |

주장글은 주장하는 바와 뒷받침할 근거를 본론1과 본론2에 배치한다. 서론에도 근거를 배치하지만, 처음부터 딱딱하고 무거운 이야기를 쓰면 읽는 이가 부담스럽다. 「3.1운동이 우리 사회에 주는 교훈을 논하시오」 주장글을 쓰는데, 서론부터 '3.1독립선언서는 1919년 3월 1일 3.1운동을 기하여 민족대표 33인이 조선의 독립을 내외에 선언한 글이다'라고 서술하면 읽고 싶지 않다. 마음이 답답해진다. 글은 작고 소박한, 머릿속에 생생하게 그려지는 에피소드로 여는 게 효과적이다. 또 서론과 본론1은 연결한다. 잔재미가 있는 서론에 이어 본론1은 굵직하고 이론적이며 힘 있는 주장과 근거가 나와야 한다.

본론3에서 나는 "브레이크 밟고 올려! A(본론1) 주장하고 B(본론2) 주장했지만, 문제 C(본론3)가 남았어!!"라고 말하며 팔도 올린다. 결론의 글감으로 찾으라는 '떡밥'만큼 '브레이크'도 의도적으로 사용하는 단어다. 달리던 자동차에 제동을 걸듯 주장을 멈추고 근본적 문제점과 대안을 서술한다. 그리고 결론은 p.149, '수업시간에 결론 한 문단 쓰기'에서 소개한 대로 떡밥을 찾아, 주장글과 연결해 가치 단어를 부각하며 떡밥을 요약하고, 우리 사회에 주는 교훈으로 오늘날 문제점을 지적하고 ☞ 짧고 객관적인 교훈 한 문장을 쓰고 나서 ☞ 각 주체(주로 국가와 개인)의 역할을 서술한다. 마지막으로 다다를 수 있는 이상향을 기대하거나 최악의 상황을 경고하며 마무리한다. 이 틀에 맞춰 글감을 배치하면 같은 내용을 반복할 확률은 확실히 준다. 비슷한 내용을 서술하지 않는 것만으로도 글은 달라진다.

## 글도 첫인상이 중요해

"평가자가 읽고 싶어야 해. 이거 뭐지? 궁금해야 해."

주장글의 서론은 글의 창의성을 드러내고 평가자의 몰입도를 높이는 구간이다. 2021년 '그들이 택시를 선택한 이유' 수업은 전 세계 모빌리티 기업들이 모빌리티 생태계를 만들어가는 첫걸음으로 왜 택시 시장을 주목했는지 알아보았다. 주장글의 논제는 「신기술에 기반한 신(新)산업이 인류의 삶에 이바지하는 데 필요한 것은 무엇인지 **택시 시장과 모빌리티 산업을 예로 들어** 주장하시오」였다. J군이 쓴 주장글의 서론이다.

> **J군의 서론 (1문단)**
>
> 요즈음 세계적 화제가 되는 모빌리티 중 하나인 택시는 논란과 반발이 거세지고 있다. 그래서 편리함과 불법 사이를 두는 평가가 많아지고 있다. 면허 없이 불법 영업을 하는 '유사 택시'는 승객의 안전을 위협한다는 논리와 검찰이 '타다'를 불법으로 규정하고 기소하면서 "새로 출현한 신산업을 기존 법의 잣대로 재단하는 게 과연 적절한가"라는 논란도 고조시킨다. 이러한 문제는 30대 벤처사업가 트래비스 칼라닉의 경험으로부터 시작되어 사업화하면서 '우버 택시'라는 앱을 만든 것이다. 이때부터 승객들은 스마트폰 하나로 택시를 부르게 되어 문제들이 발생했다. 그리고 신산업들은 번번이 기존 법의 장벽에 막혀 퇴짜를 맞는다. 전문가들은 기계적 법 적용의 부작용을 우려한다며 신산업을 재단하는 것을 지양해야 한다고 말한다.

무겁다. 어렵다. 복잡하다. J군은 수업시간에 어떤 내용도 놓치지 않고 탄탄하게 소화하는 모범생이다. 그런데 그 성실과 바름으로 글을 쓸 때 필요 이상으로 고민하는 때도 있다. 결국, 글은 장황해진다. J군에게 주장글 서론에 힘을 빼라고 계속 요구한다. 물론 기질상 글을 가볍게 쓰는 걸 어려워하는 학생은 대체로 정보를 날카롭게 소화하는 능력을 갖고 있다. 그러나 그것과 글쓰기 능력은 별개다. 지문을 빠르고 정확하게 분석 정리하는 역량을 더욱 발전시키되, 강약을 조절하며 문장을 서술하는 훈련도 계속해야 한다. 그 힘이 훗날 J군이 사회에 나가 발휘할 표현력이기 때문이다. J군 서론을 수정했다.

| 수정한 서론 (1문단) | 앱으로 부르니 택시를 하염없이 기다릴 필요가 없다. 택시기사의 친절도가 몇 점인지도 금세 알 수 있다. 그런데 이 편리한 택시가 불법이라고? 기존 택시업계를 위협한다고? 이 논란은 30대 벤처사업가 트래비스 칼라닉이 '우버 택시'를 만든 때부터 시작되었다. 이제 세상은 신기술에 기반한 신산업에 손을 들어주는 분위기다. 타다, 우버 등을 다 퇴출해 '모빌리티 혁신의 무덤'이라 불리던 우리나라도 2020년 타다 서비스를 재승인하며 모빌리티 산업 진출의 필요성을 인정했다. 그러나 신기술에 기반한 신산업은 그저 승인만 했다고 저절로 발전하지는 않는다. |
|---|---|

'30대 벤처사업가 트래비스 칼라닉이 만든 우버 택시'를 제외하고는 다 바꿨다. 본론1과 본론2에서 '신기술에 기반한 신(新)산업이 인류의 삶에 이바지하는 데 필요한 것'을 주장해야 하는데, J군은 서론에서 신산업과 전통산업의 충돌을 전문가 의견까지 곁들여 서술해 놓았기 때문이다. 서론은 본론1을 위해 간단히 판만 깔아도 충분하다. 평가자가 궁금해서 읽고 싶으면 된다. 흥미진진하고 재미있으면 더 좋다.

## 본론1·2는 핵심문장이 열고 내 평가 문장이 닫아

본론1과 본론2는 주장글의 핵심이다. 첫 번째 승부처는 '주장하는 바를 본론1과 본론2로 구별해 각각 핵심문장으로 뽑아낼 수 있는가'이다. 또 그 핵심문장은 글쓰기 논제의 명확한 답변이어야 한다. 즉, 「신기술에 기반한 신(新)산업이 인류의 삶에 이바지하는 데 필요한 것은 무엇인지 **택시 시장과 모빌리티 산업을 예로 들어** 주장하시오」라고 했으니 신산업이 인류의 삶에 이바지하는 데 필요한 것이 무엇인지 적어도 두 가지로 구별해 생각을 다듬고 문장을 만들어 답을 해야 한다. 그런데 J군이 카톡을 보냈다.

[J군] 선생님, 주장글 논제가 '신산업이 인류의 삶에 이바지하는 데 필요한 것'인데, 이 필요한 것이 신산업을 하는 기업이 개선할 부분인가요? 아니면 국가가 신산업이 잘 되게 도와주는 부분인가요?

[송원이] 굿!!! 주체를 잡아야 핵심문장이 나오지. 주체는 신산업을 실행하는 기업일 수도 있고 지원하는 국가일 수도 있지. 그런데 수업시간에 배운 건 기업의 역할이 많았고 국가는 '지나치게 규제하지 말라, 상생 기여금을 잘 분배하라' 정도였지. 그럼 본론1·2는 기업을 주체로 잡고, 국가의 역할은 본론3(대안)의 일부로 나오면 알맞겠다.

[J군] 네, 감사합니다.

　신산업이 인류의 삶에 이바지하려면 '누가' 노력해야 하는가? 이를 먼저 고민한 J군을 칭찬할 수밖에 없다. 또 주장할 내용은 신산업의 성공 조건이지, 택시 시장이 살아날 조건이 아니다. 택시는 예시일 뿐이라고 줄까지 쳐놨다. 즉, 기존 택시 시장과 갈등을 빚는 모빌리티 산업은 신산업 성장의 근거로 나와야 한다. J군은 이제 이런 생각을 할 것이다.

　'택시 시장과 모빌리티 산업을 근거로 잡아도 핵심문장은 신산업으로 서술해야 해. 2019년 타다 서비스가 소비자들의 사랑을 받았어. 타다는 불법 논란에 시달렸어도 늘 소비자들이 좋아하는 걸 제공했거든. 그렇다면 첫 번째 성공 조건은 '신산업은 소비자 맞춤 서비스를 제공해야 한다'로 해보자.'

본론1의 핵심문장이 잡혔다. 다시 강조한다. 글쓰기 논제는 질문이고 본론1과 2의 핵심문장은 답변이어야 한다. 질문과 답변이 연결되지 않으면 글은 흔들린다. 아래 표에서처럼 '택시기사의 분신에도 여론은 차가웠다'로 답하는 건 동문서답이다. 택시 시장은 예시로 들어가고, 문단별 주장하는 바는 신산업으로 적어야 한다. 신산업의 주체는 기업이지만 핵심문장에 꼭 드러나지 않아도 괜찮다.

| 질문<br>(글쓰기 논제) | 신기술에 기반한 신(新)산업이 인류의 삶에 이바지하는 데 필요한 것은 무엇인가? | |
|---|---|---|
| 답변1<br>(본론1 핵심문장) | 신산업은 소비자 맞춤 서비스를 제공해야 한다. | O |
| | 택시기사의 분신에도 여론은 차가웠다. | X |

J군이 이런 고민을 했을 수도 있다.

'모빌리티 산업이 교통체증과 환경오염을 줄이는 등 사회적·공공적 가치를 제공한다고도 했지. 이걸 선생님이 중요하다고 하셨으니 '신산업은 사회적·공공적 가치를 제공해야 한다'라고 핵심문장을 만들어서 본론2에 넣을까?'

다시 머리를 써야 한다. 남은 자리는 본론2, 즉 3문단뿐이다. 본론3은 국가와 전통산업, 모빌리티 기업 등의 역할이 들어가고, 결론은 떡밥이 준비되어 있다.

'사회적·공공적 가치를 본론3에 넣으면 데이터 확보는 어디에 넣지? 자리가 없구나. 그럼 사회적·공공적 가치 제공을 본론1 뒷부분에 넣으면 어떨까? 사회적·공공적 가치 제공도 소비자가 원하는 거니까 맞춤 서비스에 포함되겠네!'

| 질문<br>(글쓰기 논제) | 신기술에 기반한 신(新)산업이 인류의 삶에 이바지하는 데 필요한 것은 무엇인가? | |
|---|---|---|
| 답변1<br>(본론1 큰 핵심문장) | 신산업은 소비자 맞춤 서비스를 제공해야 한다. | |
| | 작은 핵심문장 | 사회적·공공적 가치도 실현해야 한다. |

더 고민하면 문단 마지막에 서술하는 내 느낌·의견·평가 문장을 끄집어낼 수 있다.

'맞춤 서비스도 제공하고 사회문제까지 해결하는데 누가 신산업을 싫어하겠어? 현대인들도 사회문제를 많이 걱정하잖아.'

'신산업이 사회문제까지 해결한다면 소비자들은 신산업을 기꺼이 환영한다'라는 나만의 느낌·의견·평가 문장이 나온다. 큰 핵심문장 뒤에 뒷받침 문장들을, 작은 핵심문장 뒤에 또 다른 뒷받침 문장들을 달고 내 느낌·의견·평가 문장으로 마무리하면 한 문단이 완성된다. 잊지 말아야 할 것은 뒷받침 문장에 기존 택시업체, 타다 서비스 등을 예로 들되, 문단을 여는 핵심문장(주장)과 닫는 내 느낌·의견·평가 문장은 신산업 차원에서 서술한다는 점이다.

> **J군의 본론1 (2문단)**
>
> **신산업은 소비자 맞춤 서비스를 제공해야 한다.** '타다'의 경우, 기존 택시들의 단점을 극복한 '타다 라이트' 서비스가 돋보인다. 스마트폰을 이용해 GPS 정보를 기반으로 주행요금을 산정하는 앱 미터기를 장착하면, 승객은 이동 경로와 요금을 실시간 확인해 분쟁 소지를 없앨 수 있다. 또 기존 택시들은 승차 거부, 불친절, 불필요한 대화, 난폭 운전 등으로 민원을 받았지만, 타다는 승차 거부가 불가능하고 손님이 말을 걸지 않으면 말을 할 수 없는 등 안전 운전과 친절을 유도했다. 교통체증과 환경오염을 줄이고 주차 공간과 사회적 자원의 낭비를 줄이는 매력도 소비자의 마음을 사로잡는다. **신산업이 사회문제까지 해결한다면 소비자들은 신산업을 기꺼이 환영한다.**

계속 J군의 생각을 따라가자.

'본론2는? 그래, 택시기사들이 반발해도 모빌리티 업체들이 꾸역꾸역 택시 시장에 진출하는 이유가 큰 그림을 그리기 때문이었지. 데이터를 모으려고! 데이터를 잘 쌓아야 신산업이 성공한다는 이야기잖아.'

| 질문<br>(글쓰기 논제) | 신기술에 기반한 신(新)산업이 인류의 삶에 이바지하는 데 필요한 것은 무엇인가? | |
|---|---|---|
| 답변2<br>(본론2 핵심문장) | 쌓이는 데이터로 더 큰 미래를 꿈꿀 수 있다. | O |
| | 모빌리티 기업들이 노리는 건 택시 시장이 아니다. | X |

'모빌리티 기업들이 노리는 건 택시 시장이 아니다' 역시 잘못된 핵심문장이다. 이건 뒷받침 문장으로 가야 한다. 기업들이 진짜 노리는 건 데이터라고, 택시 시장에서 다양한 데이터를 축적하고 있다고, 그 데이터로 훗날 무엇을 하고자 한다고 설명하면 된다. 그리고 내 느낌·의견·평가 문장을 쓰기 위해 그들의 행동을 분석한다.

'엄청난 적자를 내고 있다며?! 어휴, 나라면 불안해서 못할 것 같은데. 그들은 지금은 적자 신경 쓸 시기가 아니라고, 데이터를 모으는 데 집중하는 게 중요하다고 판단하는구나.'

| | 본론 1 | 본론 2 |
|---|---|---|
| 핵심문장<br>(주장) | 신산업은 소비자 맞춤 서비스를 제공해야 한다. | 쌓이는 데이터로 더 큰 미래를 꿈꿀 수 있다. |
| 근거 | - '타다' 서비스 퇴출 당시, 오히려 소비자들은 '타다'를 지지<br>- 소비자들이 '타다'를 좋아한 이유<br>- 사회적·공공적 가치 실현의 중요성<br>- '타다'로 교통체증, 환경오염 감소 | - 모빌리티 기업들이 기다리는 시대(공유차 시대, 자율주행 시대, 이동수단이 다양해지는 시대)<br>- 이를 위해 지금 호출-배차-주차 데이터와 경험을 축적<br>- 열심히 쌓은 데이터가 향후 최고의 자산이 되리라 확신 |
| 내 느낌·<br>의견·평가<br>문장 | 신산업이 사회문제까지 해결한다면 소비자들은 신산업을 기꺼이 환영한다. | 지금은 적자에 시달려도 과감한 투자가 더 중요하다는 걸 그들은 안다. |

다시 강조한다. 글쓰기 논제로 질문해보라. 그리고 본론1과 본론2의 핵심문장으로 명확히 답하라. 내 느낌·의견·평가 문장은 현상을 분석하며 스스로 만든다. 큰 핵심문장과 작은 핵심문장, 내 느낌·의견·평가 문장만 제대로 잡아도 글은 안정된다. 이것이 틀이다. 그러나 이 틀을 탄탄하게 만들지도, 인식하지도 못하는 학생이 꽤 있다. '틀 있는 글부터 제대로 쓰라'고 주장하는 이유다.

| J군의 본론2 (3문단) | **쌓이는 데이터로 더 큰 미래를 꿈꿀 수 있다.** 모빌리티 기업들은 택시 너머의 큰 그림, 즉 더는 개개인이 차량을 소유하지 않고 공유하는 시대, 사람이 차를 운전하지 않는 자율주행차 시대를 기다린다. 그때 '이동'과 관련된 서비스가 확 늘어날 걸 대비해 지금부터 호출-배차-주차 경험에서 얻은 데이터를 플랫폼에 차곡차곡 쌓는다. 그 데이터가 향후 사업을 확장할 때 최고의 자산이 되기 때문이다. **지금은 적자에 시달려도 과감한 투자가 더 중요하다는 걸 그들은 안다.** |
|---|---|

## 본론3은 근본적 문제점과 대안을 서술해

이제 본론3이다. 여기서는 더 깊은 고민이 필요하다.

'신산업을 육성하면 진정 인류의 삶에 이바지할 수 있나?'

'신산업으로 고통받는 기존 산업은 애써 무시해도 괜찮나?'

즉, 본론3은 브레이크를 밟아 주장글의 흐름을 멈추고 해당 주제의 근본적인 문제점과 대안을 서술하는 자리이다. 그래서 본론3, 즉 4문단은 신문의 위력을 더욱 발휘할 수 있다. 오늘날 세상의 다양한 현안을 누가 어떻게 대응하고 있는지 신문기사만큼 분석해주는 콘텐츠가 드물다. 지금 실제로 구현되는 방법을 서술하는 것으로도 중·고등학생은 창의력을 인정받을 수 있다.

■ 물론 택시업계 같은 기존 산업을 완전히 내칠 수는 없습니다. 기존 산업과 신산업이 상생하며 새로운 시장을 개척해 국민의 편익까지 확보한다면 가장 이상적입니다. 그러려면 기존 산업을 둘러싼 여러 주체의 노력이 필요합니다. <가>, <나>, <다> 노력의 주체가 누구인지, 어떤 노력이 필요한지 줄을 치세요.

<가> 카카오모빌리티는 내년 청각장애인, 여성, 청년을 위한 일자리 1,000개 창출을 목표로 관련 플랫폼 기술 개발에 나선다고 20일 밝혔다.

카카오는 "택시는 영업, 승차, 운행, 하차로 이어지는 모든 과정을 전적으로 택시기사가 수행해야 해서 비숙련 신규 기사의 시장 진입이 어렵다"라며 "플랫폼 택시의 등장으로 청각장애인의 진입 장벽도 낮아졌지만, 의사소통 문제, 고용연계 미비 등으로 취업이 확대되지는 못하고 있다"라고 했다. 카카오는 카카오T 앱의 청각장애인 기사용 기능을 강화하기로 했다. '고요한택시'를 운영하는 스타트업 코액터스와 계약을 맺고 청각장애인 채용을 확대하고, 자회사 KM솔루션은 청각장애인 기사를 위한 교육을 수화로 제공하고 있다.

여성과 30대 이하 청년을 위한 일자리도 늘린다는 계획이다. 현재 여성과 청년 택시기사 비중은 각각 1.5%, 1% 미만으로 추산된다. 취업박람회 참여, 유튜브 콘텐츠 제작을 통한 노하우 공유, 여성 기사 전용 휴게실 조성 등을 추진하고 있다. → 주체는 모빌리티 기업

<조선일보, 2021. 12. 20. 김윤수 기자> 중에서

<나> "그동안 사납금(하루 13만 원)에 시달리며 부품처럼 살았습니다. 요즘은 하루하루 부자가 되는 기분입니다."

지난 11일 대구 서구 대구택시협동조합에서 만난 기사 이규옥(61) 씨는 지난해 법인 택시에서 택시 협동조합으로 직장을 옮겼다. 예전엔 하루 13~14시간씩 최소 25일을 꼬박 일하고도 월 130만 원밖에 못 벌었다. 손님이 없는 날에도 매일 회사에 사납금을 입금해야 하고 노조 조합비 등 떼이는 돈도 많았기 때문이다.

협동조합에서는 하루 12시간씩 23일을 일하고도 230만 원을 번다. 하루 10만 원꼴로 조합에 내야 하는 돈이 있지만, 손님이 적은 날엔 적게 내고 많은 날엔 많이 내면 된다. 회사 주머니에 들어갔던 각종 수입도 직접 배당받는다. 협동조합 택시는 기사들이 공동 출자해 회사를 공동 소유하고 수익도 나눠 갖는 구조다. → 주체는 기존 택시기사

<조선일보, 2017. 04. 17. 최종석 기자> 중에서

**<다>** 모빌리티혁신위원회는 플랫폼 활성화에 부담을 주지 않으면서도 기존 운송시장과의 **상생 의미를 살리도록 기여금은 매출액의 5%를 기본**으로 하되, 운행횟수당 800원, 허가 대수당 40만 원/월 중 사업자가 선택하도록 했다. **수납된 기여금은 고령 개인택시의 청장년층 전환, 고령 개인택시 감차, 종사자 근로여건 개선 등의 목적으로 사용**되며, 향후 수납 규모에 따라 3년 주기로 기여금 수준, 활용방안 등을 재검토하도록 했다. → 주체는 정부

<국토교통부, 2020. 11. 03. 보도자료> 중에서

　신산업을 육성한다고 기존 산업을 완전히 내칠 수는 없다. 택시산업 역시 택시 파업, 택시기사의 시위와 자살 등으로 모빌리티 대기업에 강력히 저항해왔다. 기존 산업이 겪는 고통과 저항을 외면한 채 무작정 새로운 것을 우대해 생기는 사회적 갈등을 우리는 충분히 봐왔다. 정부, 갈등의 주체들이 함께 나서서 상생의 방법을 찾아야 한다. 본론3에서 그 방법을 제안한다. 이번엔 글을 섬세하고도 힘 있게 전개하는 능력을 지닌 H군의 본론3과 결론을 소개한다.

| H군의<br>본론3<br>(4문단) | **물론 기존 산업을 완전히 내칠 수는 없다.** 그들과의 갈등을 해결해야 한다. **모빌리티 기업들은** 청각장애인, 여성, 청년 등 사회적 약자들에게도 플랫폼 기술과 교육 등으로 택시기사 일자리를 적극적으로 마련하고자 한다. **정부는** 이들 모빌리티 기업들로부터 상생 기여금을 받아 기존 택시업계 재교육 등에 사용한다. **자립의 중요성을 아는 택시기사들이 모여서** 협동조합 택시를 만드는 것도 좋다. 협동조합 택시를 운영하면 수익도 늘어나고 책임감 있고 질 좋은 서비스를 고객들에게 제공할 것이다. **이를 통해 기존 산업이 신산업에 불만을 품지 않고 상생하며 국민의 편익까지 확보한다면 가장 좋은 해결책이다.** |
|---|---|

　2~4문단의 첫 문장, 즉 핵심문장들로 스토리가 만들어진다.

　"신산업은 소비자 맞춤 서비스를 제공해야 하고(본론1), 쌓이는 데이터로 더 큰 미래를 꿈꿀 수 있어야(본론2) 해. 하지만 기존 산업을 완전히 내칠 수는 없지(본론3)."

H군은 위 질문에 나온 문장, '기존 산업과 신산업이 상생하며 새로운 시장을 개척해 국민의 편익까지 확보한다면 가장 이상적입니다'에서 착안해 4문단 평가 문장을 만들어냈다. 비슷하게 베껴도 괜찮다. 좋은 문장을 내 것으로 변환하는 노력은 지금 매우 값지다.

## 결론의 떡밥, 글의 색깔을 바꾼다

결론의 품격, 주장글의 색깔은 마지막 떡밥으로 판가름 난다. 본론에 강조한 소비자 맞춤 서비스와 데이터를 재탕할 수는 없다. 훌륭한 떡밥이 있다. 신산업 규제와 관련해 자주 거론된 '붉은 깃발법'이다. 이 우스꽝스러운 사진에 학생들부터 호기심을 보인다.

자동차는 인류의 삶을 바꾸고, 자동차산업은 매우 많은 일자리를 창출했다. 그러나 1차 산업혁명을 태동한 영국은 그 혜택을 온전히 받지 못했다. 바로 붉은 깃발법 때문이었다.
(사진 출처: 게티이미지코리아)

뉴욕타임스 칼럼니스트인 토머스 프리드먼은 "말들이 투표권을 가지고 있었다면 자동차는 없었을 것"이라고 했다. 혁신과 신기술에 대한 저항이 얼마나 심각한 결과를 낳을 수 있는지를 강조한 말이다.

물론 말은 투표권이 없다. 하지만 마부는 투표권으로 정치인들을 압박할 수 있다. 영국 의회가 1856년 '붉은 깃발법'을 제정한 배경이다. 시속 30km로 달릴 수 있는 28인승 증기자동차에 대해 도심에서는 시속 3.2km(2마일), 교외에서는 6.4km 이상 달리지 못하도록 했다. 자동차 55m(60야드) 앞에서 조수가 붉은 깃발을 들고 자동차가 온다는 사실을 알리도록 했다.

의회는 자동차 사고로 시민들의 안전이 위협받고 있다는 사실을 명분으로 내세웠다. 그 결과 영국의 자동차 기술 발전에 급제동이 걸렸다. 영국은 증기자동차를 가장 먼저 상용화했지만 붉은 깃발법으로 30년을 허송세월하는 바람에 자동차산업의 주도권을 미국, 독일, 프랑스에 넘겨줘야 했다.

<조선일보, 2019. 05. 28. 김기천 조선비즈 논설주간> 중에서

| H군의 결론 (5문단) | 증기자동차를 가장 먼저 상용화한 영국에서 왜 자동차산업이 발달하지 않았을까? '붉은 깃발법' 때문이다. 증기자동차가 발명되어 일자리가 줄어든 마부들이 강력하게 저항하자 영국은 '붉은 깃발법'을 선포했다. 자동차 앞에 깃발을 든 사람이 달리고 자동차 속도를 대폭 줄인 것이다. (떡밥 잡아 요약) 과거에 묻혀 신기술을 거부하면 우리도 많은 것을 잃는다. 편리하고 풍요로운 생활도, 풍부한 일자리도 사라진다. 기존 산업과 갈등은 불가피해도 신산업은 미래를 여는 첨병이다. 신산업이 인류의 발전을 이끌도록, 기존 산업도 신기술의 변화에 발맞추어 성장하도록 상생의 방안을 마련해야 한다. (오늘날 교훈) 혁신산업이 제대로 자리 잡을 때 인류는 차원이 다른 내일을 만날 수 있다. (잘되었을 때 이상향) |
|---|---|

줄 친 부분이 결론, 나아가 이 글 전체의 교훈이다. 인류의 삶에 이바지하는 신산업을 치밀하게 준비하면 미래가 열린다. 갈등과 저항을 딛고 앞으로 나아가는 것도 미래를 열기 위함이다. 그 가치를 강조하면 글이 살아난다. 여기까지 순서대로 5문단 주장글의 흐름을 잡아보자.

| 구조 | 내용 |
|---|---|
| 서론 | '모빌리티 혁신의 무덤'이라던 대한민국도 달라졌다. |
| 본론1 | 신산업은 소비자 맞춤 서비스를 제공해야 한다. |
| 본론2 | 신산업은 쌓이는 데이터로 더 큰 미래를 준비해야 한다. |
| 본론3 | 기존 산업(일례로 기존 택시)도 외면하지 말라! → 육성 방안 |
| 결론 | '붉은 깃발법'의 교훈(저항을 뚫고 나아가기) |

J군과 H군이 각각 서술한 내용을 모으면 하나의 글이 된다. 두 학생이 쓴 내용을 묶은 이유는, 이처럼 글은 세밀하게 설계하고 조각 하나하나를 끼워 넣은 구조물임을 알려주려는 것이다.

■ **신기술에 기반한 신(新)산업이 인류의 삶에 이바지하는 데 필요한 것은 무엇인지 택시 시장과 모빌리티 산업을 예로 들어 주장하시오.**

앱으로 부르니 택시를 하염없이 기다릴 필요가 없다. 택시기사의 친절도가 몇 점인지도 금세 알 수 있다. 그런데 이 편리한 택시가 불법이라고? 기존 택시업계를 위협한다고? 이 논란은 30대 벤처사업가 트래비스 칼라닉이 '우버 택시'를 만든 때부터 시작되었다. 이제 세상은 신기술에 기반한 신산업에 손을 들어주는 분위기다. 타다, 우버 등을 다 퇴출해 '모빌리티 혁신의 무덤'이라 불리던 우리나라도 2020년 타다 서비스를 재승인하며 모빌리티 산업 진출의 필요성을 인정했다. 그러나 신기술에 기반한 신산업은 그저 승인만 했다고 저절로 발전하지는 않는다.

**신산업은 소비자 맞춤 서비스를 제공해야 한다.** '타다'의 경우, 기존 택시들의 단점을 극복한 '타다 라이트' 서비스가 돋보인다. 스마트폰을 이용해 GPS 정보를 기반으로 주행요금을 산정하는 앱 미터기를 장착하면, 승객은 이동 경로와 요금을 실시간 확인해 분쟁 소지를 없앨 수 있다. 또 기존 택시들은 승차 거부, 불친절, 불필요한 대화, 난폭 운전 등으로 민원을 받았지만, 타다는 승차 거부가 불가능하고 손님이 말을 걸지 않으면 말을 할 수 없는 등 안전 운전과 친절을 유도했다. 교통체증과 환경오염을 줄이고 주차 공간과 사회적 자원의 낭비를 줄이는 매력도 소비자의 마음을 사로잡는다. **신산업이 사회문제까지 해결한다면 소비자들은 신산업을 기꺼이 환영한다.**

**쌓이는 데이터로 더 큰 미래를 꿈꿀 수 있다.** 모빌리티 기업들은 택시 너머의 큰 그림, 즉 더는 개개인이 차량을 소유하지 않고 공유하는 시대, 사람이 차를 운전하지 않는 자율주행차 시대를 기다린다. 그때 '이동'과 관련된 서비스가 확 늘어날 걸 대비해 지금부터 호출-배차-주차 경험에서 얻은 데이터를 플랫폼에 차곡차곡 쌓는다. 그 데이터가 향후 사업을 확장할 때 최고의 자산이 되기 때문이다. **지금은 적자에 시달려도 과감한 투자가 더 중요하다는 걸 그들은 안다.**

**물론 기존 산업을 완전히 내칠 수는 없다.** 그들과의 갈등을 해결해야 한다. 모빌리티 기업들은 청각장애인, 여성, 청년 등 사회적 약자들에게도 플랫폼 기술과 교육 등으로 택시기사 일자리를 적극적으로 마련하고자 한다. 정부는 이들 모빌리티 기업들로부터 상생 기여금을 받아 기존 택시업계 재교육 등에 사용한다. **자립의 중요성을 아는 택시기사들이 모여서** 협동조합 택시를 만드는 것도 좋다. 협동조합 택시를 운영하면 수익도 늘어나고 책임감 있고 질 좋은 서비스를 고객들에게 제공할 것이다. **이를 통해 기존 산업이 신산업에 불만을 품지 않고 상생하며 국민의 편익까지 확보한다면 가장 좋은 해결책이다.**

증기자동차를 가장 먼저 상용화한 영국에서 왜 자동차산업이 발달하지 않았을까? '붉은 깃발법' 때문이다. 증기자동차가 발명되어 일자리가 줄어든 마부들이 강력하게 **저항**하자 영국은 '붉은 깃발법'을 선포했다. 자동차 앞에 깃발을 든 사람이 달리고 자동차 속도를 대폭 줄인 것이다. 과거에 묻혀 신기술을 거부하면 우리도 많은 것을 잃는다. 편리하고 풍요로운 생활도, 풍부한 일자리도 사라진다. **기존 산업과 갈등은 불가피해도 신산업은 미래를 여는 첨병이다.** 신산업이 인류의 발전을 이끌도록, 기존 산업도 신기술의 변화에 발맞추어 성장하도록 상생의 방안을 마련해야 한다. 혁신산업이 제대로 자리 잡을 때 인류는 차원이 다른 내일을 만날 수 있다.

# 개요를 짜야 글도 잘 쓴다 5

그런데 학생들은 주장글을 술술 써 내려갈까? 그렇지 않다.

작가인 나도 텅 빈 문서를 마주하면 막막하다. 이때 나는 제목과 소제목 자리에 색깔과 서체, 글자 크기 등을 달리해 내 마음을 적는다. '하나님, 언제까지 이걸 해야 할까요?'든지 '오늘은 앙버터 빵을 사야지'든지, 어쨌든 내 마음을 그 문서에 잡아놓는 1단계 의식이다. 흐름이 어느 정도 잡히면 마구 쓴다. 비문, 일본어와 외래어의 잔재, 비논리적 전개, 맞춤법의 오류 등을 덜 신경 쓰며 우르르 쏟아낸다. 의식의 흐름대로 자판을 신나게 두드리는 쾌감. 2단계 의식이다. 이후 이를 섬세하게 수십, 수백 번 고쳐야 글 하나가 나온다.

## 개요는 글의 설계도

학생들에게 이 프로세스를 요구할 수는 없다. 뇌에서 자판으로, 자판에서 화면으로, 화면에서 다시 뇌로 이어지며 단어와 문장을 조합하고 흐름을 검토하는 것은 학생들에게 쉽지도, 효율적이지도 않은 작업이다. 대신 '개요 짜기'를 추천한다. '개요'는 가장 중요한 내용, 즉 요점을 간추리는 것이다. 여기에 '짜기'가 붙으니 순서와 표현, 연결성까지 고려해 요점을 간추린 후 글의 설계도를 만든다. 다음은 '개요 짜기' 표다.

■ 주장글 개요 짜기

| 문단 | 핵심문장 | 뒷받침 문장 정리 |
|---|---|---|
| 서론 | ① | |
| 본론1 | ②<br><본론1을 마무리하는 내 느낌·의견·평가 문장><br>⑤ | |
| 본론2 | ③<br><본론2를 마무리하는 내 느낌·의견·평가 문장><br>⑥ | |
| 본론3 | ④<br><본론3을 마무리하는 내 느낌·의견·평가 문장><br>⑦ | |
| 결론 | ⑧ | |

표의 흐름도 우리가 익히 아는 서론, 본론1, 본론2, 본론3, 결론이다. ①②③④⑧은 주술구조로 한 줄 핵심문장을 배치한다. 그 문장들로 스토리를 만들어야 한다. 예를 들어 보자. 아래는 M양이 「동학농민운동이 우리 사회에 주는 교훈을 논하시오」 주장글을 쓰기 전에, 개요 짜기로 핵심문장만 적은 것이다.

■ 주장글 개요 짜기(핵심문장만)

| 문단 | 핵심문장 |
|---|---|
| 서론 | ① "나리, 젖먹이가 어떻게 군대에 갑니까?" |
| 본론1 | ② 인간 평등을 주장한 동학, 세상의 부조리를 바꿨다.(反봉건) |
| 본론1 | <본론1을 마무리하는 내 느낌·의견·평가 문장> |
| 본론2 | ③ 외세에 흔들리지 않는 나라를 바라며 농민들은 끝까지 싸웠다.(反外세) |
| 본론2 | <본론2를 마무리하는 내 느낌·의견·평가 문장> |

| 본론3 | ④ 그러나 여전히 바로잡아야 할 역사가 있다. |
|---|---|
| | <본론3을 마무리하는 내 느낌·의견·평가 문장> |
| 결론 | ⑧ 우리 민주주의의 뿌리인 동학농민혁명에 긍지를 갖자! |

"선생님, 전 서론에서 조선 후기 농민들의 억울한 모습을 잡았어요. 젖먹이에게까지 군포를 걷으니 백성들이 대들다가(①) 못 살겠다고 동학농민운동을 일으키죠. 동학농민운동 특징이 반(反)봉건과 반(反)외세니까, 각각 본론1과 본론2에 놓아요. 그런데 지금껏 우리가 동학농민운동을 혁명이라고는 못할망정 동학 난, 폭동으로 깎아내렸잖아요. 그러니까 지금부터 그 역사를 바로잡는 게(④) 우리 과제죠. 결론의 떡밥은 동학농민운동이 우리나라 민주주의의 뿌리라는 사실이죠. '긍지'라는 가치 단어를 부각하며 결론을 쓸 거예요."

이렇게 청산유수로 처음부터 끝까지 글의 설계도를 설명하는 학생은 거의 없다. 하지만 M양을 비롯한 몇몇 학생들은 내가 슬쩍슬쩍 거들어주면 위와 같은 스토리를 끝끝내 만들어낸다. 기특할 따름이다.

## 개요에서도 뼈대가 되는 핵심문장

①은 서론의 핵심문장이다. 서론은 평가자가 '다음 내용이 궁금하도록' 써야 한다. 그래서 개요를 짜기 직전, 우리는 늘 뻔한 물음과 답변을 외친다.

"서론은 가벼운 이야기? 무거운 이야기?"

"가벼운 이야기!"

"재미있는 이야기? 딱딱한 이야기?"

"재미있는 이야기!"

그래도 서론에 '대한민국 헌법 1조는~' 식의 문장부터 쓰는 학생이 나온다. 「코로나19가 인류에게 위기인지 기회인지 한 가지 입장에서 논하시오」 주장글을 쓴다면 서론에 '코로나19가 세계를 강타했다'라는 크고 모호한 이야기보다 '멀리 계신 할머니랑 (만나는 대신) 더 많이 통화하게 되었다', '약국별 마스크 수량을 확인하는 앱을 발명한 대학생이 세상의 주목을 받았다' 정도의 작고 구체적인 이야기를 적는 것이 훨씬 좋다. 물론 주장글은 전체적으로 상상력, 감수성을 많이 필요로 하지 않는다. 하지만 서론만큼은 상상력을 발휘하라. 읽는 사람이 그 이미지를 그리게 만들자. 위인의 삶도, 시대의 모습도 상상 속에서 멋진 글감과 핵심문장이 나온다.

"본론1은? 묵직한 이야기? 서론처럼 가벼운 이야기?"

"묵직한 이야기!"

②와 ③은 주장글에서 글쓴이의 주장이 가장 확실하게 드러나며 글의 뼈대가 되어야 할 핵심문장이다. M양은 동학농민운동의 두 가지 특징, '반(反)봉건'과 '반(反)외세'를 잡았다. 반봉건을 본론1에 내세운 것은 서론과 자연스럽게 연결되기 때문이다. 젖먹이까지 군대를 보낸다고 하고 죽은 사람까지 세금을 걷는 탐관오리를 벌한 농민들은 반봉건의 기치를 내걸고 동학농민운동에 가담했다.

본론3은 오늘날 문제점과 대안, 또는 반론과 재반론 자리이다. '그러나 여전히 바로잡아야 할 역사가 있다'라는 핵심문장 ④를 시작으로 문제점과 해결방안을 서술한다.

⑧은 결론의 핵심문장. 결론은 p.155에서 설명한 대로 떡밥을 찾아 가치 단어를 부각하며 요약하고, 오늘날 교훈을 정리하고, 최고의 이상향을 서술한다. 이번 떡밥은 좀 무거웠다. '동학농민혁명이 우리 민주주의의 뿌리다'라고 설명하는 문화체육관광부 블로그다. 이를 통해 M양이 잡은 가치 단어는 '긍지'이다.

> Q. 국민이 동학농민혁명에 관심을 가져야 하는 이유는 무엇인가요?
>
> "지금도 친일청산이 제대로 이루어지지 않아 말이 많잖아요. 역사를 바로 세우는 것은 우리의 미래를 바로 세우는 것입니다. 이제 동학농민혁명은 바로잡는 것과 기억하는 것을 같이 가져가야 해요. 여태껏 일제가 왜곡하고 축소한 것을 바로잡았다면 이제는 대중화해야죠. 그 핵심적 이유는, 민주주의 하면 대개 서구에서 온 줄 알아요. 아닙니다. 동학농민혁명이 우리 민주주의 뿌리에요. 더 크게는 아시아 최초의 아래로부터의 민주주의가 실현된 겁니다. 이미 한 세기가 지났지만, 이제라도 바로 알고 긍지를 갖고 그것으로부터 우리 미래를 활짝 열어가는 것이 중요해요."(문병학 동학농민혁명기념재단 부장)
>
> <문화체육관광부 공식 블로그(도란도란 문화놀이터), 2019. 03. 31.> 중에서

## 개요 짜기부터 내 생각을 담아

이제는 나머지를 채워보자. ⑤⑥⑦, 내 느낌·의견·평가 문장을 각 문단 마지막에 배치함으로써 내 주장글이 정보만 가득 채워 지루한 글이 아니라 내 생각을 담은 글임을 입증한다. 표의 오른쪽(뒷받침 문장 정리)을 채우고 ⑤⑥⑦ 문장을 쓰면 수월하다. 그러나 수업에서 개요 짜기에 할애하는 시간이 30분을 넘지 않기에, 웬만한 학생들은 뒷받침 문장을 빠르게 정리할 여유가 없다. 교사는 학생이 표의 오른쪽에 들어갈 내용의 제목만 적어 머릿속으로 구조를 잡고 ⑤⑥⑦ 문장을 쓰게 유도한다.

■ 주장글 개요 짜기(핵심문장 + 내 느낌·의견·평가 문장)

| 문단 | 핵심문장 + 내 느낌·의견·평가 문장 |
|---|---|
| 서론 | ① "나리, 젖먹이가 어떻게 군대에 갑니까?" |

| | |
|---|---|
| 본론1 | ② 인간 평등을 주장한 동학, 세상의 부조리를 바꿨다.(反봉건) |
| | <본론1을 마무리하는 내 느낌·의견·평가 문장><br>⑤ 개개인의 문제 해결을 넘어 민주주의의 첫발을 내디딘 것이다. |
| 본론2 | ③ 외세에 흔들리지 않는 나라를 바라며 농민들은 끝까지 싸웠다.(反외세) |
| | <본론2를 마무리하는 내 느낌·의견·평가 문장><br>⑥ 나라 사랑하는 방법을 안 그들이야말로 이 나라의 진짜 주인이었다. |
| 본론3 | ④ 그러나 여전히 바로잡아야 할 역사가 있다. |
| | <본론3을 마무리하는 내 느낌·의견·평가 문장><br>⑦ 동학농민혁명을 깎아내리는 사람들의 의도에 넘어가지 말아야 한다. |
| 결론 | ⑧ 우리 민주주의의 뿌리인 동학농민혁명에 긍지를 갖자! |

황구첨정, 백골징포에 시달린 백성들이 동학을 알게 되었다. 본론1의 뒷받침 문장에는 동학의 평등사상과 이를 깨달은 백성들이 혁명을 통해 봉건제의 문제점을 해결하는 과정을 소개할 것이다. 이는 ⑤, '민주주의의 첫발을 내디뎠다'라고 칭찬할 수 있다. 본론2의 뒷받침 문장에는 백성을 품지 못하고 외세를 끌어들인 조정을, 청나라와 일본에 끝까지 저항한 동학농민군을 소개할 것이다. 동학농민군의 행동을 M양은 ⑥, '그들이야말로 이 나라의 진짜 주인'이라고 평가했다. 하지만 세상은 동학농민운동을 깎아내렸다. 일제강점기 일제가, 광복 이후 민주주의 가치를 훼손하고 싶었던 세력들이 그러했다. 그들은 의도가 있었다. 조선인을 무시하고 자신이 잡은 권력을 유지하고자 누군가를 폭도들의 자손으로 평가절하했다. ⑦, '그들의 나쁜 의도에 넘어가지 말아야 한다'라는 게 M양의 생각이다.

개요 짜기가 잘 훈련된 학생은 오른쪽 표까지 무리 없이 정리해 낸다. 뒷받침 문장도 Ⓐ에서 ①까지 타이틀을 달면 글의 흐름이 명확해진다.

■ 주장글 개요 짜기(핵심문장 + 내 느낌·의견·평가 문장 + 뒷받침 문장 정리)

| 문단 | 핵심문장 | 뒷받침 문장 정리 |
|---|---|---|
| 서론 | ① "나리, 젖먹이가 어떻게 군대에 갑니까?" | - 탐관오리들의 황구첨정, 백골징포<br>- 농민들은 이대로 죽을 수 없다고 판단<br>- 방법: 민란 가담&종교(동학) 귀의 |
| 본론1 | ② 인간 평등을 주장한 동학, 세상의 부조리를 바꿨다.(反봉건) | Ⓐ 동학의 특징<br>- 평등 강조. 농민도 존귀를 인식<br>Ⓑ 농민들, 부조리와 부정부패에 맞서다<br>- 1차 봉기 승리! 폐정개혁안 12조를 조정과 협의 선포하며 집강 선발 등 봉건제 문제점을 해결하고자 노력 |
| 본론1 | <본론1을 마무리하는 내 느낌·의견·평가 문장><br>⑤ 개개인의 문제 해결을 넘어 민주주의의 첫발을 내디딘 것이다. | |
| 본론2 | ③ 외세에 흔들리지 않는 나라를 바라며 농민들은 끝까지 싸웠다.(反외세) | Ⓒ 외세를 불러온 조선 왕실<br>- 조선은 백성을 제압하려고 청과 일본 끌어들임.<br>- 결국, 일제강점기가 시작된!<br>Ⓓ 청·일본 다 물러가!<br>- 자주 국가를 원한 백성들은 스스로 주인임을 자각하며 2차 봉기 |
| 본론2 | <본론2를 마무리하는 내 느낌·의견·평가 문장><br>⑥ 나라 사랑하는 방법을 안 그들이야말로 이 나라의 진짜 주인이었다. | |
| 본론3 | ④ 그러나 여전히 바로잡아야 할 역사가 있다. | Ⓔ 동학농민운동 의미를 축소한 이유<br>- 일제는 외세에 저항한 국민의 힘을 무시하고 싶어 민란, 반란으로 폄하<br>- 광복 이후도 동일<br>Ⓕ 후손의 역할<br>- 특별법으로 이제 '동학농민혁명'<br>- 반역자 자손이라는 오해 풀어줘야<br>- 반봉건, 반외세 가치를 홍보 |
| 본론3 | <본론3을 마무리하는 내 느낌·의견·평가 문장><br>⑦ 동학농민혁명을 깎아내리는 사람들의 의도에 넘어가지 말아야 한다. | |
| 결론 | ⑧ 우리 민주주의의 뿌리인 동학농민혁명에 긍지를 갖자! | Ⓖ 저항과 민주주의의 시작<br>- 동아시아 민주주의의 시작점<br>- 이후 의병, 독립운동, 광복으로 연결됨. 긍지를 가져라!<br>Ⓗ 오늘날 교훈<br>- 스스로 작은 나라라고 생각하는 사람들 있음.<br>- **자긍심 속에 나라가 발전한다.**<br>- 우리가 이룬 것 깎아내리지 말자.<br>Ⓘ 최고의 이상향<br>- 우리 역사를 스스로 자랑스러워할 때 대한민국은 더 큰 내일을 꿈꾼다. |

이 장에서 개요 짜기를 마지막에 소개하는 이유는, 잘 짠 개요가 글쓰기에 얼마나 도움이 되는지 거꾸로 느끼게 하고 싶었기 때문이다. 개요를 짜면 **첫째, 글이 자연스럽게 흘러간다.** 삐거덕거리거나 튀지 않고 논리적으로 전개할 수 있다. **둘째, 주장이 뚜렷해진다.** 좋은 논증은 주장이 뚜렷해야 한다. 각 문단의 핵심문장이 글쓴이의 주장이다. 핵심문장을 다듬는 과정에서 주장과 목적은 더 명확해진다. **셋째, 적합한 근거를 댈 수 있다.** "(핵심문장은 어찌어찌 썼는데) 이제 어떻게 글을 전개해야 할지 모르겠어요"라고 걱정하는 학생들은 '주장에 맞게 근거를 찾아야 한다'라는 원칙을 잊고 헤매는 것이다. 핵심문장으로 주장이 나왔다면 뒷받침 문장으로 근거를 댄다. 참신하고도 적절한 근거를 개요 짜기에서 정리해놓으면 글을 비교적 쉽게 쓸 수 있다. 위 ⓒ를 보라. 청과 일본을 끌어들인 조선 왕실의 이기심을 비판하면서 '결국, 일제강점기를 불렀다'라는 근거를 댄다. 표에 적어놓았기에 잊지 않고 쓸 수 있다. **넷째, 빨리 쓸 수 있다.** 글을 쓰라고 하면 세월을 낚는 학생이 많다. 반대로 후다닥 쓰면 논점이 흔들릴 가능성도 크다. 개요 짜기가 잘 되면 글을 쓰는 속도가 빨라진다. 목적지와 경유지의 좌표가 정확하니 길을 잃지 않는다.

S군은 개요를 짠 후 진행한 글쓰기를 "레고 퍼즐을 맞추는 것 같았다"라고 표현했다. 맞다. 글쓰기는 일단 조립부터 하는 것이다. D군은 글쓰기 숙제를 빼먹은 적이 없다. 개요 짜기도 늘 1등으로 한다. 어떻게 전개해야 좋을지 학습지를 공부할 때부터 감을 잡는다. 이미 체화된 것이다. 이처럼 글쓰기에 앞선 개요 짜기는 나의 주장과 근거, 의견 등을 가장 효율적으로 배치하여 글의 논리를 탄탄히 다져가는 훈련이다.

# 한 단어, 한 문장, 하나의 이야기

> 미래는 인류가 받은 선물입니다.
> 이동의 시간적 제약과 물리적 공간의 한계를 넘어
> 새로운 오늘을 더 의미 있게 만들어가야 하는 이유가 여기 있습니다.
>
> 도전의 끝은 없습니다.
> 대상의 경계도 없습니다.
> 익숙함과 새로움 사이를 뚫고 나오는 혁신은
> 늘 인류의 행복과 맞닿아야 합니다.

한 인터넷 기업의 ESG리포트를 준비하며 만든 카피 일부이다. 이 일곱 줄을 만들려고 나는 설 연휴 앞뒤로 나흘을 씨름했다. 키워드는 '미래'. 별별 생각을 끄집어내고 온갖 자료를 다 읽었는데도 단어는 머릿속을 날아다녔다. 심기일전하며 쓴 문장도 지워질 운명을 타고난 파편들. 독서실 의자에 앉아있기도 힘들어 슬리퍼를 끌며 터덜터덜 1층 편의점으로 내려가는데 내 안에서 대화가 시작된다.

'도대체 미래가 뭔데?'

'선물이지.'

'선물 받으면 어떻지?'

'행복해지지. 그 선물을 소중히 여기지.'

내 손 안에 탁 잡힌 느낌. 그리고 또 이틀을 꼬박 걸려 위 카피를 써냈다.

지금도 글을 쓰는 작업은 쉽지 않다. 한 단어, 한 문장, 하나의 이야기를 뽑아내는 게 고통스럽다. 그저 내게는 그 고통을 견딜 만한 힘이 있고 결과물에 소망이 있기에 일을 계속할 뿐이다. 우리 학생들에게 세 가지를 이야기하고 싶다. 첫째, 선생님도 어려워하는 일을 여러분도 해낸다. 대견하다. 응원한다. 힘들어도 끝까지 해보자. 하다 보면 선생님처럼 주제가 손에 탁 잡히는 느낌, 자판을 두드리는 쾌감을 마주하는 순간이 온다. 둘째, 글을 쓰는 고통을 알기에 선생님은 여러분의 글에 '잘했다', '이런 생각도 했구나' 정도의 조언에 머물지 않을 것이다. 그래서 학생들이 '(내가 쓴) 이 문장을 이 흐름으로 바꾸면 훨씬 좋구나' 충분히 느끼게 주장글을 꼼꼼히 첨삭한다. 또 고쳐만 놓으면 못 알아챌까 봐, 각주까지 10개 넘게 정리한다. 그걸 찬찬히 확인하며 고쳐쓰기까지 해본다면 글쓰기 실력은 향상된다. 셋째, 그래서 나는 기업과 정부의 스토리 쓰는 일을 계속 병행한다. 마켓컬리 김슬아 대표를 소개한 기사("죽기 전 후회할 것 같을 때만 창업하라" - 한국경제신문, 20220118, 박한신 기자)를 흥미롭게 읽었다. 대학원을 가려는 김슬아 대표에게 "지금 대학원에 오면 실물경제는 하나도 모르는, 한쪽으로만 큰머리를 가진 사람이 될 거다. 시장을 이해하고 오라"고 조언한 교수 덕분에 그녀는 방향을 틀어 기업가가 되었다. 나도 신문에 담긴 방대한 내용을 전달만 하는 사람이 되고 싶지 않다. 그래서 좋은 주제를 뽑아내는 감각, 글을 쓰고 다루는 역량, 우리 학생들이 만날 시장과 세상을 파악하는 힘을 현장에서 부단히 기르고 있음을 알려주고 싶다. 이들을 학생들 눈높이에서 잘 전파할 것이다.

# 쓰기, 잠깐 문답

중등NIE '쓰기'에 대한 학부모님들의 궁금증을 Q&A로 정리했다.

**Q1** *"학생들이 글쓰기에서 가장 놓치는 부분이 무엇인가요?"*

"목적지와 경유지를 제대로 찍지 않는 것입니다. 목적지는 글쓰기 논제이고, 경유지는 문단별 소주제와 소재입니다. 2021년 '백신 외교 전쟁' 수업의 주장글 논제가 「백신으로 코로나19를 종식할 조건을 인류 전체와 국가별 과제로 논하시오」라면, 이게 목적지죠. 일단 '코로나19를 끝내려고 인류가 백신을 만들었는데 그것만으로 목표를 달성하지 못했구나. 백신과 관련해 더 도전할 과제를 하나는 인류 차원에서, 하나는 국가 차원에서 서술하자'라고 생각해야 해요. 왜? 목적지가 그렇다잖아요. 당연한 이야기인데 여기부터 길을 잃는 학생이 많아요. 질문을 제대로 읽지 않는 버릇 때문입니다.

목적지가 헷갈리니 경유지도 구분하기 힘들죠. 글은 서론, 본론, 결론의 경유지를 꼭 거쳐요. 서울에서 부산(목적지)까지 천안-대구-포항(경유지)을 찍고 가듯 경유지, 즉 문단마다 들어갈 소주제와 소재가 뒤섞이면 안 됩니다. 위 목적지까지 가는데 경유지는 인류의 과제(본론1), 국가별 과제(본론2)죠. 경유지가 다르니 내용도 달라야죠. 자, 그럼 생각해야 합니다.

'본론1은 인류의 과제니까 이번 백신 외교 전쟁에서 인류가 보여준 전반적 문제점을 거론해야겠다. 이기심이 어떨까? 본론2는 국가별로 좁혀봐야겠네. 중국과 미국이 제일 심했지. 자기편 만들겠다고 특정 국가에만 백신을 지원했잖아. 그런데 본론1에도 본론2처럼 미국이 등장하겠네? 그걸 미국이라고 지칭하면 국가의 문제로 보여. 그래, 본론1은 미국을 비롯한 강대국과 글로벌 제약회사들을 인류로 묶어 비판하자.'

이렇게 생각이 끝나면 본론1 핵심문장은 '인류는 백신을 나눠야 한다', 본론2 핵심문장은 '백신으로 자국의 이익을 극대화할 욕심도 버리자' 정도가 좋겠죠. 이후 '나누자'와 '욕심을 버리자'라는 각각의 주장 아래 적합한 근거를 겹치지 않게 서술합니다."

Q 2 "주장글 각 문단의 핵심문장은 가장 먼저 나오는 게 좋나요?"

━━━ "본론1·2·3은 가장 먼저 나오는 게 좋아요. 내 주장을 담은 핵심문장이 해당 문단을 단단하게 잡아주고 그 아래 근거를 촘촘한 잔가지로 펼칠 수 있게요. 또 핵심문장들로 자연스러운 흐름을 만들어야 해요. 위 '백신 외교 전쟁' 주장글도 '코로나19를 진짜 끝내고 싶으세요? 백신만 만들었다고 해결되지 않아요. 인류는 백신을 나눠야 해요(본론1). 백신으로 자국의 이익을 극대화할 욕심도 버려야죠(본론2). 물론 허술한 백신 시스템을 개발-생산-분배 차원에서 재점검하는 것도 필수죠(본론3)'라는 스토리가 만들어지죠.

단 서론과 결론은 다릅니다. 서론 첫 문장은 핵심문장이라기보다 분위기를 잡고 집중시키는 문장입니다. 읽는 이가 궁금하게, 또 상상하게요. '2020년 7월, 200여 개의 백신이 출발선에 섰다', 아주 좋아요. 피식 웃었어요. 백신들이 마라톤 출발선에 선 모습이 그려지잖아요. 결론 첫 문장 역시 떡밥이라는 특징에 맞게 툭 던져야 매력 있어요. 결론 핵심문장은 결론 중간에 나오는 교훈이나 맨 마지막에 나오는 이상향이 좋습니다. 명확히 한 문장으로 나타나지 않고 결론에 전반적으로 느껴져도 됩니다. 문단에 따라 핵심문장을 전략적으로 배치합시다."

**Q 3** *"목적지와 경유지를 잊지 않을 방법이 있을까요?"*

"주장글과 요약글을 숙제로 낼 때마다 논제(목적지)와 문단별 소주제·소재(경유지)를 그림 파일로 정리해 카톡방에서 공유합니다. 글 쓸 때 그걸 다시 보며 확인해야 합니다. 파일 맨 위에 먼저 이 그림 파일을 붙여 놓고, 천천히 읽으며 배우고 강조한 바를 다시 떠올리세요. 그리고 글을 쓰는 순간순간 계속 확인합니다. 그림 파일이 없으면 글을 못 쓸 정도로 습관을 만들어야 합니다. 그래야 엄한 길로 가지 않아요."

---

< 주장글 쓰기 숙제 >

**대한민국이 식량과 관련해 처한 위기와 '신토불이'해결방안 논하라.**

- 1문단(서론) : 말랑말랑하고 가벼운 이야기
  (인도 밀 수출 금지? 우크라이나 전쟁? 수입이 막혀 사료 못 먹는 돼지??)
- 2문단 : <u>세계적 식량안보 위협</u>(기후변화 + 전쟁 + 코로나19 삼중고)
- 3문단 : <u>국내적 농업 소멸의 위기</u>(농민들의 절망 + 농촌의 위기)
- 4문단 : <u>신토불이(身土不二) 농업 대안</u>(청년농부 육성 + 기술 + 소비자 노력)
- 5문단(결론) : <u>국가는 농업을 책임질 초석이자 마지막 보루다</u>

5문단 구조로(2·3·4문단은 핵심문장으로 시작, 내 평가 문장으로 마무리)
35~40줄(각 문단 7~8줄) 주장글을 만듭니다.

---

< 요약글 쓰기 숙제 >

**윤동주 시인의 삶과 그 삶 속에 빛나는 가치를 요약하라.**

- 1문단 : 윤동주의 어린 시절(with 명동촌 + 송몽규)
- 2문단 : 단독자의 자유 + 부끄러움과 성찰 + 제안
- 3문단 : 중국과 일본의 역사왜곡에 맞서자
- 4문단 : 그의 가치(망각을 요구하는 시대에 기억으로 저항)

4문단 구조로(각 문단 5줄, 총 20줄) '내 의견 싹 빼고' 요약글을 만듭니다.

**Q 4** "저렇게 흐름을 적어놓았어도 요약글의 핵심을 잘 짚지 못해요."

"글을 나름 잘 쓰는 학생도 '1년을 해보니 요약글 쓰는 요령을 알겠다'고 고백해요. 핵심을 짚는 게 쉬운 일이 아니거든요. 핵심이 눈에 팍팍 들어올 때까지 훈련밖에 답이 없습니다. 문단별로 꼭 들어갈 단어를 써놓는 것도 도움이 됩니다. 앞에 만든 윤동주 요약글 그림 파일로 설명하자면 1문단은 윤동주의 어린 시절을 서술해야 하죠? '북간도, 명동촌, 민족의식, 독립운동, 송몽규' 정도의 단어는 꼭 넣어야겠다고 판단할 수 있어요. 그걸 적어놓고 학습지에서 내용을 찾는 겁니다. 그런데 아래 1문단은 좀 다르죠. 윤동주가 큰 기와집 아들인 게 중요하지 않아요. 기억나는 내용에 기대면 핵심을 날카롭게 짚어낼 수 없어요."

<1문단> 윤동주는 조선을 밝히는 마을이라는 뜻의 동방촌에서 돋보이는 큰 기와집 아들이었다. 덕분에 윤동주는 맘껏 공부할 수 있었다. 또한 송몽규와 명동소학교, 은진중학교, 연희전문학교, 일본 유학, 일본 후쿠오카 형무소까지 함께했다. 둘은 꿈은 달랐지만 둘 다 문학을 사랑했는데 몽규가 먼저 두각을 나타냈다. 덕분에 윤동주는 선의의 경쟁심을 느끼고 자신이 가야 할 길을 적극적으로 고민할 수 있었다.

<수정한 1문단> 일제강점기에 활동했던 민족 시인 윤동주는 1917년, 북간도 한인 마을 명동촌에서 태어났다. 명동촌은 민족교육의 산실이고 북간도 독립운동의 중심지였기에, 윤동주는 이곳에서 민족의식을 키우며 맘껏 공부할 수 있었다. 또 그는 어린 시절부터 함께 자라며 문학을 사랑했지만 먼저 두각을 나타낸 친구, 송몽규에게 선의의 경쟁심을 느끼고 자신이 가야 할 길을 적극적으로 고민할 수 있었다.

**Q 5** "학생들이 글쓰기에서 주로 보이는 나쁜 습관은 무엇인가요?"

"주술구조가 맞지 않고 두 줄 이상으로 긴 문장을 쓰는 습관, 단어와 문장 표현을 반복하는 습관, 자료의 출처와 시기를 밝히지 않는 습관 등은 꼭 고쳐야 해요. '~

할 것이다'로 '것'을 남용하거나 '~ 같다'로 애매하게 표현하는 부분도 지적합니다. 관해, 대해, 의해, 통해 등 일본어의 잔재도 많이 남아 있습니다. 또 글에 사족(蛇足)이 많아요. '이제 한국 제조업의 특징을 알아봅시다', '이회영 선생은 어떻게 나라 사랑을 실천했을까요?'처럼 서론을 애써 친절하게 마무리하는 것도 사족입니다. 그 표현이 없어도 다음 문단에서 한국 제조업의 특징을, 이회영 선생이 나라 사랑을 실천한 모습을 서술할 테니까요.

핵심에 집중해 글을 끌고 나가야 합니다. 그런데도 버티고 숨어 있는 사족이 끝까지 있어요. 글을 다 쓴 뒤에 여러 번 검토하며 고쳐야 하는 이유입니다."

### Q6 "우리 아이는 별 고민 없이 의식의 흐름대로 글을 쓰는 버릇이 있습니다. 어쩌면 좋을까요?"

> 그러나 어떤 나라에서는 이미 백신이 남아돌고 있는데, 어떤 나라에서는 단 한 명도 백신을 맞지 못하였다. ①도대체 이게 어찌 된 일일까. 
> ②그 질문에 대한 답은 국가의 경제 상황에 달려 있다. 미국 같이 거대한 선진국과 나미비아, 인도 등 개발도상국 간의 백신 격차는 상상을 초월한다. 이에 WHO를 비롯한 단체에서 미국에 백신 공급을 부탁했으나 미국은 묵묵부답인 상태. 더군다나 백신 제약회사들이 기회를 놓치지 않고 백신의 가격을 상승시키는 바람에 국가 간의 백신 아파르트헤이트는 점점 심해져 가고 있다.

"예시문은 M군이 쓴 '백신 외교 전쟁' 주장글(「백신으로 코로나19를 종식할 조건을 인류 전체와 국가별 과제로 논하시오」)의 서론 뒷부분과 본론1입니다. 수업시간에 M군의 집중력, 판단력, 문장력 등은 나무랄 데 없습니다. 그런데 이런 학생들이 글의 틀을 생각하지 않고 의식의 흐름대로 글을 쓰면, ①처럼 불필요한 문장이 들어가고 핵심문장이 흔들립니다. 글을 쓸 때는 거침 없는 용기를 스스로 경계해야 합니다.

글의 틀을 또 강조할 수밖에요. '백신 성공 조건'을 물어보니 그 조건을 본론1·2 핵심문장에 명확히 밝혀야죠. 그러나 M군이 본론1 핵심문장으로 쓴 ②는 선진국과 개발도상국의 경제적 격차를 설명할 뿐이에요. 지금은 훈련이니 괜찮아요. 이후 M군은 목적지와 경유지를 보는 시각이 달라졌어요. 또 강조합니다. 목적지와 경유지는 의식의 가두리와 같아요. 이 안에서만! 그 틀 안에서도 충분히 창의적인 글을 쓸 수 있어요."

**Q 7** "틀 안에서도 창의적인 글을 쓸 수 있다고요?"

"창의적인 글은 어떤 글일까요? 자기 마음대로 상상의 나래를 펼쳐 쓴 글일까요? 아니요. 저는 그런 글은 중학생들의 학업 환경에서 불필요하다고 봐요. 반복해서 읽고 듣고 배운 바를 활용하되 차이를 만들어낸 글이 창의적인 글이죠. 창의성의 실마리가 될 정보들은 신문이라는 매체 특성상, 또 여러 정보를 유기적으로 전달하는 제 수업 방식상, 적지 않아요. 그걸로 차별화를 꾀하는 거죠. 아래 J양이 쓴 '작은 어른' 주장글의 서론을 보세요. 주장글 논제는 「아동노동과 소년병이 인류에 미치는 부정적 영향을 파악하고 이를 해결할 방안을 논하시오」였습니다. J양은 노동하는 아동과 소년병을 '작은 어른'이라고 칭한 수업 제목을 자기만의 방식으로 풀어냈어요. 이런 창의성이 빛을 발합니다."

서아프리카 한반도 면적 1.4배의 나라, 코트디부아르는 현재 전 세계 카카오 생산량의 45%를 책임지는 카카오나무의 나라다. 그런데 칼과 전기톱을 들고 카카오나무를 오르내리는 사람은 '작은 어른'이다. 그들은 가족의 생계를 책임진다. 2020년 1억 6,000만 명에 달하는 그들은 힘들어도 위험해도 임금이 적어도 묵묵히 일한다. '작은 어른'은 또 있다. 그들은 부모의 원수를 갚아야 한다고 세뇌를 당하고 잔인한 군사훈련을 받았다. 그리고 작은 권총으로 반군을 처형하고 성폭행을 저지르고 학살한다. 이 무거운 짐을 진 이들을 UN은 2019년 기준, 90여 개국 50만 명으로 추산한다. 그러나 **이 '작은 어른'은 키가 작은 어른이 아니다. 어른이라는 탈을 쓴 아동이고 청소년들이다.**

**Q 8** *"왜 글을 컴퓨터로 써서 제출하나요?"*

"첨삭을 잘하려고요. 손으로 쓴 글을 꼼꼼하게 고치기는 힘들죠. 고칠 게 10개 보여도 2~3개만 고칠 겁니다. 엄두가 안 나거든요. 하지만 컴퓨터로 쓴 글은 제가 기업·정부 콘텐츠, 자기소개서 할 것 없이 쉼표 하나의 위치까지 꼼꼼하게 고쳐왔어요. 학생이 쓴 주장글을 최적의 흐름과 표현으로 바꿉니다. 단 모든 글을 고치면 학생이 의욕을 잃을 수 있기에 요약글은 문단별 소주제를 잘못 파악했거나 핵심 내용을 빠뜨렸을 때만 간단히 짚어줍니다. 대신 요약글은 정답이 있기에 하나를 대표로 고쳐 학생들과 함께 봅니다."

**Q 9** *"주장글을 너무 많이 고치시는 건 아닐까요?"*

"철저하게 해체된 글을 보면 살짝 놀랄 수 있습니다. 그러나 잘 쓴 글도 못 쓴 글도 그 수준에 맞게 다 많이 고칩니다. 나만 혹독한 평가를 받은 건 아니니 걱정하지 마세요. 글은 자기의 생각과 습관이 녹아든 결과물이기에 변하기 참 어렵거든요. 적어도 '내 글이 이렇게 바뀔 수 있구나' 느껴봐야 조금씩 달라집니다."

**Q 10** *"꾸준히 열심히 쓰면 글쓰기 실력이 향상될까요?"*

"네, 향상됩니다. 단, 두 가지 조건이 더 있습니다. 첫째, 주장글은 나만의 표현으로 글을 전개하도록 노력해야 합니다. 글을 보면 성실한 학생인지 요령을 피우는 학생인지 알 수 있어요. 성실한 학생은 그 사건이 일어난 시기, 자료 출처 등 '디테일'을 놓치지 않고, 서론도 어떻게든 생생하게 써보려 하고, 배운 바를 활용해 진짜 내 글을 쓰려고 노력합니다. 반대로 글 전체를 학습지 그대로 베껴 쓰는 학생도 있어요. 교사로서 맥이 풀리죠. 물론 모방도 중요하니 놔두고 나름 또 고쳐줍니다. 그러나 스스로 쓴 글이 아니니 자기가 무엇을 어떻게 평가받았는지 잘 몰라요. 열심히 쓰다가 끈기가 부족해 4문단쯤에서 길을 헤매거나 결론을 후다닥 끝내는 학생들도 있습니다. 역시 글쓰기는 고도의 전략과 성실, 끈기의 싸움이에요.

　둘째, 제일 중요한 조건입니다. 이 조건을 충족하지 않으면 글쓰기 실력은 향상되지 않습니다. 선생님이 첨삭한 글을 원본과 최종본 각각 인쇄해 비교하고 각주를 꼼꼼히 읽으세요. 무엇이 잘못되었는지, 어떻게 하면 더 좋은지 낱낱이 적어놓았습니다. 그걸 보면서 새기고, 다음엔 적어도 그 실수만큼은 하지 않으려고 노력해야죠. 첨삭한 글을 그대로 다시 써보는 것도 이상적입니다. 일례로 문단 나누기조차 모르는 중1이 적지 않아요. 다시 써보며 '이런 게 문단 나누기구나' 깨닫고 스스로 습관을 바꿉니다. 읽든 쓰든 복습하지 않으면 다음에 또 같은 실수를 하고 제자리걸음입니다. 그럼 저는 "○○야, 이거 아니라고 했잖아. 이건 ◇◇하게 해야지"라고 각주를 또 달겠죠. 학생은 그 각주를 언제나 볼까요? 글쓰기는 자기와의 싸움이에요."

제 5 장

5

먼저 읽는 나의 미래
**신문과 진로교육**

# 5

특목·자사고 입시에 필요한 자기소개서의 제목은 '나의 꿈과 끼, 인성'이다. 중·고등학교 진로교육에도 '꿈과 끼를 키우는'이라는 수식어가 종종 등장한다. 꿈은 다른 말로 희망 진로, 끼는 그 진로에 필요한 역량이다. 인성 역시 바람직한 사회 구성원이라면 갖추어야 할 공동체 역량이다. 대입 수시 학생부종합전형도 2023학년도 입시까지는 자기소개서를 제출했다. 비록 자기소개서를 요구하는 대학교와 문항 수는 줄었지만, 그래도 특목·자사고 입시보다 더 구체적으로 이 학과에 왜 지원했는지, 어떤 진로를 꿈꾸며 어떤 노력을 기울였는지, 타인과 협력하며 공동체에 이바지하고 깨달은 바가 무엇인지 서술하게 한다.

자기소개서에 넣을 만한 글감이 있고 자기 꿈에 명확한 의지를 보이는 학생들이 특목·자사고나 대입 수시 학생부종합전형에 도전하는 게 맞다. 유니세프(UNICEF)가 발표한 '국가별 학업 스트레스(2009년~2010년 조사)'에서 세계 1위를 차지한 한국 청소년들이 학업 그 이상의 고민과 실천까지 해낸다면, 그만큼의 열정과 역량을 인정해야 한다. 그러나 아쉬움은 남는다. 상급 학교가 일관되게 요구하는 꿈과 끼를 갖출 만한 환경이 중·고등학교 교육과정에 조성되었을까? 내가 누군지 파악하는 방법, 내 소소한 경험이 내 삶에 어떤 의미를 주는지 해석하는 방법, 그래서 자기소개서에 녹

## 먼저 읽는 나의 미래 - **신문과 진로교육**

---

여내는 방법을 학생들은 학교에서 배웠을까? 꿈과 진로란 훗날 이 사회에서 내가 어떤 역할을 할지 소망하고 준비하는 것인데, 학생들은 세상이라는 무대의 면면을 알까? 어느 것도 자신 있게 답할 수 없다.

꿈과 끼, 희망 진로와 역량, 자기소개서의 연결고리를 고려할 때 대입 수시 학생부종합전형의 자기소개서 폐지는 매우 아쉬운 결정이다. 이는 뒷부분에 언급한다. 먼저 짚어볼 건 중학교부터 본격화한다는 진로교육의 현실이다.

# 신문으로 높이는 진로성숙도

 현재 전국 대부분 중학교가 1학년을 대상으로 자유학년제를 실시한다. 그러나 자유학년제는 2025년부터 다시 자유학기제로 축소되고, 대신 중학교 3학년 2학기에 진로연계학기가 도입된다. 너무 이른 나이의 진로 체험활동이 실효성이 있느냐는 지적, 1년 동안 시험을 치르지 않아 학력이 저하되는 것 아니냐는 우려에 따른 변화로 분석된다.

 하지만 진로 체험활동의 시기보다 품질을 지적하고 싶다. 딸이 중1 때, 나는 학부모 자원봉사자로 엔터테인먼트 산업에 관심을 가진 10여 명을 데리고 소형 기획사를 방문했다. 활동은 아이돌 댄스수업 1시간, 드라마 대본 읽기 1시간이 전부였다. 오후 활동도 장소만 바뀌었을 뿐, 같았다. 기획사에 가본 건 좋았지만 "꿈을 찾아 나선 소중한 시간이었다"라고 평가하기는 어려웠다. 진로 체험활동은 진로를 탐색하는 과정이다. 그 과정을 거치며 꿈도 변한다. 학교에서 2년간 또래 상담가를 맡고 다문화가정 체육대회를 수년간 도우면서 내가 외교관보다 다문화 아동 상담가에 흥미와 역량을 더 갖고 있음을 깨달았다면, 꿈이 바뀐 이유가 명확하다. 그러나 이벤트 성격이 짙고 내용도 천편일률적인 진로 체험활동은 탐색부터 한계를 보인다.

 왜 많은 학생이 유튜버를 꿈꿀까? 왜 상당수 고3이 소위, 일타강사가 되고 싶을까? 쉴 때는 유튜브, 공부할 때는 사교육. 그것이 그들이 경험한 전부이기 때문이다. 학교 진로교육 콘텐츠가 부족하다는 고민은 이 순간도 계속된다. 진로교육의 씨앗은 어디서 어떤 싹을 틔운 걸까?

## 어떻게 세상을 폭넓게 볼까?

단어 하나를 기억하자. 바로 '진로성숙도'이다. 김진철 세종특별자치시교육청 장학관과 장봉석 충청대학교 유아교육과 교수가 2019년에 쓴 논문, 「중학교 3학년 학생들의 진로 공동교육과정 참여가 진로성숙도에 미치는 효과 분석」에 따르면, 청소년을 위한 진로교육의 목표가 좁은 의미에서는 학생들의 학과, 학교 및 직업 결정을 돕는 것으로 정의되나, 보다 근본적 목표는 청소년의 진로에 대한 의식, 지식, 탐색 및 결정 등에 대한 진로성숙도의 제고로 논의된다. 요약하자면 '진로교육의 근본적 목표는 진로성숙도를 높이는 것'이라는 주장이다. 논문은 진로교육 분야의 대표적 학자인 수퍼(Super)의 말을 인용해 **진로성숙도를 '개인이 진로 선택이나 진로 관련 의사결정 과정에서 자기 자신을 정확하게 파악하고 현실과 타협하면서 현명한 선택을 내리기 위한 준비 과정'**이라고 소개한다.

진로성숙도를 높이기 위해서도 진로 탐색의 두 축은 나와 세상이어야 한다. 특히 세상을 탐색하는 것은 현실과 타협하는 과정이다. 내가 관심 있는 직업이 어느 분야에 속해 있는지, 전망은 밝은지, 어떤 역량이 필요한지, 보람과 애환은 무엇인지 등을 놓고 개인의 바람과 사회적 현실을 냉정하게 비교 분석할 수 있어야 한다. 신문은 그 목적에 영리하게 부합하는 진로교육 콘텐츠이다.

'진로'와 '직업', 두 단어를 분석하면 신문의 역할은 더 명확해진다. 2009개정교육과정에 따른 중학교 교과서 《진로와 직업》(천재교육, 조한무 외)은 진로를 좁은 의미로 '일, 직업과 관련된 인생의 길'이라고, 넓은 의미로 '사람의 일생을 통하여 이루어지는 모든 활동과 나아갈 길'이라고 설명한다. 진로의 의미를 굳이 나눈 이유를 나는 좁게는 직업의 중요성을, 넓게는 역할과 성취의 중요성을 강조했기 때문이라고 생각한다. 세상을 탐색하며 행복, 보람, 사명감 등의 가치를 공감하고 그 감정을 느낄 직업을 내 흥미와 적성까지 연결해 찾아내거나, 없다면 만들어내자는 것이다. 어떻게 세상을 폭넓게 볼까? 무엇으로 내 참모습을 발견할까? 이 씨줄과 날줄이 만나는 좌표를 설정하고 노력하면 행복할 수 있을까? 인생의 큰 숙제에 신문은 꽤 유용한 생각거리를 던진다.

## 자기 길을 가는 사람들을 만난다

**첫째, 신문에는 자기 길을 걸어가며 삶의 가치를 깨닫는 사람들이 많이 등장한다.** 주인공은 그 길을 가는 이유를 흥미와 적성은 물론, 행복과 보람 등의 관점으로도 풀어낸다. 설령 우리가 엄두도 못 내는 길이어도 무엇이 행복인지, 어떤 직업관을 가져야 할지 생각하게 한다. '간송 전형필'을 만나는 역사NIE 수업이라면 다음 지문을 읽어보자. 일제강점기 문화보국(文化保國-문화로 나라를 지킨다)의 신념으로 일본에 약탈당한 우리 문화재를 사 모은 간송 전형필 선생의 직업은 지금 기준으로 보면 '문화재 수집가'이다.

■ 그러나 전형필 선생의 문화 독립운동을 이해하는 사람들은 거의 없었습니다. 다음을 읽고 전형필 선생을 둘러싼 세간의 오해와 이를 이겨낸 그의 삶을 요약하고 가치를 유추하세요.

책 읽기, 그림 그리기를 좋아했던 청년 전형필은 <u>일제로부터 우리 문화유산을 지켜냄으로써 자신만의 독립운동을 실천</u>했다. 그는 언젠가 조선이 ①<u>일제로부터 해방될 것을 확신</u>했고 우리 문화의 우월성을 증명할 수 있는 ②<u>위대한 작품들을 지켜내야만 해방 이후 민족정신을 바로 세울 수 있다</u>고 본 것이다. 부모로부터 물려받은 막대한 유산을 그림 몇 점, 도자기 몇 점, 낡은 책 몇 권 사는 데 다 써버린 <u>그를 사람들은 '금싸라기 땅을 팔아서 사기그릇을 사는 바보'라고, 일본인들은 '나라도 없는 주제에 골동품을 모으는 놈'이라며 비웃었지만</u> 지금 우리는 그를 위대한 우리 문화의 수호자, 문화독립운동가로 기억한다.

<세계일보, 2014. 03. 21. 김승환 기자> 중에서

돈과 지위를 가진 사람들이 대거 일본에 협조하며 호의호식했던 일제강점기, 어떻게 살아야 하는지를 고민하다가 문화로 나라를 지킨 간송 전형필 선생은 무장독립운동 세력을 키워 나라를 지킨 우당 이회영 선생과 함께 노블레스 오블리주(사회 지도층의 도덕적 의무)의 전형으로 알려졌다. 전형필 선생만의 위대함은 더 있다. 바로 '사람들의 손가락질을 견딘' 것이다. 내 설명은 이러했다.

"이회영 선생님은 국민의 존경을 받았지. 그러나 전형필 선생님은 아니었어. 집안 돈을 쏟아부어 이상한 그릇과 그림을 사는 철부지라고 욕을 먹었지. 반면 문화재의 가치를 아는 일본인들은 '나라도 없는 주제에'라고 비웃었어. 나 같으면 억울해서 그만둔다. 내가 왜 이런 평가를 받아가면서 내 돈을 써? 게다가 나라 망한 지 수십 년이야. 독립운동 아무리 했어도 독립의 기미조차 안 보이니 포기할 만도 하지. (잠깐 멈추었다가) 그러나 전형필 선생님은 독립의 신념을 꺾지 않습니다. 오해와 비난 속에도 이것이 민족정신을 세우는 일임을 굳게 믿었죠."

지문 속 ①과 ②를 전형필 선생의 삶으로 요약할 수 있다. 또 그가 추구한 가치는 독립에 대한 '신념'과 문화재를 구매해 이 땅에 지켜내는 '실천'이다.

> 전형필은 땅 팔아 그릇 사는 바보라는 오해, 나라도 없는 주제에 골동품 사 모으는 놈이라는 비웃음을 샀음에도 ①독립(해방)을 확신하며 ②해방 이후 민족정신을 바로 세울 위대한 작품들(문화재)을 이 땅에 지켜내는 등 **신념**을 **실천**으로 바꾸었다.

전형필 선생의 삶에서 우리는 외부 환경에 흔들리지 않는 신념과 사명감을 배우고, 경제적 이익이나 사회적 명성으로 재단할 수 없는 행복의 기준을 생각할 수 있다. 혹자는 일제강점기 사례가 진로교육 콘텐츠로 적합한가 묻는다. 물론 요즘 학생들이 꿈꾸는 직업군을 소개한 기사, 내가 선택한 직업으로 삶을 통찰한 이들의 인터뷰 기사는 많다. 곧 '365일 24시간 응급실' 수업으로도 제안할 것이다. 하지만 살짝 결이 다른 사례가 더 창의적이다. 역사NIE로 시대를 앞서간 위인들의 고뇌와 그 속에서 빛나는 삶을 돌아보는 것도 좋은 진로교육이다.

여기서도 책의 가치를 부정할 수 없다. 전형필 선생의 삶을 한 권의 책으로 깊고 넓게 파악하고 여러 인물을 분석하고 감상문까지 쓸 수 있다면 더 좋다. 단, 짧은 시간에 일제강점기 문화재 약탈 역사와 전형필 선생의 업적을 학습하고, 덤으로 직업을 탐색하고 삶의 태도와 행복까지 생각해내는 의도와 목적을 가진 수업이 우선될 수도 있다. 그것이 중등NIE다.

## 직업의 세계를 분석한다

**둘째, 신문은 실질적이고 명확한 진로 정보를 담고 있다.** 《진로와 직업》(천재교육, 조한무 외) 교과서는 진로 탐색 방법으로 인터넷 활용하기, 각종 행사 참여하기, 현장 탐방 및 인터뷰하기, 상담하기, 다양한 매체 이용하기 등을 소개한다. 여기서 매체는 신문, 방송, 교육용 동영상, 책, 영화 등인데, 신문은 해당 직업의 다양한 특성을 책보다 생생하게, 방송보다 구체적으로 분석한다. 최신 진로 정보를 담는다는 장점도 있다.

K군은 외상외과 의사가 꿈이다. 2017년 판문점을 넘어오다가 총상을 입은 북한군을 살리고 국민 영웅으로 떠오른 이국종 교수 이야기를 듣고, K군도 진짜 생명을 살리는 의사가 되겠다고 결심했다. 그래서 인터넷도 찾아보고, 진로 체험활동으로 병원도 둘러보고, 친척 중 의대생 형도 만나 "성적을 더 올리고 고등학교 때 수학, 생물 등을 더 열심히 공부해야 한다"라는 조언도 들었다. 이런 학생들을 위해 외상외과와 응급의학과 의사의

삶을 탐색할 '365일 24시간 응급실' 수업을 새롭게 만들어보자. 여는 글부터 준비한다.

*1995년 6월 29일 삼풍백화점이 무너졌습니다. 수백 명의 사망자와 부상자가 강남성모병원 응급실에 몰려들자, 병원은 응급실 밖에서까지 환자를 치료했고 중환자, 경증환자, 보호자 등이 엉켜 아수라장이 되었습니다. 사고 현장에서도 병원으로 이송하기 전에 필요한 응급조치는 거의 생략됐습니다. 현장은 무질서했고, 응급의료체계는 원시적이었습니다.*

*아이러니하게도 이러한 국가적 재난은 응급의료의 변화를 앞당겼습니다. 1994년 응급의료에 대한 법률 공포를 시발점으로 응급의료체계가 구축되었고, 응급구조사·응급의학과 전문의 등도 정식 배출되기 시작했습니다.*

응급의료는 사회안전망이다. 그러나 우리나라는 응급의료의 도입 시기가 선진국보다 한참 늦었다. 1990년대 국가적 재난을 거치며 응급의료체계는 발전했지만, 응급의료에 대한 학생들의 인식도 '심하게 다치거나 열이 나면 응급실에 간다', '응급실 의료 인력은 사명감이 투철하다'라는 정도에 머문다. 진로교육으로도 시민교육으로도 이 주제를 잘 다루었으면 하는 바람이다. 먼저 현황을 보자.

**우리나라 응급의료체계의 역사는 짧다.** 1970년대에는 응급환자가 발생하면 가족들이 근처 병원을 방문했다. **1980년대에 와서야 119에서 응급환자를 병원에 이송하는 수준의 응급의료시스템을 공적 영역으로 끌어들였고, 응급의학과도 만들어졌다.** 1990년대에는 삼풍백화점 붕괴사고, 목포 아시아나 항공기 추락사고 등 여러 **대형 재난 사고 속에서 응급의료체계의 중요성이 크게 부각되었다.** 다사다난한 과정을 거치면서 우리나라 응급의료체계는 발전해왔다. **현재 응급상황이 발생하면 119상황실과 119구급대를 통해 응급의료체계가 활성화되고, 응급실로 이송된 후에는 병원 내 응급의료시스템이 가동**된다.

우리나라 응급의료 수요는 폭발적으로 증가한다. 1970년대 이후 산업화 정책으로 도시화, 공업화가 급속히 진행되면서 크고 작은 사고가 발생하기 때문이다. 고령화 및 식습관 변화에 따른 심·뇌혈관질환 등 신속한 처치를 요하는 질환도 급격히 상승했다. 2017년 119구급차로 이송된 유형을 분류하면 크게 '질병에 의한 경우'와 '질병 외 요인에 의한 경우'가 있다. 질병 외 요인은 교통사고, 낙상, 상해·열상, 추락, 범죄 의심, 중독·화상 등이다.

응급의료체계는 국민의 생존권을 보장하는 중요한 사회적 안전장치이다. 왜냐하면 교통사고나 심장마비 등으로 누구든지 예기치 못한 순간에 응급환자가 될 수 있으며, 이런 응급환자의 생존 가능성은 응급의료체계가 얼마나 잘 갖추어져 있느냐로 결정되기 때문이다.

<새전북신문, 2018. 05. 02. 전미희 전북소방본부 구급팀장 기고> 중에서

---

다큐멘터리나 드라마에서 응급의학과 의사의 삶과 업무는 치열하다. 심정지 환자, 생사의 갈림길에 있는 환자, 급성 통증 환자부터 술 취한 사람, 폭력 환자들까지 돌보느라 몸과 마음은 지칠 대로 지친다. 그러면서도 열정을 불태운다. 현실도 다르지는 않다.

응급의학과 의사는 속칭 빨간날(공휴일)을 매우 싫어한다. 설·추석 연휴는 더 심하다. 가족, 친구와 함께하지 못하는 설움을 뒤로해도 평소보다 일이 몇 배 힘들어지기 때문이다.

장기 입원이 필요한 경우를 제외하면 병가는 아예 없다. 내가 아파서 진료를 비우면 누군가가 내 진료를 대신해야 하는데, 그러면 이후 스케줄을 줄줄이 바꿔야 하고, 연속 야간근무나 24시간 연속진료를 해야 한다. 스케줄 조정은 모든 이에게 스트레스다. 가능한 한 많은 진통제를 먹고 통증은 버텨본다. 야간에는 술 취한 환자가 오는 경우가 많은데, 현재 상태와 치료방향을 아무리 잘 설명해도 나중에는 들은 적이 없다고 한다. 응급수술이 필요할 때 현재 병원에서 당장 처치가 불가능하면 전원(치료 가능한 병원으로 연계) 문의에 기력을 쏟는다. 퇴근하면 암막커튼을 치고 잠을 청하지만 체력은 잘 회복되지 않는다.

응급실 진료 이외 업무도 있다. 응급실은 지역사회와 병원의 연결통로다. 소방서, 보건소와 연계한 일도 응급의학과 의사의 몫이다. 구급대원 교육, 일반인 응급처치 교육, 병원직원 교육, 재난 훈련 등에도 참여한다. 행정 업무도 많다. 중대형 병원의 응급실 진료 자료는 국가적으로 수집되며, 모든 진료 기록의 질 관리와 평가도 지속적으로 수행한다.

<경향신문, 2018. 07. 17. 이정아 한림대 동탄성심병원 응급의학과 교수 기고> 중에서

앞 지문은 '우리나라 응급의료체계의 역사와 현황 ☞ 응급의료 수요 증가의 원인 ☞ 응급의료체계의 의의'의 흐름으로 서술되었다. 뒤 지문은 응급의학과 의사의 삶이다. 현직 의사의 글이라 역시 생생하다. 응급의료체계 현황을 OX 퀴즈로 보완, 학습할 수 있다.

| 1 | 우리나라는 <u>1990년대 다양한 인재(人災)의 어설픈 대응 경험을 '반면교사(反面教師)'</u>로 삼아 이후 효율적인 응급의료체계를 갖추어 나갔다. | O |
| 2 | 우리나라 외상환자의 <u>예방 가능한 사망률이 2017년 기준, 20%</u>(선진국은 5%)에 육박한 것은 중증외상환자가 응급실에서 적절한 치료를 받지 못하면 끝까지 전원(轉院)되는 등 환자의 '골든타임(golden hour)'을 사수했기 때문이다. | X |

2번으로 '예방 가능한 사망률'이라는 핵심 개념에 접근할 수 있다. '예방 가능한 사망률'은 외상으로 사망한 환자 중 적절한 시간 내에 적절한 병원으로 이송돼 적절한 치료를 받았다면 생존할 수 있었다고 생각되는 사망자의 비율이다. 우리나라의 예방 가능한 사망률은 선진국의 그것에 비하면 여전히 높다. 하지만 이 역시 권역외상센터가 건립되면서 많이 개선된 수치이다. 이제 외상외과와 응급의학과 의사들의 일터인 권역외상센터를 설명할 차례이다.

■ 2015년만 해도 우리나라 외상환자의 예방 가능한 사망률은 30%를 넘었습니다. 2년 만에 사망률이 대폭 줄어든 이유는 2014년 권역외상센터(중증외상센터) 세 곳을 열었기 때문입니다. 2020년 12월 질병관리청 발표에 따르면 2018년 발생한 중증외상환자는 약 3만 2천 명. 이들을 살릴 권역외상센터가 17곳 운영 중입니다. 다음을 읽고 권역외상센터의 운영 조건을 요약하고 이들 센터의 의의를 유추하세요.

> 중증 외상 치료는 <u>시스템이 곧 사람을 살리는 길</u>이다. 외상센터 응급실에는 <u>언제라도 중증외상환자를 받을 수 있는 전용 침대</u>가 있어야 하고, <u>3명 이상의 외상 의학 전문의가 24시간 대기</u>해야 한다. <u>외상 전용 수술실도 항시 비워져</u> 있어야 한다. 또 시스템을 갖추고 준비된 외상센터가 골든아워 내에 중증외상환자를 살릴 수 있음을 <u>지역의 모든 구조 인력과 중소병원이 인지하고 있어야</u> 한다. 환자가 제때 실려 와야 살리든 말든 할 것 아닌가.
> <《내가 살린 환자, 나를 깨운 환자》(황소자리), 허윤정 외상외과 전문의> 중에서

이 문제를 풀기 전에 '내가 지금 사고로 피가 철철 나고 죽기 일보 직전이면 어느 병원으로 가야 하나?'를 따져 보는 것도 효과적이다. 사실 나는 근처에 S의료원이 있다고 안심하던 터였다. 그러나 2022년 8월 기준, S의료원에는 권역외상센터가 없다. 운이 좋으면 적절한 시간 안에 적절한 치료를 받겠지만, 운이 나쁘면 전원이 되고 골든타임을 놓칠 수 있다. 서울시 내 권역외상센터의 부족을 실감하는 순간이었다.

> 권역외상센터는 언제라도 중증외상환자를 받을 수 있는 전용 침대와 전용 수술실이 비어 있어야 하고, 외상 의학 전문의 3명 이상이 24시간 대기해야 한다. 또 지역의 모든 구조인력과 중소병원이 센터 상황을 인지해야 한다. 센터는 언제 어떤 상황에든 환자의 **생명**을 살리겠다는 의료진들의 **사명감을 바탕**으로 **체계적으로**(준비성) 운영된다.

외상외과와 응급의학과 의료진에게 필요한 역량이 사명감과 준비성임을 파악할 수 있는 대목이다. 중증외상환자는 언제 생길지 모른다. '설마 오늘 무슨 일이 나겠어?'라는 안일한 판단으로 24시간 대기 시스템이 허물어지면 중증외상환자는 골든타임을 놓친다. 또 응급의료는 의술로만 이루어지지 않는다. 지역의 모든 구조 인력, 중소병원과 협력해야 한다. 외상외과·응급의학과 의사가 평소 누구를 대상으로 어떤 리더십을 발휘해야 하는지 알 수 있다.

권역외상센터의 건립과 관련해 아주대학교 이국종 교수도 이야기하지 않을 수 없다. 이국종 교수는 대한민국 응급의료에 열정적으로 헌신하며 낙후된 환경과 시스템을 온몸으로 고쳐 나간 분이다. 무엇보다 해당 분야의 본보기(롤 모델)를 탐구하는 것은 훌륭한 진로교육이다.

그는 수술복 위에 형광색 점퍼를 걸치고 있었다. 3~4분 뒤, 밤하늘을 헤치고 소방헬기가 외상센터 옥상으로 다가와 내려앉자 현장에 급파되었던 의사와 간호사가 먼저 내리고, 옥상에 대기하던 팀이 이동식 침상에 신속하게 환자를 옮겨 실었다.
"젊은 친군가?"
엘리베이터 안에서 이국종이 환자를 살피며 물었다.
"신원은 모르겠고요. 오토바이 티에이(TA·교통사고)입니다."
환자는 곧장 1층의 트라우마 베이(급성구역)로 옮겨졌다. 중증외상환자의 진단과 검사, 수술을 한곳에서 하도록 설계된 곳이었다. 환자가 들어서자마자 벽면에 붙은 타임워치가 시간을 재기 시작하고, 예닐곱 명이 일사불란하게 움직였다. 이국종이 초음파를 찍는 사이, 다른 스태프는 주렁주렁 수액을 연결하고, 혈액을 채취하고, 엑스레이를 찍었다. 이름을 몰라 차트에 '무명남'(無名男)이라 적힌 환자가 중환자실로 실려 나갈 때까지 걸린 시간은 23분. 사고현장에서 이송되는 데 걸린 7~8분을 합쳐도 30분 만에 처치가 끝난 셈이다. 교통사고나 추락사고, 자상과 같은 중증환자에게 사고 후 1시간은 생사를 가르는 골든아워다.
선생님이 생각하는 '의사로서의 원칙'을 물었다.
"의사고 뭐고, 그냥 직업인으로서의 원칙이라면… '진정성'이요. 진심으로 어떤 문제를 해결하려고 최선을 다하는 태도. 인생을 돌이켜볼 때 정말 진정성 있게 일했다고 자부할 수 있는 마음을 갖는 것." 새벽 4시 5분, 그는 칼에 찔린 환자가 왔다는 콜을 받고 급히 일어났다.

<한겨레, 2017. 09. 29. 이진순의 열림 - 이국종 교수 인터뷰> 중에서

10년 전쯤 영국 로열런던병원에서 연수를 받았습니다. 250년 된 병원은 비가 오면 건물 곳곳에 물이 샜습니다. 이런 환경에도 세계 석학들이 열심히 후학을 양성하고 환자를 돌봅니다. 영국은 1년 중 320일이 헬기가 뜨기 힘든 기상상태를 보입니다. 그래도 외상환자가 발생하면 헬기가 의료진과 의료장비를 모두 싣고 15분 안에 현장으로 출동합니다. 모두 자기 목숨 걸고 흙투성이가 된 채 뛰어다닙니다. 그래야 환자를 살릴 수 있으니까요. 하루 평균 네다섯 번 헬기가 출동합니다. 이 진정성이 영국이라는 나라가 가진 힘입니다.

> **외상외과 진료는 육체적으로 막노동**에 가깝습니다. 매일 핏물과 오물을 뒤집어쓰며 환자 몸 속을 스스로 뚫고 들어가 생명과 사투를 벌입니다. 쏟아져 나오는 피를 빨리 막아내지 못한다면 환자는 죽습니다. 그래서 **사고 현장으로 헬기를 띄우는** 겁니다. 헬기 안에서 약을 준비하고 현장에서 환자를 구출하면 상처 부위에서 뿜어 나오는 피를 손끝으로 막으며 헬기 안에서 응급수술을 진행합니다. 외과의사의 일반적 업무가 외래 진료, 응급실 진료, 입원 환자 진료, 수술적 치료라면, **외상외과 의사는 항공 출동과 현장 응급시술을 추가**합니다. 제가 특별해서 이런 걸 하자는 게 아닙니다. 교과서에 나와 있으니까. 중증외상센터(권역외상센터)를 운영한다면 적어도 **교과서에 나온 기본은 지켜야** 하니까요.
>
> <네이버: 외과의사 이국종 - 지금의 나를 만든 서재> 중에서

■ 이국종 교수는 한쪽 눈이 잘 안 보이고, 부러진 어깨도 회복이 더디다고 하십니다. 그저 환자 살아나는 걸 보며 하루하루 버틴다고, 자신에게 남은 건 '진정성(진실하고 올바른 성질)'뿐이라고 말합니다. 그가 외상외과 의사로서 추구한 진정성을 서술하세요.

    진정성. 이 단어를 K군을 포함한 모든 학생에게 선물하고 싶다. 진정성을 풀어보면 '진실하고 올바른 성질'이다. 이국종 교수의 진실, 진심은 무엇인가? 그가 추구한 올바름은 무엇인가? 하나씩 풀어 서술하는 훈련이다. 먼저 앞 지문 마지막 구절, '진심으로 어떤 문제를 해결하려고 최선을 다하는 태도'가 눈에 들어온다. 그가 해결해야 할 문제는 환자를 살리는 것이다. 그의 올바름은 뒤 지문에 나온다. 교과서에 나온 기본대로 주저 없이 헬기를 타고 현장에서 응급수술·시술을 하는 것. 그는 이것이 특별한 게 아니라고 잘라 말했다. 실력만큼 빛나는 정서적 역량, 진정성을 공감할 수 있다.

> 이국종 교수는 **진심**으로 환자를 살리고자 최선을 다하는 태도, 그리고 중증외상환자에게 필요한 항공출동, 현장 응급수술·시술 등을 교과서에 나온 기본 그대로 지키는 **올바른** 모습으로 외상외과 의사의 진정성을 추구한다.

故 윤한덕 중앙응급의료센터장도 소개하길 소망한다. 故 윤한덕 센터장은 이국종 교수가 그의 책에서 "응급실이라는 지옥에 새 판을 짜려 한 사람"으로 극찬한 분이다. 이국종 교수와 故 윤한덕 센터장을 수업에서 소개하는 것은 이들이 외상외과·응급의학과 의사의 본보기로 손색이 없으며, 동시에 몇몇 영웅의 희생과 헌신에 일정 부분 기댄 응급의료계의 현실을 보여주기 때문이다. 중앙응급의료센터의 업무는 잘 드러나지도 않으면서 복잡한 이해관계를 조율해야 하는 고달픔까지 더한다. 그러나 故 윤한덕 센터장은 열정과 책임감으로 묵묵히 대한민국 응급의료의 지휘부를 이끌어왔다. 나는 이분을 추모하고 기억하는 게 사회 구성원의 도리라고 생각한다. 또 K군을 비롯한 여러 학생이 이런 현실을 인식하고도 기꺼이 외상외과·응급의학과 의사가 되겠다는, 나아가 응급의료체계를 더 바람직한 방향으로 구축하겠다는 꿈을 키우기를 바란다.

## 현실을 인식하고 기꺼이 꾸는 꿈

그래서 2교시는 아픈 현실을 파고들 수 있다. 이국종 교수가 아주대 권역외상센터장을 사임한 사연도 소개하고, 무엇보다 정부 예산을 지원받아 권역외상센터를 위탁 운영하는 민간병원들이 응급환자의 증가를 그리 환영하지 않는 측면을 짚는다. 단, 수업에서 '응급환자를 치료할수록 적자가 쌓인다'라는 병원 측 주장이 사실이냐 아니냐를 논할 필요는 없다. 각자 입장과 관점만 비교하면 된다. 연결하는 글부터 보자.

그러나 국가의 응급의료체계가 몇몇 사람의 헌신과 희생만으로 굴러갈 수는 없습니다. 2017년 귀순한 북한군을 살려낸 뒤 이국종 교수는 "권역외상센터는 한국에서 지속가능성이 없다"라고 비판했습니다. 응급의료인력이 턱없이 부족하고 병상도 배정하지 않는 현실에서 뼈를 갈아 버틴다는 것입니다. 더 힘든 건 응급환자를 치료할수록 적자가 쌓이고 병원 경영에 도움이 안 된다고 해당 의사들을 천덕꾸러기로 취급하는 의료계의 현실입니다.

> 전국 16곳 권역외상센터는 정부 예산을 지원받아 민간병원에서 위탁 운영된다. 그러나 **병원은 일상적으로 발생하지 않는 외상 환자를 위해 병상을 비워두고, 한정된 수술 설비를 가동하지 않는다면, 효율적인 운영 및 생산성, 수익성 측면에서 한계가 있다**는 입장이다. 열악한 의료 환경 때문에 외상센터를 지원하는 의료 인력도 줄어드는 추세다.
> 결국, 문제는 돈이다. 외상센터 환자들은 대부분 농어촌, 공장 현장 등 가혹한 환경에서 육체노동을 하는 이들이다. 공공의료 영역에서 맡지 않으면 해결될 수 없다. 현행 중증질환 산정특례제도에 따라 암 환자는 전체 치료비의 5%만 부담한다. **국민의 건강과 생명을 지키는 것**은 국가의 주요한 역할이기 때문이다. 외상 환자도 마찬가지로 접근해야 한다.
> 외상전문의도 턱없이 부족하다. 그런데도 환자의 생명을 살리겠다는 사명감 하나로 밤낮없이 일하는 '제2, 제3의 이국종'은 전국 곳곳에 있다. 이들에게 **공공의료라는 사회적 과제**를 떠밀어 놓고 모르쇠 한다면 천덕꾸러기 의사들만 계속 양산하는 결과를 낳을 것이다.
>
> <서울신문, 2020. 01. 31. 박록삼 논설위원> 중에서

■ 의료와 의료시설(병상, 수술실 등)을 바라보는 권역외상센터 입장과 권역외상센터를 비롯해 여러 진료과를 종합 운영하는 병원의 입장을 각각 적으세요.

이런 문제를 풀 때 적자도 감수하는 권역외상센터와 돈 버는 데 급급한 병원으로 선악 구도를 만드는 건 곤란하다. 각자 입장이 있다. 이를 찾기 위해 두 가지 화두(어떤 의

료를 추구하는가, 의료시설을 어떻게 활용하는가)를 먼저 꺼낸다. 양측의 갈등을 다룬 수많은 기사 중에서 위 지문을 선택한 이유는 '국민의 건강과 생명을 지키는 것'이라는 문장이 들어있기 때문이다. 운영 전반을 고려하는 병원이나 권역외상센터나 모두 의료행위를 국민의 건강과 생명을 지키는 것으로 여긴다. 즉, 한쪽이 선이고 한쪽이 악인 구도가 아니다. 추구하는 의료가 다를 뿐이다.

| | 권역외상센터 입장 | 병원 입장 |
|---|---|---|
| 어떤 의료를 추구하는가? | 의료는 모든 국민의 건강과 생명을 지키는 행위이다. 그래서 긴급의료, 응급의료를 적자가 나도 해야 한다. | 의료는 모든 국민의 건강과 생명을 지키는 행위이다. 단, 적자가 나는 상황에서 긴급의료, 응급의료를 무작정 늘릴 수는 없다. |
| 의료시설을 어떻게 활용하는가? | 언제 발생할지 모를 중증외상환자를 위해 관련된 수술실, 병상 등을 늘 비워놓고 대기해야 한다. | 병원도 효율적 운영, 생산성, 수익성 등이 중요하다. 그러니까 중증외상환자와 관련된 수술실, 병상 등을 늘 비워놓는 것은 부담스럽다. |

답답한 현실을 확인하니 국가 주도의 권역외상센터 건립, 이 일에 헌신할 의료진을 양성할 공공의대 설립, 기피 과목 전담 의료진 지원 등의 중요성이 드러난다.

수업에 여유가 있다면 대한민국 응급의료체계를 올바르게 정착·운영하기 위한 국민의 역할을 정리하는 것도 좋다. 진로교육을 시민교육으로 확대하는 것이다. 결론은 응급의료체계의 가치, 필요성 등을 짚어보자.

■ **국가의 올바른 응급의료체계는 왜 필요합니까? 응급의료인력은 어떤 가치를 추구합니까? 5줄로 요약하세요. 오늘 숙제인 요약글의 결론입니다.**

**(가)** 대한민국 헌법 제36조 3항. <mark>모든 국민은 보건에 관하여 국가의 보호를 받는다.</mark>

**(나)** 2010년 <한겨레21> 조사에 따르면 중증외상환자 대다수는 음식점 배달부, 마트, 판매원, 일용직, 생산직, 영세자영업자, 무직자였다.

**- 해외에서도 중증외상환자 중에 육체노동자가 많습니까?**
"네. 물론 사무직도 출퇴근하다가 다칠 수 있지만 어디서 떨어지거나 뭐가 무너져서 다치진 않잖아요. 선진국에서 <mark>외상센터를 세우는 건 블루칼라가 국가 경제를 떠받치는 근간이기 때문</mark>이에요. 군인 위해 통합병원 만들고 경찰 위해 경찰병원 짓듯, 사회기간산업요원인 그들이 열심히 일하다 다치면 잘 치료해줘야 산업현장으로 돌아가라 할 수 있죠."

**- <mark>최소한의 사회안전망</mark>이 되겠군요.**
"그들을 살리는 건 국가의 생산성 측면으로도 중요하죠. 외상은 40대 이하 젊은이의 사망 원인 1위입니다. 아까 들어온 오토바이 환자도 택배일 하는 청년일 가능성이 높아요. 에어백 여섯 개 달린 고급차 타고 다니면 그렇게 깨졌겠어요? 그런 <mark>젊은 친구들은 살려내면 어떻게든 다시 일하려는 의지와 체력이 있어서 국가 생산성을 높이는 데 기여</mark>합니다."

<한겨레, 2017. 09. 29. 이진순의 열림 - 이국종 교수 인터뷰> 중에서

(가)는 헌법 제36조 3항. 보건에 관하여 국가의 보호를 받는 것이 국민의 권리이니 응급의료도 국민의 권리이다. (나)는 응급의료체계가 최소한의 사회안전망임을 짚고 있다. 특히 국가 경제를 떠받치는 평범한 국민을 응급의료체계 안에서 살려내면, 그들이 다시 열심히 일해 국가 생산성을 높인다. 응급의료가 사회에 이바지하는 방식이다.

<mark>대한민국 헌법 제36조 3항에 따르면 모든 국민은 보건에 관하여 국가의 보호를 받는다. 즉, 응급의료는 헌법에 보장된 국민의 권리이다. 또 국가 응급의료체계는 국가 경제를 떠받치는 평범한 국민을 위한 최소한의 사회안전망이다. 이들을 끝까지 살려내야 이들의 체력과 의지로 국가 생산성도 높일 수 있다. 응급의료인력은 그 역할에 보람을 느끼며 어떤 환경에 있는 환자에게도 최선을 다한다.</mark>

이 수업을 마치면 K군은 어떤 소감을 건넬까? "외상외과 의사가 이렇게까지 힘든 줄 몰랐다"라고 토로할 것은 분명하다. 그러나 우리는 소망한다. K군을 비롯해 여러 학생이 외상외과·응급의학과가 국민의 권리를 보장하고 국가 생산성을 높인다는 사실을 알아주기를, 크고 작은 역경을 예상하면서도 기꺼이 자신이 뜻한 길을 가는 사람들의 숭고한 마음을 이해하기를 바란다. 그 시기는 중1 자유학기제, 중3 진로연계학기가 아니어도 상관없다.

또 사회적 봉사는 직업의 훌륭한 가치 중 하나다. 요즘 학생들의 직업 선택 기준이 주로 돈과 안정성이라지만, 그것은 세상이 어떻게 돌아가는지, 어느 직업이 어떤 역할로 사회에 이바지하는지 구체적으로 배우지 못했기 때문이다. 기성세대가 가진 직업관을 강요하는 어른들 잘못이다. 그래서 나는 학생들이 다양한 직업을 반(半)강제적으로라도 탐구할 장이 생기길 바란다. 하나의 직업을 스토리로 재미있게 엮되 직업의 발전 과정, 전망, 기회와 위기, 보람과 애환, 필요한 역량 등을 다각적으로 파악하길 바란다. 나아가 돈을 번다는 게 얼마나 힘든 일인지, 사회 구성원들이 적재적소에서 각자 역할을 해내는 것이 얼마나 중요한지, 사회·국가 차원으로도 어떤 인적자원이 필요한지 등을 고민하게 만드는 진로교육 콘텐츠가 필요하다. 이런 시도조차 없다면 학생들이 공부 이외에 만나는 세상은 SNS, 게임, 아이돌 등에 국한될 가능성이 크다. "세상은 넓고 할 일은 많다"라는, 기성세대가 공감했던 말이 학생들에게는 공허한 메아리가 될 뿐이다. 실질적인 직업 정보를 효과적으로 습득하지 못했다는 건 현실을 모른다는 것. 현실을 모르는데 어떻게 현실과 타협하며 현명한 선택을 할 수 있는가? 진로성숙도는 높아질 수 없다.

# 내 관심 분야가 탐색의 실마리    2

 물론 진로를 정하지 못해 '꿈 찾기', '인생 설계' 같은 타이틀을 부담스러워하는 중·고등학생이 훨씬 많다. 초등학생 때처럼 "○○가 될래요!" 해맑게 선포하기에는 머리가 컸다. 성적, 환경, 역량 등 자신의 현실과 한계도 인식한다. 그러나 "뭘 하고 싶은지 저도 모르겠어요" 주저하는 학생들에게 나는 이야기한다. 꿈을 고민하고 자주 바꾸는 것이 청소년기의 특권이라고. 단, 그 특권을 누리려면 관심 분야만큼은 설정하고 탐색하는 노력이 필요하다고 말이다.

## 내가 탐색한 세상

 2017년 L양은 한국에서 열린 UN청소년환경총회에 참석했다. UN청소년환경총회는 청소년의 눈으로 지구 환경의 위기를 공감하고 실천적 해결방안을 도출하는 모의 유엔총회이다. 당시 중1이던 L양이 총회에 참석한 계기는 단순했다. 특별한 경험이라고 판단했기 때문이다. 문과 성향의 똑똑한 여학생이라면 어렴풋이 가진 꿈. 외교관이나 국제기구 종사자의 역할을 알아볼 기회였다.

 "게다가 장소가 서울대였어요. 넓은 캠퍼스를 친구랑 걸어 다니니 좋았죠. 또 참가한 애들이 다 똑똑해 보이더라고요. 긴장도 되었지만, 더 잘하고 싶었습니다."

중학생다운 소감이다. 동경하는 대학에서 열린 행사에 참여한 소속감, 세상엔 나보다 더 적극적이고 실력 있는 학생들이 많다는 위기감. 그래도 열심히 해보겠다는 용기와 경쟁심. 이 감정들을 자양분 삼아 학생들은 자란다.

"그런데 환경 문제에 각국 견해가 달랐어요. 주제가 물 부족이고, 제가 맡은 나라는 나이지리아였거든요. 나이지리아를 비롯해 아프리카 여러 나라는 극심한 물 부족에 고통받는데, 선진국을 대표하는 학생들은 우리만큼 절실하지 않았어요. 우리나라도 도시에서는 물 부족을 심각하게 느끼지 않잖아요? 기후변화는 지구를 뒤흔드는 문제인데 나라마다 느끼는 위기의식이 정말 다르더라고요."

UN청소년환경총회로 환경은 L양의 관심 분야가 되었다. 환경을 향한 그녀의 마음은 중3 여름방학 자기소개서 특강에서 확인되었다. L양은 2년 6개월 넘게 참여한 중등NIE 중에서 '도시광산', '파리기후협정', '쓰레기 대란', '공유경제', '플라스틱 탈출기' 등 환경 관련 자료를 다 가지고 왔다. 자기소개서에 어떻게 활용할지는 모르겠으나 아무튼 그 묶음이 '내가 탐색한 세상'이라는 뜻이었다. 또 L양은 학교에서 다양한 작물을 직접 심고 수확해 먹고 닭을 부화 관리하는 환경동아리 활동도 했다. 환경 문제의 실상을 신문으로 확인하고, 동아리 활동으로 나름 해결책을 찾아 실천한 것이다. UN청소년환경총회에서 총론을 배워 문제의식을 느끼고, 신문을 읽으며 각론을 배우고, 학교 환경동아리에서 몸소 행동한, 이상적인 삼각편대였다.

2022년 기준, 고3인 L양은 환경 전문 외교관을 꿈꾸며 지금도 환경 이슈를 업데이트하고 있다. L양의 꿈은 바뀔 수 있다. 흥미와 적성, 기질 어떤 면으로나 더 적합한 직업을 찾아낼 수 있다. 중요한 것은 내 관심 분야의 세부 이슈를 적극적으로 탐색하여 지식을 쌓고 지금의 실천과 미래의 역할까지 고민하고 행동하는 자세다. 그 플랫폼에 새로운 것을 얹는 건 어렵지 않다. AI나 로봇에 관심이 생긴다면 환경과 접목해 생태환경 지킴이 로봇이나 쓰레기 분리수거 로봇을 개발하겠다는 꿈도 꿀 수 있다.

나도 그랬다. 사보 등 기업 출판물을 만들면서 왜 기업 콘텐츠는 스토리로 파고들지 않을까 문제를 제기하며 2002년 프리랜서로 나섰다. 기업 구성원들의 활약, 보람과 애환 등을 담은 스토리를 꾸준히 써오다가 '사람을 탐색'하는 공통점을 발견하고 고입·대입 자기소개서 지도로 영역을 확장했다. 신문의 매력에 빠져 NIE를 공부하다가 내 강점이 된 스토리와 엮어 <1년 치 신문 읽기> 수업을 진행한다. 문제를 제기하고 엮고 연결하고 창조하다 보면 그 과정 과정에 쌓은 경험과 역량을 차별화된 경쟁력으로 발휘할 수 있다.

## 세상이 보일 때까지

여전히 공감하지 못하는 학생과 학부모님도 많다는 걸 안다.

"선생님, 우리 애는 특별히 좋아하는 것도 잘하는 것도 없어요. 관심 분야도 없어요."

관심 분야가 없다는 판단은 성급해 보이지만 그렇다고 치자. 나와 함께하는 상당수 학생은 구체적인 꿈이 없어도 지금 독해력을 넘어 문해력까지 키워야 하니까, 성실한 학습은 당연하니까, 그 시간이 지루하지 않으니까 열심히 읽고 듣고 쓴다. '열심'에 희망을 걸자. 그것이 관심의 씨앗이 된다. 주제 하나하나 공들여 깊이 살피다 보면 사회 변화를 파악하고 직업의 세계를 예측할 수 있다. '저 직업을 선택하면 밥은 굶지 않겠군' 같은 일차원적 판단도 좋다. 성적은 좀 떨어져도 10년 후 취업 시장에서 웃겠다는 각오도 좋다. "안정적인 직업을 선택하라"라는 엄마의 권유로 교대 진학을 목표로 하는데, 아직 우리나라 중·고등학교에서 환경이 필수 과목이 아니라는 신문기사를 읽고 환경 전문교사에 관심을 보일 수도 있다.

스포츠 말고는 시큰둥하고 천성 자체가 무심하다는 남학생들을 위해 2~3년에 한 번은 스포츠산업·스포츠 마케팅 관련 수업을 준비한다. 프로급 선수는 될 수 없어도 스포츠를 사랑하고 훗날 관련된 직업을 갖고 싶은 학생들, 직업까지는 고려하지 않았으나 어쨌든 스포츠에 마음이 간다는 학생들을 위한 맞춤형 진로 수업이다. 단, 다른 주제와 마찬가지로 산업의 발전 속도와 방향 등을 가늠해 매번 내용을 대규모로 업데이트한다.

따지고 보면 중등NIE의 모든 주제가 사회 변화에 따른 직업의 발전과 쇠퇴를 담고 있다. 2021년 '코로나19가 불러온 New Normal' 수업을 통해 왜 지금 컴퓨터공학과, 소프트웨어학과가 뜨는지 이해했다. 비대면, 데이터, AI, 디지털 전환 등 New Normal의 기회를 잡기 위해 전 세계 국가, 사회, 개인 등이 온라인 플랫폼 자본주의에 집중하기 때문이다. 우리나라도 데이터·네트워크·AI 경제구조 고도화, 비대면 기반 확충, SOC 디지털화 등 디지털 뉴딜에 돈과 인재를 쏟아붓겠다는데, 학생들이 고집스럽게 그 기회를 외면할 이유는 없다. 그래서 수업 주제를 더욱 신중하게 선별한다. 파편화된 지식이 아니라 거대한 사회 흐름과 노동 시장의 변화를 깨닫고 대비할 기회를 만들려 한다.

■ 수업에서 다룰 수 있는 코로나19 세부 주제

| | 흐름(총론) | | 기회와 위기(각론) |
|---|---|---|---|
| 코로나19 | 좌절 | 붕괴 | 감시사회, 저출산 고령화 등 |
| | | 불평등 | 코로나 디바이드, 코로나 키즈, 백신 외교 전쟁 등 |
| | | 차별, 혐오 | 혐오사회 등 |
| | New Normal | 비대면 | 무인(無人), 전자상거래, 데이터의 힘 등 |
| | | AI, 로봇 | 노동과 기술, 인간 대신 로봇이 한다, 기본소득, 메타버스, 가상인간 등 |
| | | 탈(脫)세계화 | 미(美)중(中) 갈등, 제조업의 미래, 공급망 등 |
| | | 친환경 | 탄소 중립, 기성세대와 미래세대, 전기자동차, ESG 경영 등 |

총론으로 훑고 각론으로 다지는 전략도 필요하다. 앞선 표는 코로나19를 중심으로 다룰 수 있는 수업 주제다. '코로나19가 불러온 New Normal'은 총론이었다. New Normal로 인정받는 현상들은 우리가 싫든 좋든 상관없이 세상이 선택한 방향이고 유례없는 속도로 퍼진다. 그 흐름을 읽고 먼저 준비한 사람이 앞서갈 수밖에 없다. 이에 New Normal의 키워드인 비대면, 데이터, AI, 디지털 전환, 탈(脫)세계화, 친환경 등을 다시 각론으로 수업에 녹인다. 산업현장의 변화를 확인하고, 분야별 필요한 역량을 탐색하고, 본보기와 전망까지 스토리로 엮는다. 거기에 학생들의 진로, 미래 직업의 단서가 있다.

# 그리고 자기소개서

3

《진로와 직업》(천재교육, 조한무 외) 교과서 목차를 보면 시작은 '나의 탐색'이다. 진로성숙도 역시 자기 자신을 정확히 파악하는 게 먼저다. 그런 의미에서 2024학년도 대학 입시부터 자기소개서를 완전히 폐지한 것은 매우 아쉬운 결정이다. 학생이 스스로 자신을 탐색하는 최고의 도구가 자기소개서이기 때문이다.

성격유형검사, 다중지능검사, 직업흥미검사 등으로 나를 다양하게 분석하지 않느냐고? 그 결과물은 '내가 이런 특성이 있구나' 정도의 참조 사항일 뿐, 나를 보여주지 않는다. 학교생활기록부가 나를 보여줄까? 그것은 내가 아닌 학교가 기술한 평가서다. 더 냉정하게 이야기하자면 학생부종합전형 등 수시에 도전할 학생들을 중심으로 전략적으로 기술한 입시 서류다. 교사가 모든 학생을 충분히 관찰하고 기록하는 건 처음부터 불가능하다. 즉, 지금 공교육 환경에서는 자신을 탐색할 기회도, 누가 나를 탐색해 성심껏 기록해줄 기회도 제한적이다.

## 본격적인 자기 분석

그래서 '신문으로 쓰는 자기소개서'를 고2 가을, 공교육 수업으로 제안한다. 학생이 선택한 대입 전형이 수시든 정시든 상관없다. 중학교, 고등학교 내내 내가 걸어온 그 길이 진로(進路)다. 즉 자신이 어떻게 살아왔는지, 무엇을 느끼고 깨달았는지 돌아보고 스토리로 만들어보는 본격적인 자기 분석이 누구나 필요하다. 나의 진짜 노력과 마음가짐을 제대로 아는 사람은 학교도 부모님도 아닌 나 자신이다.

커리큘럼은 총 4단계인데, 이제 대입 전형에 자기소개서를 제출하지 않으니 1·2단계만 진행해도 좋다. 1단계는 '학생 탐색'이다. 특강을 맡은 교사가 배포한 사전 파일을 학생과 부모님이 각각 적고, 이 파일과 학교생활기록부를 바탕으로 교사가 먼저 학생을 탐색하는 단계이다. 업무량이 부담스럽다면 부모님 파일은 생략해도 된다. 사전 파일을 만들면서 학생은 자신의 삶을 먼저 돌아보고 그 기억을 바탕으로 2단계 12시간(6시간×2일) 단체 수업에 적극적으로 임할 수 있다. 이때 '진로'라는 화두를 생각해볼 만한 칼럼이나 세상을 잘 살아가는 어른들의 메시지를 담은 신문기사도 배포하자. "카카오라는 이름에 한계가 지어지면 안 되니까 계속해서 새로운 모험을 생각하게 된다"라고 밝힌 김범수 카카오 창업자의 기사는 도전의 중요성을 설명("우주로 가는 카카오… 매일 모험 생각 - 한국경제신문, 20200423, 구민기 기자)하고, "뭘 하고 살면 좋을지 끊임없이 고민했던 시간이 그냥 사라져버린 게 아니라 현재 내 삶에 조금씩 녹아 있다"라고 고백한 최재천 이화여대 석좌교수의 이야기(개울서 첨벙거리면서도 잘살 수 있어, 힘내렴 - 조선일보, 20200530, 유석재 기자 정리)는 내 꿈을 찾고 싶은 청소년들을 향한 최고의 응원이다. 사실 나를 탐색할 때는 세상을 탐색할 때만큼 신문을 활용하지 않는다. 그러나 여기서도 신문기사는 내 마음의 빗장을 열거나 의지를 돋우는, 작지만 소중한 역할을 한다. 나를 찾아가는 여정에 시동을 거는 것이다.

2단계는 단체 수업이다. 특강 정원은 10명 이하로 한다. 1단계에서 사전 파일을 잘 만들었다면 2-A, 인생 그래프 그리기는 수월하다. 교사가 미리 생각해 놓은 포인트를 참고하며 나를 소개할 대표 경험을 전략적으로 뽑아낼 수 있다. 2-B, 2-C의 자기소개서 스킬 네 가지(가치 찾기, 내용과 형식의 감각 기르기, 정보 끌어다 쓰기, 문제 해결하기)는 자기소개서를 스토리로 만드는 전술이다. 이중 정보 끌어다 쓰기와 문제 해결하기는 신문을 적극적으로 활용한다. 공부 자세나 자기주도학습에 도움을 주는 기사, 희망 진로의 미래나 사회적 활약상을 파악하는 기사, 본보기 인물의 인터뷰 기사 등을 찾아와 공감 가는 문장을 연결해 자기소개서 개요를 풍성하게 짠다. 이때 교사는 학생 개개인의 스토리 흐름을 그냥 지켜보는 것이 아니라 적극적으로 개입해야 한다.

"학급 과제물을 제출하는 역할을 맡았을 때 가장 힘들었던 상황이 뭐야?"

"뭘 느꼈어? 아니야. 느낀 점이 약해. 한 문장의 교훈을 더 생각해봐."

| 이름 | A학생 | | B학생 | | C학생 | | D학생 | |
|---|---|---|---|---|---|---|---|---|
| <1번> 학습 역량 | 수학 | | 수학 | | 국어 | | 국어 | |
| | 국어- 관점의 전환, 말하기의 습관 | | 한국사 - 지적 호기심의 발현 | | 영어 - TED 등 활용 | | 윤리 - 관념의 일상화 | |
| | 멘토링 | | 분 단위 생활화 | | 시간관리(사자성어) | | 공부 습관화(매일) | |
| <2번> 진로 역량 | 리더십 | 1인 1역 지각관리 | 조화/ 존중 | 외국어 합창대회 | 이해력 | 레미제라블 포퍼먼스 | 협력 | 농구반 (고1 준우승, 고2 우승/ 배구 우승) |
| | 창의력 | 광고기획 동아리 | 통찰력 | 진로학술 보고서 | 다양성 | 다문화 봉사 | 공감력 | 부자 산행 |
| | 소통 능력 | 학급 서기& 학생회 서기 | 융합력 | 생명과학 (과학+외교) | 문제 해결력 | 배구대회 | 창의력 | 수행평가 (세계사+기술/ 가정 포스터) |
| <3번> 공동체 역량 | 대인관계역량으로 학생회 활동 | | 독서토론(책임감, 기획력, 도전정신도 필요한 상황) | | 진로심화스터디 | | 서서히 깨달은 리더십 (고1 때 살짝 리더) | |
| | 댄스팝송대회 | | 학급의 우렁각시 | | 지역사회 연합포럼 | | 2학년 학급임원& 학생회&봉사활동 | |

**소수 인원이 참가하는 12시간 특강이라면 문항별 소재 배치표까지 만든다. 표의 빈칸을 채우는 사이, 참가자들은 자기소개서의 방향성을 명확히 하고 서로를 응원하는 분위기까지 조성한다.**

세계적 석학이나 시대를 앞서간 사람들, 자기 분야에서 최고의 자리에 오른 어른들이 전하는 교훈과 따뜻한 위로는 자기 미래를 고민하는 학생들의 생각을 열어준다. 최재천 석좌교수가 전하고 유석재 기자가 정리한 이 신문기사도 그중 하나다.

"그래서 달라진 네 모습이 뭘까?"

질문에 척척 대답하는 학생은 없다. 끊임없이 묻고 답하고 교정하고 다시 생각하고 문장을 만드는 매우 어려운 과정을 함께하다 보면, 교사는 1분 1초도 쉴 틈이 없다. 그래도 치열하게 고민한 만큼 스토리가 달라진다는 것을 알기에 함께 버틴다. 이후 개요를 토대로 2-D, 3시간 동안 자신의 진짜 이야기를 쓴다. 앞 9시간에 심혈을 기울였고 이제 뒤 3시간을 확보했다면 '본격적으로 나를 분석해 자기소개서를 만든다'라는 기본 목표에 충실했다고 평가할 수 있다.

3단계 '개별 인터뷰', 4단계 '메일 첨삭'은 입시 서류로 자기소개서를 제출해야 하는 학생들만 대상으로 하면 된다. 이 두 단계에서 교사의 역량으로 문장이 잘 자리 잡고 스토리가 업그레이드되지만, 진로교육으로는 불필요하다. 교사가 이를 해낼 시간적 여유도 없다.

특강에서 다룰 자기소개서 문항은 2021학년도 대입 전형까지 활용한 한국대학교육협의회(이하 대교협) 자기소개서 공통 문항이 적당하다. 이 문항들은 중·고등학교 때 기른 학업역량(①문항), 진로역량(②문항), 사회 구성원으로서 필요한 공동체 역량(③문항)을 소개하는 데 매우 좋은 구조다. 글자 수도 많은 게 낫다. 자기소개서 폐지에 앞서 학생들의 부담을 덜기 위해 2022학년도 대입 전형부터 글자 수를 줄였다지만, 그건 글쓰기의 속성을 파악하지 않은 조치다. 개요만 잘 짜면 긴 글이 짧은 글보다 쓰기 편하다. 지금은 내 마음을 충분히 들여다보고 분석하고 단계적으로 서술하는 데 집중하자.

■ '신문으로 쓰는 자기소개서' 문항(2021학년도 대입 전형까지 활용한 대교협 공통 문항)

① 고등학교 재학 기간 중, 학업에 기울인 노력과 학습경험에 대해 배우고 느낀 점을 중심으로 기술하세요. (1,000자 이내)

② 고등학교 재학 기간 중, 본인이 의미를 두고 노력했던 교내활동을 배우고 느낀 점을 중심으로 3개 이내로 기술하세요. (1,500자 이내)

③ 학교생활 중 배려, 나눔, 협력, 타인 존중, 갈등관리, 관계 지향성, 규칙 준수 등을 실천한 사례를 들고, 그 과정에서 배우고 느낀 점을 기술하세요. (1,000자 이내)

■ '신문으로 쓰는 자기소개서' 4단계 커리큘럼

| 단계 | 활동 | 분량 | 내용 | |
|---|---|---|---|---|
| 1 | 학생 탐색 | | - 수업 3주 전에 교사가 배포한 사전 파일을 수업 1주 전까지 학생과 학부모가 각각 작성<br>- 교사는 1주간 사전 파일과 학교생활기록부를 미리 검토하며 학생을 탐색하고 스토리를 구상 | |
| 2 | 자기 소개서 쓰기 (단체 수업) | A 3시간 | - 자기소개서를 스토리로 접근해야 하는 이유 알기<br>- 인생 그래프 그리기(중학교, 고등학교 각각 1개)<br>- 나의 비전과 역량, 강점 등 정리하기 | |
| | | B 3시간 | - 자기소개서 스킬 Ⅰ(가치 찾기, 내용과 형식의 감각 기르기) 배워 문항별 개요 짜기<br>- 진로역량(의미 있는 교내활동) 스토리 구성하기 | |
| | | C 3시간 | - 자기소개서 스킬 Ⅱ(정보 끌어다 쓰기, 문제 해결하기) 배워 문항별 개요 짜기<br>- 공동체 역량 스토리와 학업역량 스토리 구성하기 | |
| | | D 3시간 | - 문항별로 자기소개서 직접 쓰기 | |
| 3 | 개별 인터뷰 | 1인당 1시간 | - 학생이 써온 자기소개서를 바탕으로 1:1 인터뷰 하기 | 3~4단계는 입시 서류로 자기소개서를 제출해야 하는 학생만 진행 |
| 4 | 메일 첨삭 | 2~3회 | → 자기소개서 완성 | |

## 나를 다듬어 선포하는 활동

수년간 자기소개서 12시간 특강을 진행하면서 학생들과 다음 장표를 시작할 때 한 번, 끝날 때 한 번 본다.

### 자기소개서 쓰기 = 진로교육

**자기 소개서는 입시 서류로만 필요한 글인가?**

**NO**

**1) 내 마음을 읽는 기회**
나를 이해하고 내 인생을 들여다보는 시간

**2) 높아진 진로성숙도를 확인**
진로성숙도가 높다는 것은 꿈을 구체화하고 체계화한다는 뜻. 자아와 직업세계를 잘 이해했는지, 자신의 진로를 치열하게 계획하고 선택했는지 확인 가능

**3) 내 미래를 '다듬어 선포하는' 활동**
정성을 기울여 마지막으로 정제된 글! 그 글이 스스로를 응원함. 내가 고민했고, 표현했고, 목표를 가졌고, 단단해졌다는 증거!

---

시작할 때 아무 반응 없는 학생들에게 나는 말한다.

"이게 전혀 마음에 닿지 않을 거야. 그러나 나랑 12시간을 보내고 나서 다시 이 장표를 보면 다를걸?! 지금은 이것만 기억하렴. 자기소개서는 입시 서류로만 필요한 글이 아니야. 자기소개서를 써보는 자체가 매우 소중한 진로교육이야."

1분 1초도 허투루 쓰지 않고 12시간을 보낸다. 앞으로도 갈 길이 멀지만, 일단 12시간 특강으로 3부 능선은 넘은 상황. 학생들의 생생한 소감을 들은 후, 위 장표를 다시 꺼낸다.

"우리 아그들(난 이 단어를 잘 쓴다), 고생했다. 힘들었지만 네 마음을 읽는 기회였고, 너 자신과 직업 세계를 확인했지. 분명히 우리의 진로성숙도는 높아졌어. 자기소개

서를 쓰면서 네 미래도 다듬어나갔다. 앞으로 인터뷰와 첨삭으로 스토리를 더 만들 거야. 끝끝내 완성해서 세상에 선포한 자기소개서가 너의 앞길을 응원할 거야. 그때까지 파이팅!"

이때쯤 되면 서로 뭉클하다. 장표 한 문장 한 문장이 마음에 콕콕 박힌다. 고민했고, 표현했고, 목표를 가졌고, 그 과정에 난 단단해졌다. 그런 내가 나를 스스로 응원한다. 그 과정과 결과물이 귀한데, 학생의 내면을 들여다보는 과정이 어렵다고, 진심 어린 문장을 쓰기 힘들다고, 대학 입시에 자기소개서 자체를 없애고 말았다.

물론 자기소개서까지 사교육 시장에 지나치게 의존하여 입시의 투명성, 공정성을 해친다는 비판에 공감한다. 그래서 제안한다. 신문활용교육(NIE)과 묶어 자기소개서 쓰기를 대학 입시와 상관없는 공교육 커리큘럼으로 재탄생시키자. 필요하면 1단계에서 학생의 경험을 분석하는 방법, 2단계에서 학생 개개인의 스토리를 끌어내는 내 스킬을 알려드릴 수 있다. 사전 파일, 학습지를 원하는 공교육 현장이 있다면 기꺼이 제공할 것이다. 게다가 자기소개서는 취업 시장에서 갈수록 중요한 평가 요소가 되고 있다. 중·고등학교 때 전혀 배우지 못한 자기소개서, 교육 현장에서 도리어 폐지한 자기소개서를 성인이 되어 먹고 살겠다는 절박한 심정으로 써야 한다니 아이러니할 따름이다. 고등학교 《진로와 직업》 교과서의 1/4, 마지막 챕터를 할애해서라도 자기소개서 쓰기를 훈련해야 한다. 학생들에게 자신의 미래를 정성껏 다듬어 당당하게 선포할 기회까지는 주어야 바람직한 진로교육 아니겠는가.

## 제 6 장

# 6

좋은 어른이 되는 연습
**신문과 민주시민교육
·세계시민교육**

# 6

"선생님, 정말 세상에는 문제가 많네요."

중등NIE에 참여한 지 6개월쯤 된 중1 U양의 푸념이었다. 나는 빙그레 웃었다. U양은 당황했을 것이다. 수업 전에는 별로 관심도 없던 세상이, 가까이 가서 보니 문제투성이였다. 또 당황했을 것이다. 기껏 배워 학교에 갔는데 그 상황을 인지하는 친구들이 없다. 대부분 시대 흐름과 사회문제에 무관심하다. 이유는 명확하다. 학생들의 호기심을 자극하는 가십거리가 포털, 유튜브, SNS에 넘쳐난다. 그것만 보기에도 시간이 빠듯하고 그것만 보아도 즐거우니 굳이 세상의 문제를 고민할 이유가 없다. 공감 능력도 부족하다. 이는 앞에서 언급했던 문해력 부족과 다른 차원의 문제다. '내 문제도 아니고 공부하기도 바쁜데 굳이 그런 것까지 함께 고민해야 하느냐?' 생각하는 학생들이 적지 않다.

그러나 그건 결코 남의 이야기가 아니다. 세상의 모든 문제는 직간접적으로 우리 일상에 영향을 준다. 때로는 우리의 행동 때문에 사회문제가 나타난다. 나도 모르게 가해자가, 또는 피해자가 된다. 이뿐이 아니다. 오늘날 불거진 사회문제는 결국, 미래세대인 우리 학생들이 마주할 과제다. 복잡하고 불편해 풀고 싶지 않아도 그대로 둘 수

## 좋은 어른이 되는 연습 - 신문과 민주시민교육·세계시민교육

없는 날이 올 것이다. 놔두면 나와 내 가족, 사회와 국가가 고스란히 피해를 보기 때문이다.

그 명백한 연결고리를 먼저 확인하는 건 퍽 불편하다. '친구들은 관심도 없는데 나 혼자 왜?' 외면하고, 공부나 열심히 해서 좋은 대학 가면 그만이라고 넘겨버릴 수도 있다. 그래서 나는 마음 편한 길을 놔두고 문제 많은 세상과 기꺼이 마주하는 우리 학생들의 주체성을 칭찬하고 싶다. "이렇게 문제가 많냐?"고 투덜대면서도 읽는다. 어떻게든 써본다. 때로는 반성한다. 물론 상황 파악부터 쉽지 않은 이슈도 많다. 관심은 없는데 오늘의 주제라 억지로 따라오는 때도 있다. 이 노력만으로 귀하다. 내가 관심이 많든 적든, 이 논쟁이 좋든 싫든 사회의 문제점을 직시하고 갈등의 원천을 파악하며 각 진영의 주장과 근거가 합당한지 분별하고 해결방안을 모색한다. 그 과정에서 우리는 비판적 사고력과 공감 능력, 문제해결력을 키우고 나와 우리, 세상을 함께 생각하는 좋은 시민, 좋은 어른이 될 연습을 한다.

# 민주시민의 자질을 키운다

대한민국 교육기본법 제2조(교육이념)에 따르면 교육은 민주시민으로서 필요한 자질을 갖추게 한다. 생태계 파괴, 가정의 해체, 저출산·고령화·다문화 사회로의 전환, 경제 양극화 심화 등에 따른 세대·계층 간 갈등이 심각한 현대 사회에서 소통과 공감을 바탕으로 배려하고 존중하는 민주시민을 양성할 필요가 있다고 한다. 또 경기도교육청이 개발하고 초·중·고등학교에 보급한《더불어 사는 민주시민》교과서에 따르면 시민은 '참여하는 사람'이다. 또 우리가 사는 지역, 도시, 국가, 나아가 세계 인류 공동체의 인간다운 성장을 위해 노력하는 사람이다. 주인의식을 갖고 그 권리와 의무를 이행하는 사람을 교과서는 '민주시민'으로 설명한다.

## 사회적 약자의 문제를 다뤄

나는 신문 역시 훌륭한 민주시민을 기르는 교육 콘텐츠라고 믿는다. 신문기사만큼 오늘 우리가 살아가는 이 땅의 문제를 간결하면서도 심층적으로 분석한 콘텐츠를 보지 못했다. 다양한 이슈의 기획 시리즈는 현장으로 생생하게 파고들어 문제점을 지적하고 해결방안을 제시한다. 전문가 의견과 다른 나라 모범 사례 등도 포함한다. 사안을 바라보는 관점이 다르면 각 신문사가 이를 비교하며 게재하는 노력도 기울인다.

그러나 중등NIE에서 고품격 기획 시리즈를 바로 읽어내는 건 부담스럽다. 일례로 2022년에 고유가·인플레이션 등을 다룬 특집 기사는 넘쳐났지만, 중학생들이 직관적으로 이해하기 어려운 내용이었다. 그래서 수업 구성안을 잘 짜야 한다. '고유가'를 학습한다면 고유가로 고통받는 서민·기업·국가를 각각 짚어보기 전에 석유로 일구어온 인류 문명의 역사와 피크오일 논쟁, 2020년 코로나19에 따른 석유 가치의 추락부터 2021년 석유의 반전, 2022년 석유를 중심으로 한 에너지 패권전쟁까지를 전반적으로 파악해야 오늘의 문제를 한층 더 이해한다. 해당 사안이 수면 위로 올라온 이유와 과정을 모르면 제대로 판단할 수도, 해결책을 제시할 수도 없다.

그렇다면 어떤 사회문제를 다루면 좋을까? 원전이나 가짜뉴스처럼 우리 사회 보수 진영과 진보 진영의 입장이 첨예하고 정치적·사회적 갈등으로까지 번지는 이슈는 중학생들에게 버겁다. 일단, 장애인·다문화가정·입양아 등 사회적 약자나 소방관·응급의료인력 등 사회적 영웅부터 시작하는 게 좋다. 정의, 복지, 인권, 자유, 평등 등 민주시민을 둘러싼 가치를 이들을 통해 공감할 수 있다. 그중 '입양'과 관련된 수업을 새롭게 만들어 입양아와 미혼모 가정의 현실을 비판적으로 이해하고 공감대를 키워보자. 먼저 여는 글이다.

**서울시 관악구 주사랑교회, 부산시 홍법사 등은 베이비박스를 운영합니다. 베이비박스는 불가피하게 키울 수 없는 아기를 데려다 놓는 장소입니다. 아기를 키울 수 없을 때 생모는 먼저 '입양'을 생각합니다. 그러나 2011년 입양특례법이 개정되며 입양 과정에서 생모의 신상 기록을 담은 출생신고가 의무화되었죠. 출산 기록 남기기를 꺼리는 미혼모들의 선택은 결국 입양이 아닌 베이비박스. 익명으로 아기를 맡기는 것입니다.**

**주사랑교회가 베이비박스를 처음 설치한 2009년부터 10여 년간 맡겨진 아기는 1,600여 명에 이릅니다. 혹자는 이를 '유기'라고 비판하지만, 봉사자들은 이렇게라도 아기를 살리려는 생모들이 있다고, 궁극적으로 '베이비박스가 필요 없는 나라'를 만들자고 호소합니다.**

시작부터 입양의 정의를 읊고 우리나라가 한때 세계 1위의 아동 수출국이었음을 강조하면 학생들은 몰입하지 않는다. 베이비박스로 '아기들이 불쌍해'라는 마음부터 들게 하는 것도 전략이다. 때로는 주변인을 대입한다.

"선생님이 결혼도 안 하고 아기를 낳았어. 애 아빠는 도망갔네. 난 도저히 아기를 키울 수 없어서 입양을 시키려고 했거든. 그런데 내 기록이 남는대. 혹시 내가 다니는 회사에서 그 사실을 알고 나를 쫓아내면 어쩌지?"

교사가 처한 불행에 학생들은 조금씩 관심을 가질 수 있다. "저희(미혼모 가정)도 가족이에요"라고 눈물짓는 미혼모의 인터뷰 영상으로 현실을 더 파악한 후, 다음 지문을 읽어보자.

---

**유기되는 영아는 매년 증가**한다. 경찰청에 따르면 지난 10년(2010년~2019년)간 발생한 영아유기 사건은 총 1,272건이다. 2014년 41건에서 2018년 183건으로 4배 이상 늘었고, **영아 살해도 110건**이었다. 백혜련 의원은 "영아 유기·살해죄 형량을 높이는 개정안을 준비중"이라고 했다. 현행법상 영아 유기는 3년 이하의 징역 또는 500만 원 이하 벌금을 물린다.
**미혼모의 인식 개선과 지원이 선행돼야 한다**는 지적도 있다. 김도경 한국미혼모가족협회 대표는 "영아 유기를 사전 예방할 장치가 필요하다. 예상치 못한 임신을 했을 때 상담할 기관이 없다. **임신 단계부터 미혼모들을 정신적·물질적으로 지원**해 극단적 선택을 막아야 한다"고 강조했다. 정익중 이화여대 사회복지학 교수는 **"우리나라는 미혼모에 인식이 좋지 않다. 아이 아빠의 책임은 언급하지 않고 미혼모만 비난**한다. 이런 사회적 분위기로 영아 유기가 반복된다"고 진단했다.
미국, 프랑스, 독일 등에서 시행중인 **'비밀출산제'도 대안**으로 꼽힌다. 비밀출산제는 산모의 신원을 밝히지 않고 출산한 아이의 출생신고를 하게 하는 제도다. 김지영 전국입양가족연대 국장은 "친부모가 출생신고를 해야만 입양하도록 한 입양특례법 개정안이 통과된 후 영아 유기가 급증했다. 비밀출산제를 도입해 태어나자마자 **병원에서 출생신고를 하고, 기관과 연계해 입양 및 보호가 가능하게 해 산모와 아이를 보호해야 한다**"고 말했다.

<중앙일보, 2020. 11. 05. 김지아 기자> 중에서

> **입양은 한 아동의 운명을 180도로 바꾸며 아동의 평생에 가장 큰 영향을 미치는 아동복지사업**이다. 입양으로 우리나라 농촌에서 김 씨로 태어난 아동이 서울의 강 씨가 될 수도, 덴마크의 앤더슨 씨가 될 수도 있다. 유엔아동권리협약과 헤이그 국제아동입양협약은 **모든 아동은 먼저 출신 가정과 출신 국가에서 성장할 기회를 보장해야 하고**, 아동이 생부모 가정에서 보호받지 못할 때 **아동의 최상의 이익을 위해 입양 선택이 적절한지 최종 결정을 정부가 해야 하며, 입양 절차에서 부적절한 재정적 이익을 금할 것을 명시**한다.
>
> <한겨레, 2019. 05. 13. 노혜련 숭실대 사회복지학부 교수 기고> 중에서

앞 지문은 늘어나는 영아 유기 ☞ 원인(미혼모에 좋지 않은 인식, 지원 미흡) ☞ 제도적 문제점과 선진국의 대안을 서술한다. 무엇보다 학생들이 '왜 미혼모들이 아기를 베이비박스에 버리는가?'를 다각적으로 파악할 수 있어야 한다. 이는 입양 환경과 제도 변화의 필요성을 공감하는 장치이기도 하다. 뒤 지문은 입양의 의의이다. 어떤 아이든지 출신 가정에서 성장하는 것이 가장 좋지만, 즉 입양보다 미혼모 가정 지원이 더 중요하지만, 부득이하게 입양을 선택한다면 어떤 조건을 갖추고 어떤 절차를 밟아야 하는지를 짚는다. OX 퀴즈로 넘어가자.

| | | |
|---|---|---|
| 1 | '**사회적 낙인(Stigma)**'이 두려운 미혼모·부에게 베이비박스는 아기의 유기나 살해를 막는 '**최후의 보루(堡壘)**'이며 아동보호의 대안이 되기도 한다. | O |
| 2 | 비밀출산제는 친생부모 출생신고제의 부작용을 보완하고 신원을 밝히기 힘든 산모의 사생활을 보호하기에 '**미증유(未曾有)**'의 정책이라고 평가할 수 있다. | X |

입양에 앞서 원(原)가정 양육의 중요성부터 짚어내자. 당면한 문제를 풀어낼 이상적 방안과 때로는 그것을 적용할 수 없는 한계까지 파악하다 보면, 실질적인 해결책에 접근하고 문제 해결의 바람직한 절차도 이해할 수 있다. 우리 학생들이 미래 민주시민이

되기 위해 지금부터 훈련해야 할 부분이다.

전문가들은 원(原)가정의 생계를 영위할 보호 체계(월 양육비·자립촉진수당 제공 등) 마련과 여성·가족을 향한 사회적 인식 개선이 중요하다고 강조한다. 보호 체계도 마련되고 사회적 인식이 바뀌었음에도 한부모가 아이를 키울 의지와 여건을 갖추지 않았다면, 그때는 입양이 필요하다. 시설로 가기보다는 입양되는 것이 낫다. 유엔아동권리협약도 가정이 사회의 기본 집단이며 아동의 발달과 행복을 위한 가장 자연스러운 환경이라는 점, 아동은 부모에게 양육 받을 기본 권리가 있다는 점을 명시한다. 그 가정이 원(原)가정이면 가장 바람직하지만, 입양 가정도 차선이 된다는 결론을 내리며 국내 입양의 가치를 짚는다.

> "**아이 하나하나가 소중한 생명을 지닌 존재입니다. 입양을 통해 아이들에게 든든한 울타리를 만들어주는 것은 우리 시대에 너무도 중요한 일**입니다."
>
> 천병희 씨(62)는 올해 입양의 날을 맞아 11일 입양 부모로서 입양 가족 자조 모임 활성화에 기여한 공로로 국민훈장 동백장을 받는다.
>
> 천 씨는 경향신문과의 전화에서 "지금부터 20년 전, 처음으로 큰딸 순영이를 입양했다"라면서 "집으로 데려와 가만히 바라보고 있는데, **마음속에서 사랑의 느낌이 샘솟는** 것을 느끼며 '이게 모성애구나' 생각했다"라고 말했다. 그는 "입양과 양육에 대한 두려움은 어디론가 사라지고, **자녀를 만난 기쁨**으로 가득 차게 되었다"고 했다.
>
> 지금 생각해도 입양은 살아오면서 가장 잘한 결정이라고 한다. 그때가 바로 부모가 되는 도전의 시작이었기 때문이다. 천 씨는 입양한 3남 2녀, 5명의 자녀가 건강하고 밝게 자라는 것을 보면서 **가정에서 사랑받고 자라는 것이 얼마나 중요한지** 알게 됐다. 자신의 경험을 바탕으로 아이는 가정에서 자라야 한다는 뚜렷한 소신을 갖게 됐고, 이후 예비 입양 가족의 입양 상담과 진행을 돕는 일에 정성을 기울였다.
>
> <경향신문, 2020. 05. 10. 박효순 기자> 중에서

2018년 1월 보건복지부 '보건복지통계연보'에 따르면 국내 전체 입양 아동 수는 2012년 1,125명에서 2016년 546명으로 반 토막이 났다. 이는 출산율 저하와 입양 대기 아동의 감소, 아이를 원하지 않는 딩크족의 증가 등과 맞물린 현상이다. 그러나 위 기사에서처럼 입양, 특히 국내 입양의 가치를 삶으로 증명하는 사람들은 여전히 있다.

■ **국내 입양이 우리 사회에 미치는 긍정적 영향을 요약, 유추합시다.**

김원득 중앙입양원 원장은 한 신문사 기고문('가슴으로 낳은 아이' 입양 늘리자 - 조선일보, 20190508)에 '가정은 아이가 태어나 처음 만나는 작은 사회다. 여기서 가족과 부대끼며 겪는 사랑과 관심, 관계는 전 생애에 깊은 영향을 미친다'라고 설명했다. 여기서도 입양된 아동에게 미치는 긍정적 영향을 끌어낼 수 있다. 유엔아동권리협약, 헤이그 국제아동입양협약에도 단서가 있다. 입양된 아동은 사회의 기본 집단인 가정에서 신체적·정신적 발달과 행복의 권리를 누린다. 사실 이런 문장을 중학생들이 '신속하게' 떠올리고 '정확하게' 써 내려가지는 못한다. 하지만 '가족이 생겨 좋다' 정도로 단순하게 생각하지 않고 지문에 힘입어 사고를 확장해 서술하는 것이 우리 목표다. 적어도 읽고 쓴 내용만큼은 내 안에 자리 잡는다.

국내 입양이 사회와 국가에 끼치는 긍정적 영향을 유추할 때는 가치 단어를 떠올리자. 아이들을 해외로 보내지 않고 국내에서 키우는 행위는 책임감, 공동체성, 생명존중 등으로 설명할 수 있다. 내 핏줄에 집착하지 않는 포용성, 다양성도 돋보인다. 이들로 국가는 저출산 문제를 다소 해결할 수 있고 국가의 책임도 저버리지 않았다.

| 입양된 아동 | - 사회의 기본 집단인 가정에서 신체적·정신적 발달과 행복의 권리를 누린다.<br>- 가족과 부대끼며 사랑과 관심, 관계의 중요성을 깨닫고 바람직한 사회 구성원으로 성장한다. |
|---|---|

| 입양한 가족 | - 자식을 얻고 기르는 기쁨을 경험한다.<br>- 가정의 중요성, 부모 됨의 의미(대가를 바라지 않고 사랑과 의무를 다하는 것)를 깨닫는다. |
|---|---|
| 사회 | - 사회 전체가 우리나라 아이들을 책임지는 공동체 의식이 강화된다.<br>- 생명존중사상이 퍼진다.<br>- 포용성, 다양성을 인정하는 사회 분위기를 형성한다. |
| 국가 | - 장기적으로 저출산 문제를 해결한다.<br>- 해외 입양 아닌 국내 입양으로 국민을 보호하는 국가의 책임을 다한다. |

이제 해외 입양으로 간다. 중간글로 다시 감정을 잡는다.

우리나라는 아직도 '아동 수출국'이라는 오명에서 벗어나지 못합니다. 미국에 살던 홀트 부부는 1954년, 6.25전쟁 고아들의 실상을 담은 다큐멘터리에 충격을 받고 이들의 입양에 나섰습니다. 긴급구호나 지원보다 가정을 만들어주는 게 절실하다고 여겼기 때문입니다. 이것이 2020년 기준, 창립 65주년이 된 해외입양기관 홀트아동복지회의 시작입니다.

<가> 세계인들은 전쟁의 폐허를 딛고 일어선 신흥 경제 발전국보다 '고아 수출국'으로 한국을 더 기억했다. 1953년부터 지금까지 아이 20만 명이 해외로 입양됐다. 이중 미국으로 간 아동은 11만 명. 왜 유독 미국으로 많이 보내졌을까.
보스턴칼리지 역사학과 교수인 저자는 책《왜 그 아이들은 한국을 떠나지 않을 수 없었나》에서 한국과 미국의 이익이 맞아떨어졌다고 설명한다. 냉전 시기 공산주의와 체제 경쟁을 벌였던 미국은 한국전쟁으로 갈 곳 잃은 아동들을 거두며 전 세계를 품는 '선한 부모' 이미지를 구축하고 도덕적 우위를 과시했다. 대내적으로도 비(非)백인 아동은 미국 사회의 다양성을 보여주는 데 꼭 필요한 존재였다.

**한국의 해외 입양은 국가 역점 산업이자 초대형 복지 정책**이었다. 박정희 정권 시절, 국내 입양이 장려됐으나 뿌리 깊은 혈통주의의 벽을 넘기는 어려웠다. 입양전문기관은 돈 안 되는 국내보다 **수수료 높은 해외 입양에 매진했다**고, 국가는 극빈 가정 아동을 해외에 보내는 것으로 **국가의 사회복지 책임을 방기했다고** 책은 주장한다.

입양은 한국과 미국 두 나라에 모두 이익을 안겼지만, 정작 **입양아들의 이익은 유린**됐다. **인성이 검증되지 않은 입양 부모로부터 아이들이 폭행을 당하거나 파양**된 경우가 적지 않았다. 미국 시민권을 취득하지 못한 채 강제로 쫓겨나 불법체류자로 내몰린 입양아들이 2만 명에 달한다. 하지만 누구 하나 **책임지는 사람 없고**, 해외 입양은 여전히 지속된다.

<한국일보, 2019. 06. 06. 강윤주 기자> 중에서

---

**<나>** 13개월 된 서연이(가명)는 사시가 심하고 머리 균형이 맞지 않는 장애아이다. 위탁모 고기숙 씨는 국내 양부모 후보자 세 명에게 연달아 서연이를 보여주면서 마음이 아팠다. 고 씨는 "우리나라는 아픈 아이의 입양을 꺼리는데, 입양 허가가 난 후 5개월간은 무조건 국내에서 찾아야 한다. 이때 아이가 상처를 많이 받는다" 말했다.

**장애아 입양을 꺼리는 사회적 인식은 여전하다.** 지난해 건강에 이상이 있는 아동 중 국내 입양은 24명이지만, 해외 입양은 99명이었다. 정부가 해외 입양을 통제하지 않던 2002년에는 해외로 입양 간 장애아가 827명이었고, 국내로 입양된 장애아는 16명뿐이었다.

현재 보건복지부는 △입양 허가가 난 아이는 우선 5개월간 국내 입양을 시도하고 △주선 기관은 해외 입양을 국내 입양 성사 건수의 2/3 이내로 하게 제한한다. 한 입양기관 관계자는 "이 제약으로 **아동이 국내외 어느 가정에도 못 간 채 보육원에 남는다면, 입양**을 시설 보호보다 강조하는 헤이그 국제아동입양협약의 정신에도 어긋난다. 장애아만이라도 해외 입양 활로를 열어야 한다"고 말했다. 현재 한국은 장애아 양육의 정부 보조금이 월 60만 원에 불과하고 건강보험이 적용되지 않는 의료비 부담이 크다. 반면 **미국은 장애아동 의료비를 거의 보험 처리하고 장애 입양아의 의료 및 생활 적응을 컨설팅하는 인프라가 탄탄히 구축돼** 있다.

<동아일보, 2016. 05. 11. 이지은 기자> 중에서

<다> 해외 입양 청소년 초청은 36년 전 이대원(84) 박사가 미국에서 한 청년을 우연히 만나면서 시작됐다. 이 박사는 동양인처럼 보이는 청년에게 반가운 마음에 말을 걸었는데 입양인이었다. 그는 <u>한국인을 증오하고 경멸</u>했다. 항공우주국(NASA)에서 일하는 엘리트인 청년은 <u>"조국이 나를 두 번 버렸다.</u> 한 번은 입양을 보내며 버렸고, 또 한 번은 조국이 찾지 않아 버린 것"이라며 "교포사회가 이용만 하니 대한민국의 '대' 자도 싫다" 했다는 것이다.

<서울신문, 2020. 06. 29. 한상봉 기자> 중에서

안타깝게도 입양 논쟁은 각자 경험과 신념으로 확연히 갈린다. 해외 입양은 더했다. 좋은 가정을 만나 해외에서 잘 자리 잡은 입양아들은 해외 입양을 찬성하고, 입양된 가정에서 고통받거나 파양되거나 정체성의 혼란을 겪은 입양아들은 해외 입양이 국가의 직무 유기라며 비판했다.

그래서 <가>와 <다>는 해외 입양에 비판적 태도를 보인다. 수수료 장사, 국가의 사회복지 책임 방기, 한국인에 대한 증오와 경멸 등의 문구가 아프다. <나>는 해외 입양을 긍정적으로 본다. 특히 사회적 인식 상 국내 입양이 쉽지 않은 장애아동을 국내 보육원에 보내자고 고집하기는 어렵다고 주장한다.

「제시문들을 상반된 두 입장으로 분류하고 각 입장을 요약하시오」, 「각 사례가 제시문의 어느 입장을 지지하는지 설명하시오」 등은 대입 논술전형의 주요 문항이다. 자신이 어느 입장과 관점을 지지하는지 그 이유를 서술하라는 문항도 간혹 나오지만, 상당수는 '내 생각 빼고' 지문을 분석하는 활동이다. 그 훈련을 대입 논술전형 지문보다 읽어내기가 수월하고 요약하기가 덜 난해한 신문기사로 중학생 때 해보자.

■ 해외 입양을 찬성하는 견해와 반대하는 견해의 근거를 정리합시다.

| 주장 | 해외 입양은 지양해야 한다. | 해외 입양은 불가피하다. |
|---|---|---|
| 근거 | 6.25전쟁 이후 한국은 '고아 수출국'으로 유명해졌다. 책 《왜 그 아이들은 한국을 떠나지 않을 수 없었나》에 따르면 민간 입양전문기관은 수수료 높은 해외 입양에 집중했고, 국가는 사회복지 책임을 방기했다. 몇몇 해외 입양아들은 검증되지 않은 입양 부모로부터 폭행당하거나 파양되기도 하고, 불법 체류자로도 남았다. 그러나 한국은 사후 관리는커녕, 그들의 고통에 관심이 없다. 외면당한 입양아들도 조국이 자기를 두 번 버렸다는 사실에 한국인을 증오, 경멸하니 국가적으로도 불행한 일이다. | 입양되지 못한 아이들은 보육원으로 가야 한다. 그런데도 국내 입양을 고집해야 하나? 특히 장애아동 입양을 꺼리는 사회적 인식은 공고하다. 보육원에서 자란 장애아동은 성인이 되어도 자립이 힘들고 장애인수용시설로 옮겨갈 확률이 높다. 외국은 장애아동 입양의 편견도 적고 관련 인프라도 탄탄히 구축했다. 국가의 체면 때문에 입양아들의 미래를 구속하면 안 된다. |

세상의 갈등은 이렇게 양쪽 견해가 다 이해되는 경우가 많다. 그런데도 입양이 필요하다면 접점을 찾자. 왜 지금도 입양을 몇몇 민간기관이 진행하는가? 이것이야말로 국가의 사회복지 책임 방기가 아닌가?

■ 5월 11일은 '입양의 날'입니다. 그러자 2011년부터 입양 당사자인 입양인과 미혼모, 한부모 단체가 그 날을 '싱글맘의 날'로 기념했습니다. 이에 정부는 '원(原)가정에서 아이를 양육하는 것이 입양보다 우선'이라는 취지를 수용해 2018년, 5월 11일보다 하루 앞당긴 5월 10일을 '한부모가족의 날'로 제정했습니다. 입양을 찬성하는 쪽과 원가정 양육을 찬성하는 쪽 모두 '아동 최우선의 원칙'을 강조합니다. 우리 사회는 이 문제를 어떻게 풀어야 할까요? 아래 내용을 요약합시다. 요약글의 결론이 됩니다.

① 거의 모든 국가에서 공적 기관이 입양의 핵심 업무를 담당한다. 이는 입양이 아동의 인생에 큰 변화를 가져오는 평생의 여정, 상당한 책임이 필요한 일이기에 반드시 공공이 주도해야 한다는 사실을 인식하기 때문이다. 하지만 우리나라는 해외 입양을 시작한 이래 지금까지 65년 이상을 입양 아동과 예비 입양 부모의 적격성 판단부터 국내외 결연 업무, 아동보호까지 모두 민간기관이 맡고 있다. 공적 개입은 2011년 입양특례법 개정으로 입양 절차의 마지막 단계에 법원의 허가 과정을 추가한 것이 유일하다.

② **특히 해외 입양은 허가 이후 적응, 시민권 획득까지 책임감 있는 사후 관리가 필요하다.** 그러나 **우리나라 입양의 비전문성과 책임감 결여로** 현재까지 미국에서 시민권을 획득하지 못한 입양인이 2만 명으로 추산되고, 범죄에 연루되어 추방된 입양인도 여러 명이다.

③ **우리나라 출산율은 세계 최저로, 태어난 아동 한 명 한 명을 잘 성장하게 하는 것이 사회의 미래를 위해 매우 중요**하다. 국가가 **통합적 아동보호체계 안에서** 입양 실무를 책임지는 구조를 만들고, 국내 입양, 일시 보호를 통한 원가정 복귀 등 우리 **아동을 우리나라에서 건전하게 양육할 방법을 다각적으로 연구하고 실천**해야 할 것이다.

〈한겨레, 2019. 05. 13. 노혜련 숭실대 사회복지학부 교수 기고〉 중에서

요약을 위해 문단별로 번호를 매기고 핵심을 발라내자. ①은 국가가 입양의 핵심 업무를 맡아야 하는 이유를 설명한다. ②는 우리나라 입양의 비전문성을 비판한다. ③은 정부가 책임지는 입양의 긍정적 효과를 짚는다.

입양은 아동의 인생에 큰 변화를 가져오는 평생의 여정이므로 국가가 책임감 있게 핵심 업무를 담당해야 한다. 특히 해외 입양은 허가 이후 적응, 시민권 획득까지 전문성과 책임감 있는 사후 관리가 필요하므로 더 국가가 나서야 한다. 세계 최저 출산율인 우리나라의 미래를 위해 아동들을 잘 성장시켜야 한다. 통합적 아동보호체계를 구축하고 국내 입양, 원가정 복귀 등으로 되도록 아동을 우리나라에서 건전하게 양육할 방법을 연구 실천하자.

여기까지 공부하면 미혼모가 중고 직거래 장터에 아기를 팔겠다고 올린 사건이 달리 보인다. "엄마가 제정신이냐?", "아기가 불쌍해" 같은 일차원적 비난에 머물지 않고, 왜 미혼모가 이런 선택을 했는지를 고민하게 된다. 일명 '정인이 사건'을 기억해보자. 정인이에게 미안해서 울고 분노하는 국민은 많았지만, 물론 그 공감도 필요하지만, 이 문제를 어떻게 풀지 고민하는 국민은 적었다. 훌륭한 입양 가정들에 애꿎은 불똥이 튀기도 했다. 이때 우리 학생들은 대안을 생각할 수 있다. 민간기관이 주선하는 입양이 아닌, 국

가가 책임감 있게 관리, 실행하는 입양 말이다.

학생들이 생각해내는 해결책이 어설퍼도 괜찮다. 정책 전문가도 아닌 그들에게 무슨 완벽한 대책을 기대하는가? 지문을 읽으며 '이게 대안이구나' 판단하는 정도도 좋다. 중요한 것은 '불쌍하다', '나쁘다' 정도의 반응에 머물지 않고, 비판적으로 인식하되 공감하고 합리적으로 판단하여 해결책을 고민하는 태도다.

최근 아름다운재단의 '열여덟 어른 캠페인'을 접하며 입양되지 못한 아동들이 성인이 되어 겪을 어려움을 알 수 있었다. 「열여덟 살이 되면 보육원을 나와 자립 정착금 500만 원으로 자립해야 합니다」라는 캠페인 멘트에 과거 입양이 성사되지 않았던, 누군가의 애타는 시간을 떠올렸다. 이제 그들을 후원하는 손길은 단순한 나눔, 모금 활동이 아니다. 대한민국 입양의 현실을 아니까 문제 해결에 작은 보탬이 되겠다는, 사회 구성원의 의지이며 실천이다. 덕분에 평범하게 자립하는 열여덟 어른이 많아지면, 그들에게 보육원 출신이라는 사회적 낙인이 찍히지 않는다면, 편견 없는 건강한 사회는 한층 가까워질 것이다.

## 시민교육을 강화하는 독일

신문을 열심히 읽으면서 호감도가 급상승한 나라는 독일이다. 독일은 다양한 사회문제를 모범적으로 해결하고자 애쓰는 국가로 자주 등장한다. 미국과 중국의 패권 경쟁이 치열한 오늘날, 유럽 1위 경제 대국인 이 나라는 나름의 원칙을 갖고 자기 길을 간다. 특히 내 마음을 끈 것은 과거사를 대하는 독일의 태도다. 독일은 1·2차 세계대전 전범국으로서 행한 잘못을 지속 인정하고 사과하며, 나치 전범과 협력자들을 지금까지도 처벌하고 있다. 1970년 빌리 브란트 서독 총리가 폴란드 국립묘지에서 무릎 꿇고 사죄하자, 전 세계는 "무릎을 꿇은 건 한 사람이었지만, 일어선 건 독일 전체였다"라고도 평했다.

2021년 독일은 20세기 초, 식민지배한 나미비아에서 집단학살을 벌인 일도 공식 사죄했다. 궁금했다. 독일은 갑자기 착해진 걸까? 국가 차원에서 과거 잘못을 검토하고 인정하고 반성하고 바꾸려는 자세를 언제 어떻게 길렀을까? 실마리가 될 신문기사를 발견했다.

> **2차 세계대전은 1950년대 독일 지식인들에게 큰 고민을 안겼다. '독일이 저지른 잘못을 답습하지 않으려면 어떻게 해야 하는가'**였다. 그들이 주목한 것은 2차대전을 일으킨 장본인인 아돌프 히틀러가 독일에서 투표와 선거를 통해 합법적으로 집권했다는 사실이다.
> 
> 독일의 지성들은 "히틀러의 집권과 독주를 견제하지 못한 데는 유권자이기도 한 시민들 책임이 크다"고 자성했다. 이런 반성에서 **시민교육의 중요성**에 눈을 뜨게 됐다. 정진영 경희대 부총장은 "전후 독일 지식인들은 **민주주의라는 제도를 갖추는 것 못지않게** 그 제도를 운영하는 **시민의 역량도 중요하다는 교훈**을 얻었다"고 해석했다.
> 
> **독일에서 시민교육이 활발해진 것은 1976년부터**다. 시민교육의 핵심 목표는 '**선입견이 없는 (사람)**'이란 의미를 가진 'Unvorein genommen'이란 단어로 압축된다. 커스틴 폴 요하네스구텐베르크대 교수는 "21세기 민주주의의 핵심은 서로 다른 다양한 의견이 한데 어우러지도록 조화시키는 점에 있다"며 **"상대를 인정하고 열린 마음을 갖는 것**이 시민교육의 출발"이라고 말했다. 시민교육은 1990년 독일이 통일한 뒤 **사회 통합을 이루는 데에도 기여**했다. 수십 년간 서로 다른 정치체제에서 살아온 서독과 동독 주민 간 화합을 이끌었다.
> 
> 독일에선 **초등학교 5학년 때부터 고교 졸업 때까지 논쟁이 되는 사회 이슈를 많이 소개**하는 시민교육을 실시한다. 특정 이슈에 대해 다양한 주장을 소개하고 각 주장의 토대가 되는 논거들을 상세히 수록한다.
> 
> **시민교육은 성인이 된 이후에도 이어진다.** 정치·사회·환경·노동 등 실생활과 밀접한 이슈의 강의가 개설된 시민대학, 정치교육원이 전국 1,000여 개에 달한다. 여기서는 주민들이 겪는 지역 현안을 다룬다.
> 
> <중앙일보, 2017. 02. 16. 윤석만 기자> 중에서

잘못을 답습하지 않으려면 어떻게 해야 하는가? 독일은 해법을 초등학교 5학년부터 시작하는 시민교육에서 찾았다. 여러 사회 이슈를 객관적으로 들춰보고 논쟁하니 역사적 아픔을 마주하고 자기 잘못 역시 깨달을 수밖에 없다. 치부로 여기며 숨기지 않고 용기 있게 사과하면서 다음 단계로 나아가는 것이다.

위 기사에서 눈여겨본 대목은 또 있다.

「시민교육은 성인이 된 이후에도 이어진다. 정치·사회·환경·노동 등 실생활과 밀접한 이슈의 강의가 개설된 시민대학, 정치교육원이 전국 1,000여 개에 달한다.」

초5부터 고3까지 단련된 시민교육을 성인이 되었다고 멈출 이유가 없다. 아니, 더 필요하다. 과거 미래세대였던 그들이 사회를 움직일 기성세대가 되었으며, 그들이 마주한 문제는 사회적 과제이기 때문이다. 다음 미래세대를 향한 기성세대의 책임감으로 독일은 원전 폐쇄, 과거사 반성, 난민 수용 등 국내외적 문제에 쉽지 않은 선택을 해내고 있다. 독일 국민이 민주시민으로 성장한 원동력은 바로 전 세대를 아우르는 시민교육이었다.

---

2005년 미국은 냉동인간을 만드는 비밀 실험을 합니다. 주인공 조 바우어는 1년만 잠들었다 깨면 된다는 설명을 듣고 냉동 수면에 들어갑니다. 그런데 예기치 못한 사고로 1년 후에 깨어나지 못하죠. 2505년의 어느 날. 조는 깨어납니다. <u>500년 후 미래입니다.</u>
미래는 얼마나 발전해 있을까. 조는 기대하며 사람들을 만납니다. 그런데 이게 웬일입니까. <u>사람들이 모두 바보가 돼 있었습니다. 모든 게 자동화돼 인간은 머리 자체를 쓸 일이 없는 세상</u>이었죠. 사람들은 자극적이고 단편적인 것들에만 반응합니다. 고차원적 사고는 존재하지도 않습니다. 사람들은 소파에 앉아 감자튀김을 먹으며 TV를 보거나 게임에 몰두할 뿐입니다. 오스카상 시상식에서 8개 부문을 휩쓴 작품은 90분간 사람 엉덩이만 보여주는 영화였습니다. 가장 인기 있는 TV 예능은 한 남자가 몇 시간 동안 허벅지를 맞는 장면만 보여줍니다. 또 엽기적인 레슬링 스타가 국민의 전폭적 지지를 받아 대통령에 올랐습니다.

> **영화 <Idiocracy>는 500년 후 미래를 디스토피아로 설명**합니다. 똑똑한 사람들은 자아실현을 위해, 또 아이를 키울 만한 사회가 아니라고 판단해 출산을 피합니다. 반면 그렇지 않은 사람들은 생각 없이 다산을 하고 아이들 교육에도 무관심합니다. 태어난 아이들은 TV와 게임에만 노출되고, 그들이 성인이 되면 같은 일이 반복됩니다. 기술발전이 인간의 삶을 윤택하게 하는 게 아니라 망친다는 거죠. 영화에서 **인류는 식량 감소, 환경오염 등으로 (지구가) 파멸을 향해 가지만, 누구도 (이들 사회문제를) 신경 쓰지 않습니다.** 결국 지구상 가장 똑똑한 조가 미국 국무장관을 맡아 이 위기를 타개하려고 애씁니다. 과연 조는 위기에 처한 인류를 구할 수 있을까요?
>
> <중앙일보, 2018. 01. 06. 윤석만 기자> 중에서

이런 기사를 읽을 때마다 신문의 매력에 빠진다. 무겁지 않은 이야기로 세상에 발을 딛고 깊은 울림을 주는 콘텐츠다. 자동화된 세상에서 머리를 쓰지 않는 바보, 사회문제에 관심 없는 개인주의자가 500년 후 인간의 모습일까? 그렇지 않다. 몸뿐만 아니라 뇌도 나태해져 문제해결력을 상실한 사람, 내 이익 외에는 관심 없는 사람이 지금도 적지 않다. 어른이 되면 사회문제를 해결하는 데 앞장설 거라고? 생각조차 해본 적이 없는데 어떤 해결책을 제시하겠는가? 갈수록 문제는 복잡해질 것이다. 혼란할수록 내 것을 지키고 싶은 욕망은 커질 것이다. '(내 이익 침범하지 않는 선에서) 알아서 하라'며 권력자에게 떠넘기는 게 편할 것이다. 그럼 공동체는 어떻게 될까? 그 불행한 말로를 모를 리 없다.

## 공동체의 문제가 나의 문제임을 인식하도록

학생들이 일정 부분 공감할 수 있는 사회문제는 '환경'이다. 너무 자주 들어 둔감해지기까지 한 기후변화? 아니다. 매우 현실적인 문제로 새롭게 수업을 만들어보자. 쓰레기,

그중에서도 '수도권 쓰레기 매립지 지정' 이슈를 다뤄보자. 학업에 바쁜 학생들도 집안 생활 쓰레기를 담는 종량제봉투가 어디 있는지는 알고, 한여름 그 주변에 모이는 벌레와 악취로 눈살을 찌푸린 경험이 있기 때문이다.

1992년부터 인천시·서울시·경기도의 생활 쓰레기를 매립한 인천 서구 수도권매립지에 대해 인천시는 발생지 처리원칙을 강조하며 2025년 종료를 선언했다. 30년 넘게 지역주민들이 입었을 고통과 피해를 다른 지역 사람들은 상상도 할 수 없다. 그런데도 서울시는 "다른 지자체의 처리시설을 활용하면서 시설비 부담, 공동건설 참여 등으로 처리하는 것도 넓은 의미로 발생지 처리원칙에 부합한다"라면서 발을 뺐다. 이 문제가 인천시와 서울시만의 문제일까? 수도권이 쓸 전기를 공급하려고 질병과 소음, 오염, 이웃 간 갈등에 시달리는 지방 사람들을 생각하지 않을 수 없다. '매립 쓰레기를 줄여 토양오염을 막자' 정도의 결론을 넘어 '환경 정의'까지 고민할 사안이다.

> "왕눈이 엄마, 옥자 아버지 전부 암으로 죽었어요. 죽어 여기 못 온 이들이 더 많아요."
> 1999년부터 청주시 북이면 소각장들이 들어선 뒤 최근 10년간 5,000명 주민 중 60명이 암으로 죽었다.
> 밤만 되면 마을 하늘에 치솟는 시커먼 불꽃을 보며 잠 못 이루거나, 바람 부는 날엔 송전탑의 아이 울음 같은 괴성에 시달리는 사람들이 있다. 수도권에 전기를 보내주고 쓰레기를 대신 태우느라 질병과 소음, 오염, 이웃 간 갈등으로 그들의 삶은 얼룩졌다. 지방 주민들의 '희생의 시스템'으로 지탱되는 수도권의 우아하고 쾌적한 삶은 '최대 다수의 최대 행복'이라는 논리로 정당화될 수 있을까. '혐오의 외부화' 구조는 언제까지 작동할 것인가.
> '공정'의 가치는 수도권에서만 통용되는가? 서울 사람들이 전기차를 타고 우아하게 생활하기 위해 지역주민들이 희생하는 것은 당연한가? 전기 생산과 쓰레기 처리에서 '지산지소(地産地消)'의 원칙은 불가능한가? 이 문제를 외면하는 한, 수도권과 지방 간의 '심리적 분단'은 더 두꺼워질 수밖에 없다.
>
> <경향신문, 2021. 10. 19. 문광호 기자> 중에서

■ 위 내용과 지문, 상식에 근거하여 다음 문항에 O 혹은 X를 치세요.

| 1 | 발생지 처리원칙은 대한민국 전체 폐기물의 상당 부분을 차지하는 서울·경기 지역 폐기물이 갈 곳을 잃는 쓰레기 대란을 부를 가능성이 크다. | O |
| 2 | 수도권에 전기를 보내고 쓰레기를 대신 태우느라 질병, 소음, 오염에 시달리는 지방 상황은 지속 가능한 미래를 위한 '호사다마(好事多魔)'로 볼 수 있다. | X |

경향신문의 기획·연재 '절반의 한국'(2021.10.06.~2021.11.18.)은 주옥같은 기사가 많다. 기획기사, 고품격 콘텐츠로 신문의 존재감이 드러난다. 서울에는 원전을 지으면 안 되고 사람 적은 지방에는 원전을 지어도 어쩔 수 없다고 생각하면서 생산하지도 못하는 전기를 펑펑 쓰기만 하는 지역 간 환경 정의 불균형 앞에 나를 비롯한 서울 시민, 서울 학생들은 난감해진다. 바로 우리가 그 불균형의 가해자이기 때문이다. 한편으로는 '인천시를 괴롭힐 마음은 없지만, 그렇다고 서울에 매립지가 될 만한 땅은 없을 텐데'라는 생각이 솔직히 든다.

환경 정의 불균형은 세대 간에도 있다. 플라스틱 재활용 이슈가 나오면 나는 학생들에게 가끔 묻는다.

"손들어보자. 재활용제품이 실수로 종량제봉투에 들어가 있으면 다 파헤쳐서라도 철저히 분리하는 가족 있어요?"

"배달음식 묻은 플라스틱 용기를 깨끗이 씻어 배출하나요?"

손드는 학생이 많지 않다. 학생들 탓일까? 오늘날 기성세대는 별생각 없이 종량제봉투에 재활용제품을 넣거나, 재활용제품이어도 깨끗하게 관리하지 않아서 재활용할 수 없게 만든다. 매립 쓰레기가 급증하는 피해는 고스란히 우리 학생들, 미래세대에 간다.

■ '버림의 윤리'를 저버린 현대인들은 종량제봉투에 재활용제품을 넣거나, 재활용제품을 재활용할 수 없게 관리합니다. 매립 쓰레기가 늘어난 원인과 문제점을 유추합시다.

| 구분 | 원인(인간 심리) | 인간과 사회에 부정적 영향 |
|---|---|---|
| 종량제봉투에 재활용제품을 넣거나 | 분리배출이 귀찮아서, 이게 재활용인지 일반 쓰레기인지 잘 몰라서 | - 매립, 소각할 쓰레기가 늘어난다.<br>- 매립, 소각할 땅이 줄어드니 주변 환경이 더러워진다.<br>- 매립을 해도 플라스틱 등은 수백 년을 썩지 않아 토양오염, 수질오염을 일으킨다.<br>- 재활용하지 못한 만큼 새 제품을 만드니 비용, 노동력, 자원이 낭비된다.<br>- 분리수거 노동자 등의 건강을 해친다.<br>- 미래세대에 망가진 지구를 물려준다. |
| 재활용제품 이어도 재활용 할 수 없게 관리하거나 | 깨끗이 씻어서 내놓는 게 귀찮고 힘들어서. 타이밍을 놓쳐서 | |

이후에는 기업들이 처음부터 재활용이 가능한 제품을 만들어야 한다는 점, 매립 대신 소각하고 남은 재만 묻는 방식으로 전환해야 한다는 점, 그러려면 소각기술을 발전시키고 소각장이 혐오 시설이라는 인식을 바꿀 다양한 노력이 필요하다는 점 등을 근본적인 해결책으로 짚어보자. 아래는 연결해서 쓸 수 있는 주장글의 흐름이다.

< 주장글 쓰기 숙제 >

## 인천시·서울시·경기도의 생활 쓰레기를 매립하는 수도권매립지 종료 논쟁과 연결해 환경 정의가 실현될 방안을 논하시오.

5문단 구조로 각 문단 8줄 전후, 총 40줄의 주장글을 만듭니다.

- 서론 : 말랑말랑하고 작은 이야기
- 본론1 : 지역 간(서울 vs 인천, 수도권 vs 지방) 환경 정의 불균형과 대책
- 본론2 : 세대 간(기성세대 vs 미래세대) 환경 정의 불균형과 대책
- 본론3 : 근본적 문제점과 대안(제품 제작단계부터 재활용 고려 + 발전된 소각시설 확충)
- 결론 : 떡밥 4줄 요약 + 오늘날 교훈(이기심) 4줄 + 최악 상황 경고 1문장

나와 다른 생각과 입장, 우리의 이익, 타인의 고통, 소외… 부끄럽지만, 더 많은 것을 마주하고 고민해야 한다. 그래서라도 제대로 만든 교육 콘텐츠의 중요성을 또 강조한다. 간접 체험일지라도 학생들이 사회 이슈를 구조적으로 탐색해 공동체 역량을 기르도록, 훗날 이 사회를 이끌어갈 기성세대가 되었을 때 민주시민의 권리와 의무를 외면하지 않도록 지금부터 준비해야 한다. 학생들만이 아니다. 학부모님들도 이런 문제에 관심을 보이기 시작한다. 먹고 살기 바쁘고 내 삶이 고되어도 건강한 공동체와 사회, 국가를 만들기 위해 한몫을 하겠다는 구성원들의 의지이다. 그 마음을 잘 묶어 바람직한 시민교육의 장을 만드는 것은 정부와 사회의 몫이다. 누군가의 표현대로 민주시민은 저절로 탄생하지 않는다. 신문활용교육도 초·중·고등학생을 넘어 성인까지 확대되어 민주시민을 길러내는 역할을 하길 소망한다.

# 지구 공동체를 생각하는 세계시민교육 2

시민이 한 사회나 국가의 구성원이라면, 세계시민은 사회나 국가를 넘어 지구 공동체를 이루는 구성원을 의미한다. 유네스코는 유네스코학교네트워크 홈페이지에 '세계시민은 지구촌과 그 안에 살아가는 모든 사람의 삶과 환경에서 일어나는 일을 알고, 비판적으로 인식하고 공감하며, 합리적으로 의사 결정해 실천하는 태도를 지녀야 한다'라고 소개한다. 세계인의 삶과 환경이 나의 그것과 같은 현실은 코로나19로 충분히 입증되었다.

그래서 중등NIE는 전염병·에너지·식량·기후위기·민족 분쟁 등 모든 국가가 직면한 문제도 다룬다. 긴장과 갈등이 가득한 세상이 나와 우리 사회에 끼칠 악영향을 파악하면서 학생들도 인류 공동의 미래를 걱정하고 연대의 힘을 키워간다. 우리가 소박하게 시도하는 세계시민교육(Global Citizenship Education)의 일환이다.

집권 기간 내내 세계적 위기를 극복하는 데 앞장섰던 앙겔라 메르켈 독일 전 총리는 2021년 7월 22일, 독일 총리로서 마지막 정기 기자회견에서 이렇게 말했다. "내 임기를 관통하는 것은 우리가 겪는 문제들이 결코 한 나라의 정치로는 해결될 수 없으며 우리가 세계의 일부분이라는 시각으로 접근해야 한다는 사실이었다." 환경교육 하나도 지구 공동체의 기후위기 극복을 위한 세계시민교육으로 확장해야 하는 이유이다.

## 나도 그레타 툰베리처럼

　청소년 환경운동가인 그레타 툰베리(Greta Thunberg)에게 관심을 가진 건 좀 오래됐다. UN 총회 단상에 올라서까지 굳은 표정과 앙칼진 목소리를 고수하는 그녀의 배짱이 흥미로웠다. 한편으로 궁금했다. 기후변화 이슈가 끊임없이 나오는데도 왜 우리 학생들은 환경 문제에 무덤덤하지? 툰베리 정도는 아니어도 위기의식을 느낄 만한데 말이다. 학생들뿐이랴. 기후변화를 어쩔 도리 없는 결과로 받아들이는 기성세대는 또 얼마나 많은가? 이런 고민을 한다면 기후변화를 세대의 관점으로 비교 분석하는 환경 수업을 새롭게 구성해보자.

　등장인물은 기성세대와 미래세대. 미래세대의 본보기는 그레타 툰베리와 그녀를 지지하는 전 세계 청소년 환경운동가들이다. 이들을 여는 글에서 소개한다.

　*2018년 8월 20일, 한 소녀가 스웨덴 의회 앞에서 '기후를 위한 등교 거부' 팻말을 들고 시위를 벌였습니다. 그녀는 곧 있을 국회의원 선거에 기후변화를 핵심 의제로 삼으라고 요구했고, 선거 이후엔 매주 금요일 학교 수업을 빠지고 시위를 이어갔습니다. 주인공은 그레타 툰베리(Greta Thunberg)입니다.*

　*툰베리는 스웨덴이 최고 온도를 기록한 날, 더 참을 수 없다며 앞으로 나섰죠. 이것이 전 세계에 알려진 뒤, 2019년 3월 15일 125개국 160만 명(주최 측 추산)의 청소년들은 세계 곳곳에서 "돈이 중요하냐? 우리가 죽을 판에!", "해수면 상승은 싫다!"를 외치며 기후파업을 벌였습니다. 또 미래세대를 대표하는 환경운동가가 된 툰베리는 2019년 9월 UN 기후행동 정상회의에 참석해 기후변화 대책에 소극적인 각국 정상들에게 "How dare you?"라고 쏘아붙이며 "생태계 전체가 무너지는데 돈 타령, 경제성장 타령만 한다"라고 질타했습니다.*

전 세계 곳곳에서 내 또래 집단들이 학교를 빠지고 기후변화 시위를 이어간다. 또래라는 이유로, 나는 못 하는 걸 그들은 해낸다는 사실에 학생들은 몰입할 수 있다.

영국 콜린스 사전이 2019년 '올해의 단어'로 선정한 '기후파업(climate strike)'을 스토리로 익히는 것도 바람직하다. 'climate strike'를 연습장에 외울 때까지 쓰는 학습과는 이별하자.

어떤 지문을 읽으면 좋을까? 기후위기 상황과 기후파업을 짚어보자니 이슈가 그리 새롭지 않다. 그레타 툰베리를 파고들면 지나치게 그녀의 행적에 집중할 위험이 있다. 함께 읽는 지문은 수업의 중심을 잡는 콘텐츠가 좋다. 특별한 시각까지 선사한다면 금상첨화다. 그런 의미에서 강수돌 현 고려대 명예교수의 칼럼은 비교 불가한 보석이다.

---

미국 대통령 도널드 트럼프와 스웨덴 환경운동가 그레타 툰베리, 70대 노인과 10대 청소년. 이들은 2019년 9월 미국 뉴욕의 어색한 첫 만남 이후 2020년 1월, 스위스 다보스에서 또 만났다. 이들의 입장을 재구성해보자. 트럼프가 툰베리에게 말한다.

"잘 알겠네. <u>우리도 나무 1조 그루 심기에 동참하겠네.</u>"
"아니, <u>나무 심기로는 불충분해요.</u>" 툰베리가 쏘아댔다.
"<u>지금은 비관이 아니라 낙관할 때란다. 비관론을 퍼뜨리는 예언자나 대재앙에 대한 예언을 거부해야 돼.</u>" <u>기후위기에 놓인 현실을 인정하지 않는 트럼프</u>가 소리를 높였다.
"나무만 심어선 안 되고, 온실가스 배출을 당장 멈춰야 해요. <u>우리들 집이 불타고 있는데, 당신들의 무(無)대책이 불난 집에 부채질이나 하잖아요!</u>" 툰베리가 목청을 높였다.

그들은 흥미로운 대조를 이룬다. 단순히 나이 차이나 세대 차이 문제가 아니다.
먼저 트럼프의 문제의식과 툰베리의 문제의식은 깊이에서 차이가 크다. 트럼프는 '뭐? 지구 온난화, 기후위기? 하도 떠들어대니 <u>귀찮지만 뭔가 시늉은 해야겠다</u>'는 식! 2020년 다보스 포럼에서 '나무 1조 그루 심기' 제안이 나왔으니 <u>동참하면 크게 손해 볼 것 없다</u>는 계산. 그러나 <u>툰베리의 문제의식은 다르다.</u> 최근 남한보다 큰 면적을 태우고 캥거루와 코알라 10억 마리의 터전을 앗아간 호주 산불에서 보듯, <u>인류의 집인 지구에 대형 화재가 났다. 그 불을 끌 생각은 않고 왜 다들 모른 척할까? 게다가 기후위기를 초래한 온실가스 배출을 당장 중단해도 모자라는데, 왜 모두 아무 일 없다는 듯 살고 있나?</u> 이런 생각.

> 진정성도 차이가 크다. 트럼프는 나무를 많이 심으면 온실가스의 주범인 이산화탄소를 잘 흡수할 것이라 본다. 그러나 진정성이 있다면, 나무심기와 동시에 온실가스 배출 중단 조치도 현재 코로나19를 차단하는 조치처럼 단호하게 해야 한다. 그러나 그러면 '트럼프 빌딩'부터 문을 닫아야 한다. 아니, 미국 전체, 나아가 자본주의 세계가 멈춰야 한다. 반면, 툰베리에겐 진정성이 있다. 초등 시절에 지구온난화 문제를 배운 뒤, 나름 실천하려고 애썼다. 그의 진정성을 알아본 세계의 청소년들이 그녀와 함께 행동한다. 각국 지도자의 위선적 태도까지 날카롭게 비판한다.
>
> 트럼프와 툰베리가 큰 차이를 보이는 이유는 뭘까? 나는 그 기저에 흐르는 세계관에 주목한다. 트럼프의 세계관은 자본의 논리다. 돈벌이를 위해 군사전쟁과 무역전쟁도 불사하고, 한반도 문제도 분단 극복과 평화의 시각이 아니라 무기 장사로 접근한다. 트럼프가 두려워하는 건 지구 공멸이 아닌 사업 실패! 반면 툰베리의 세계관은 생명과 공생의 원리다. 지구라는 공동의 집이 지속 가능하기를 소망한다. 불편함과 귀찮음도 감수한다. 그러나 거짓과 위선에 단호하다. '강자 동일시'도 하지 않고, 그 눈빛에 비굴도 굴종도 없다.
>
> <경향신문, 2020. 02. 07. 강수돌 고려대 융합경영학부 교수 기고> 중에서

어쩜 이리도 멋진 상상력과 표현력인가! 칼럼은 기성세대와 미래세대의 입장을 대비한다. 도널드 트럼프 미국 전 대통령과 그레타 툰베리가 실제 나눈 대화는 아니지만, 이들로 대표되는 노회한 자본가와 젊은 환경운동가의 시각은 명확히 다르다. 한쪽은 내 집이 불타도 계산기만 두드리고, 또 다른 쪽은 생명존중과 공생만이 지속 가능한 길임을 안다. 게다가 이기적인 전자(前者)가 지구 환경 변화에 칼자루를 쥔 기성세대라니! 미래세대는 화가 난다.

■ 위 내용과 지문, 상식에 근거하여 다음 문항에 O 혹은 X를 치세요.

| 1 | 그레타 툰베리는 기후변화를 아무리 공부해도 해결방안이 없음에 '**망연자실(茫然自失)**'한 나머지, 기후변화를 둘러싼 각국의 영리한 계산은 인정하기로 했다. | X |
| --- | --- | --- |
| 2 | 그레타 툰베리가 2019년 9월 기후행동 정상회의에서 외친 "How dare you?"는 기후비상(climate emergency)에 걸맞은 변화를 거부하고 <u>미래세대의 생명권과 행복 추구권을 위협하는 기성세대에게 원망과 분노를 표현</u>한 것이다. | O |

이제는 문제의식만큼 중요한 실천을 제안해보자. 그레타 툰베리가 2019년 탄소를 배출하지 않으려고 소형 요트를 타고 대서양을 건넌 것처럼, 스코틀랜드 어린이들이 어린이기후의회에 참가해 기후변화 의제를 자발적으로 제안한 것처럼, 프랑스·네덜란드 청소년환경단체가 정부의 책임을 물어 기후소송을 진행한 것처럼 생각을 행동으로 바꾸는 노력의 중요성을 공감한다. 우리나라에서도 '청소년기후행동'이라는 시민단체가 2020년 3월, 첫 기후소송을 시작했다.

■ 기후변화 대응과 관련해 그레타 툰베리를 비롯한 청소년 환경운동가들이 주장한 내용과 실천한 내용, 즉 미래세대의 언행일치(言行一致)를 정리합시다.

| 주장한 내용 | 실천한 내용 |
| --- | --- |
| - 각 국가는 온실가스 감축 계획부터 제대로 짜고 제대로 이행하라!<br>- 기성세대는 기후변화에 책임을 지고 욕망을 줄여라! | - 비행기 타지 않기<br>- 공장식 축산물 먹지 않기<br>- 새 옷 사지 않는 등 소비주의 문화 거부하기<br>- 정부에 기후소송으로 압박하기<br>- 어린이기후의회에서 직접 기후변화 의제를 설정해 실천을 주도하기<br>- 탄소 배출 주범인 기업과 이를 관리하는 정부가 탄소 저감을 제대로 이행하는지 꾸준히 감시하기 |

이런 고민도 해보자. 왜 우리나라 청소년들은 기후변화에 무덤덤할까? 공부에 지쳐서? 그나마 우리나라, 특히 대도시는 아직 기후위기를 체감하기 어려우니까? 일정 부분 맞다. 그러나 학교 환경교육의 문제점도 크다. 우리나라는 환경 과목을 필수 교육이 아닌 학교 자율 교육으로 지정하고 있다. 우리 문제로 좁혀 들어가자. 세계시민교육과 단일국가의 시민성에 기초 한 민주시민교육이 만난다.

> 학교 환경교육이 필요하다고 말하면 학교 관계자들은 말한다. 지금도 충분히 잘하고 있다고. 전등 끄기, 마스크 쓰기 등 필요한 행동수칙을 잘 알려주고 있단다. 환경교육은 그런 것만이 아니다. '환경소양'을 갖춘 시민을 길러내야 한다. 환경 문제를 인식하고, 발생 원인을 이해할 수 있어야 한다. 해당 문제가 현세대의 여러 집단과 지역에, 더 나아가 미래세대와 다른 생물종에 어떤 영향을 미치는지 생각하면서, 해결 방법을 찾을 수 있어야 한다. 개인을 넘어 사회적인 해결방안을 체계적이고 종합적으로 학습하도록 해야 한다. 그래야 정책 수용성이 높아져 필요한 비용도 기꺼이 부담할 수 있다.
>
> 그런데 현실은 어떤가? 중등학교 환경 교과 선택률은 갈수록 떨어지고 있다. 2007년 20.6%에서 2018년에는 고작 8.4%에 불과했다. 2009년 이후 단 한 명의 환경교사 신규 임용이 없었다. 전문지식을 가진 환경교사가 환경 교과를 가르쳐야 한다고 하면 교육부, 교육청, 학교는 한결같이 말한다, 학부모와 학생이 선택하지 않기 때문에 어쩔 수 없다고, 해야 할 과목이 너무 많아서 환경교육까지 할 틈이 없다고.
>
> 교육이 대입을 위해서만 존재해서는 곤란하다. 교육은 미래 시민 양성을 위해 마땅히 국가가 해야 할 공공적 임무다. 환경교육은 이제 생존과 연결되어 있다. 교육 당국은 지구 상황과 세계적인 흐름을 주시하고, 학교 환경교육의 책임자로 의무를 다하기 바란다. 학교 환경교육은 교육부의 의무다.
>
> <경향신문, 2019. 11. 28. 윤순진 서울대 환경대학원 교수 기고> 중에서

"너희가 기성세대가 되어 선택의 순간이 왔어. 심각한 기후위기를 외면하고 그냥 나 혼자 잘 먹고 잘사는 데 집중할래, 아니면 일정 비용을 내거나 고통을 분담하며 기후위기 해결에 동참할래?" 환경 수업을 하던 도중, 학생들에게 꺼낸 질문이다. 결과는 상상

에 맡긴다. 환경에 대한 배움도 경험도 감정도 없는 미래세대가 훗날 어른이 되었을 때 국가적 과제로 떠오른 환경 문제를 어떻게 판단하고 해결하겠는가? 공교육의 변화를 기다린다.

## 왜 굶주림은 해결되지 않는가

2020년 노벨평화상의 주인공은 유엔 산하 기구인 세계식량계획(WFP)이었다. 코로나19가 창궐한 시기에 왜 식량 단체에 상을 주는지 의견이 분분했지만, 어쨌든 코로나19가 인류가 막 마주한 문제라면 굶주림은 인류가 오랫동안 노력해도 해결하지 못한 문제이다. 마침 2021학년도 서울대학교 지원자가 가장 많이 읽은 책이 《왜 세계의 절반은 굶주리는가》(장 지글러 지음, 갈라파고스)라는 기사가 나왔다. 게다가 이 책은 7년이나 서울대학교 지원자가 읽은 최상위권 책 목록에 올랐다. 여기서 생긴 궁금증.

'이 책이 우리나라에 2007년에 소개되었고 그 시점부터 계산해도 십수 년이 지났는데, 당시 상황과 비교해 개선되었거나 더 나빠진 부분이 없을까?'

서울대학교가 좋아하는 지적 호기심은 이런 것이다. 주제는 '굶주림', 《왜 세계의 절반은 굶주리는가》를 읽고 아래 수업을 새롭게 진행해보자.

**인류는 지구에서 지속 가능할 수 있을까?** 2015년 유엔은 이 질문을 던지며 2030년까지 인류가 함께 이행할 지속가능발전목표(SDGs·Sustainable Development Goals) 17개를 선정했습니다. 그중 첫 번째가 빈곤 퇴치(No Poverty), 두 번째가 기아 종식(Zero Hunger)입니다. 가난과 굶주림을 인류가 해결할 최우선 과제로 놓은 이유를 우리는 2020년 노벨평화상을 받은 세계식량계획(WFP), 안날리사 콘테 제네바 사무국장의 한국일보 단독 인터뷰에서 알 수 있습니다.

"사람은 식량이 없으면 죽습니다. 하지만 식량 문제 하나가 해결되면 분쟁, 내전이나 면역력 강화 등 많은 문제가 해결됩니다."(한국일보, 20201018, 손성원 기자)

하지만 WFP를 비롯한 많은 구호 단체의 노력에도 굶주림은 쉽게 개선되지 않습니다. 2021년 10월 유엔식량농업기구는 코로나19까지 겹쳐 실직과 빈곤으로 굶주리는 사람들이 8억 명 전후로 급증했다고 밝혔죠. 그런데 식량은 정말 부족할까요? 전 세계에 철철 넘치는 음식물 쓰레기는 무엇을 의미할까요? 식량이 부족하지 않다면 그들은 왜 계속 굶주릴까요?

유엔환경계획(UNEP)이 발간한 '식량낭비지수보고서 2021'도 활용한다. 보고서에 따르면 2019년 기준, 전 세계에서 버려진 음식물 쓰레기는 지구상에서 사용하는 전체 식량의 17%다. 음식물 쓰레기는 식량 공급 불균형, 온실가스 발생에 따른 환경 파괴를 낳는다. 굶주리는 이들에게 전달되었으면 좋았을 음식을 썩히고 온실가스까지 발생시키는 인간의 욕심이다. 그리고 시리아의 현실을 짚는다. 2011년부터 11년째(2022년 기준) 내전에 시달리는 시리아에서 국민 60%는 굶주림에 시달리며 가격이 폭등한 음식과 연료를 구하기 위해 전전긍긍하고 있다.

■ 위 학습지 내용과 지문, 상식에 근거하여 다음 문제에 O 혹은 X를 치세요.

| | | |
|---|---|---|
| 1 | 세계식량계획(WFP)이 노벨평화상을 받은 이유로 노벨위원회가 "식량이 가장 좋은 백신이다"라고 답한 것은 <u>안정적인 코로나19 백신이 나오기 전까지 **식량이 그나마 국가적 혼란에 맞서는 무기, 세계 평화의 도구**</u>가 될 수 있음을 인정한 것이다. | O |
| 2 | 2014년 시리아 정부군은 반군이 장악한 팔레스타인 난민캠프를 봉쇄해 128명을 <u>아사(餓死)</u>시켰다. 이는 <u>**굶주림을 전쟁 무기로 사용한 '천인공노(天人共怒)'할 사건**</u>으로 전 세계의 비판을 받았다 | O |

■ 아프리카도 농사를 열심히 지으면 되지 않느냐고요? 아프리카 인구의 절반 이상이 농업에 종사한다는데, 그들이 게으르거나 멍청하기 때문일까요? 아프리카의 굶주림을 장 지글러 교수 등은 '유럽의 식민지 정책이 만든 구조적 문제'라고 강조합니다. 그 문제점을 정리하고 비판하세요.

> 유럽인들이 아프리카를 지배할 때 아프리카는 식량과 원료 공급지였다. 그 결과 아프리카는 돈이 되는 수출용 작물, 즉 면화, 땅콩, 코코아, 커피 같은 먹을 수 없는 작물을 주로 재배했다. 수출용 농업 구조는 빈곤 퇴치에 도움이 되지 않은 반면, 정치 지도자들에게는 환금 작물로 환영받고 있다. 그들은 굶주림을 모르는 사람들이기 때문에 독이 든 성배를 바꿀 필요를 느끼지 못하고 있다. 오직 아무것도 모르는 굶주린 백성만 불쌍할 뿐이다. 일례로 과거 쌀 자급 국가였던 세네갈은 식민지 시절, 땅콩을 주로 재배하면서 쌀 생산 기반을 잃었고, 지금은 많은 양의 쌀을 수입에 의존한다.
>
> <오마이뉴스, 2014. 08. 13. 오문수 시민기자> 중에서

《왜 세계의 절반은 굶주리는가》에 따르면 주로 아프리카인들이 굶주리는 원인으로 지목할 만한 다섯 무리가 있었다. 유럽 국가들과 아프리카 지도자들, 그리고 글로벌 자본이다. 글로벌 자본은 크게 글로벌 금융자본, 외국 자본, 다국적 농업기업으로 나뉜다. 유럽 국가들과 아프리카 지도자들이 만든 구조적 굶주림은 명확하다. 위 지문에서 학생들은 굶주림을 조장한 주체를 찾고, 그들의 행동을 비판할 가치 반대 단어, 즉 이기심, 탐욕 등을 유추할 수 있다.

> 아프리카의 굶주림은 유럽 국가들이 아프리카를 지배할 때 아프리카 땅에 자신들이 필요로 하고 국민은 먹을 수 없는 수출용 작물만 재배하게 했고, 그들이 심은 정치 지도자들은 자기들이 돈을 벌기 위해 이를 방치했기 때문이다. 이는 국가의 미래와 국민의 삶을 생각하지 않는, 유럽 국가들과 아프리카 지도자들의 탐욕스럽고 이기적인 행위였다.

과거 장 지글러 교수가 강하게 비판하던 글로벌 자본은 어떻게 변했을까. 장 지글러 교수는 한겨레(2021.02.24.) 기고문에서 "세계 금융 위기가 터진 이후 글로벌 금융자본

은 쌀, 옥수수, 밀 등 식량도 투기 대상으로 삼았다"라고 비판했다. 흥미로운 것은 글로벌 금융자본의 만행을 알기 쉽게 다룬 최신 기사를 찾기 힘들다는 사실이다. 이제 글로벌 금융자본의 투기는 금융시장에서 평범한 활동이 되었다. 2014년 투기자본에 강력히 경고하던 교황도 2019년엔 관련 메시지를 다소 순화했다. 투기가 투자로 인정받는 세상에서 글로벌 금융자본은 폭등한 곡물가로 고통받는 저개발국가 사람들에게 관심이 없다.

■ 2014년 프란치스코 교황은 "거대한 글로벌 자본이 벌이는 곡물 투기를 끝내야 한다. 이들이 이익을 챙기는 바람에 가난한 사람들은 곡물을 사지 못하여 굶어간다"라고 경고했습니다. 그러나 경고는 무용지물입니다. 글로벌 자본이 조장하는 빈곤, 굶주림을 정리합시다.

| 글로벌 자본 | 글로벌 자본이 조장한 빈곤, 굶주림 |
|---|---|
| 글로벌 금융자본 | - 전 세계 소비의 75%인 쌀·옥수수·밀 등 식량이 투기 대상<br>- 농산물 선물거래에서 실제 농산물 거래는 극소수. 대부분은 시세차익 노리고 가격 급등시키는 머니게임에 불과 |
| 외국 자본 | - 외국 자본이 경제적 반대급부를 제공한다는 명목으로 빈국 농경지를 헐값에 가져가는 '땅뺏기'를 시행해 대부분 성공<br>- 총이 아닌 자본의 힘! |
| 다국적 농업기업 | - 미국, 브라질이 석탄, 석유 대신 바이오연료 사용 비율 높이는 정책 내놓으면 ☞ 다국적 농업기업이 바이오연료를 가공하는 곡물(사탕수수, 콩, 옥수수)로 경작지를 바꾸고 ☞ 다른 작물들의 경작지가 줄어 관련 곡물가 인상 |

2020년 아프리카에 최악의 가뭄은 기본이었고 '코로나19보다 무서운' 거대한 사막메뚜기 떼로 농경지가 초토화되었음을 확인하면, 기후변화까지도 가난하고 굶주리는 사람들에게 더 가혹하다는 사실을 깨닫는다. 전쟁, 내전, 음식물 쓰레기, 코로나19, 식민지를 지배했던 강대국들의 정책, 부패한 정치 지도자, 식량을 투기 대상으로 삼는 글

로벌 금융자본, 빈국의 땅을 빼앗는 외국 자본, 다국적 농업기업, 기후변화…, 이 구조적이고 다각적인 원인으로 전 세계 인류의 10%인 8억 명이 굶고 있다. 장 지글러 교수가 짚었던 원인 중 개선된 부분을 찾아보기 힘들다. 상황은 더 심각해졌고 사람들은 무뎌졌다.

해결책도 짚어보자. 음식물 쓰레기를 줄이는 Zero Hunger 캠페인과 기부 등은 개인적 차원에서 동참할 방법이다. 아프리카 빈국들이 스스로 자립하도록 농사법을 알려주고 사회간접자본을 설립해주는 국가적 노력은 동아시아 한·중·일이 주도한다.

■ 굶주림을 해결할 방법을 정리하고, 이로써 '굶주림을 해결하는 것 이외에' 지구와 인류에게 끼칠 긍정적 영향도 유추해봅시다.

| 방법 | 내용 | 지구와 인류에게 긍정적 영향 |
|---|---|---|
| 음식물 쓰레기 줄이기 | - 음식물 쓰레기를 줄이면 개인은 건강해지고, 식당은 처리비용을 줄이고, 지구 온실가스도 줄인다. | <지구> 환경이 깨끗해진다. 전쟁 등이 줄어 자연이 파괴되지 않는다. 생물 다양성을 지킨다.<br><인류> 가난한 나라도 자립의 희망을 품는다. 이타적 사고로 함께 살아가는 방법을 배운다. |
| 빈국의 자립경제 도움 | - 농촌진흥청, 2009년부터 해외농업기술 개발사업 시행중<br>- 한·중·일이 아프리카에 농업 전파하고 사회간접자본을 설립해주며 빈국이 자립할 토대를 마련하게 돕는다. | |
| 기부 | - 쌓아두거나 욕심부리지 말고 더 나누어야 평화롭게 함께 잘 살 수 있다. | |

이후 p.157에서 소개한, 3년 가까운 굶주림 속에도 책을 읽으며 인간의 존엄성을 지킨 레닌그라드시 시민들의 이야기를 결론으로 검토하면, 세계시민교육으로 활용할 '굶주림' 관련 수업을 완성할 수 있다.

# 우리는 성장하는 미래세대

3

다시 생각해본다. 한 국가의 구성원으로서 민주시민교육, 나아가 지구 공동체의 한 사람으로서 세계시민교육을 왜 해야 하는가? 그 방법으로 왜 신문을 택하는가?

**첫째, 나의 시각과 범위를 넓힌다.** 우리는 한 개인이면서 동시에 지구촌 중 아시아, 아시아에서 대한민국, 그리고 어느 도시, 어느 동네에 사는 일원이다. 신문을 읽으며 우리는 자신의 다양한 좌표를 확인하고, 하나의 현상도 여러 관점에서 해석할 수 있다. 문제의 본질도 파헤칠 수 있다. 일례로 2021년 6월 쿠팡 물류창고의 화재로 순직한 소방관에 대해서도 단지 '돌아가셔서 안타깝고 슬프다'가 아니라 재정 부족으로 인력이 부족하고 안전장비까지 부실한 근무환경, 소방관 같은 사회적 영웅을 제대로 대접하지 않는 사회 분위기를 근본적 문제로 지적할 수 있다. 학교에서 쓰레기 줍기 행사에 참여했는가? 소감문 한 줄도 '거리가 깨끗해져 뿌듯했다'라는 뻔한 표현이 아니라 '미래세대가 지금부터 할 일이 있다. 욕망의 쓰레기를 배출한 기성세대를 비판만 하지 말고 우리가 먼저 깨끗한 지구를 위해 쓰레기를 주워야 한다. 난 실천하는 미래세대다'라고 서술할 수 있다.

학생들의 변화는 소박하고도 의미 있다. 2021년 '일자리' 수업을 마치고 다들 나가기 바쁜데 K양이 주저하고 있었다. 할 말이 있는 모양이었다. 평소 말수가 적은 친구라 궁금했다.

"저희 반에도 근로 지원인 선생님이 들어오세요. 국어 선생님이 시각장애인이시거든요. 옆에서 활동을 지원하는 분이 따로 있는데, 오늘 수업 보니까 근로 지원인 선생님이에요!"

내 주변에서 실행되는 일자리 복지제도를 확인한 K양의 마음은 어땠을까? 신기했을까? "내일 학교 가면 그 선생님 손 꼭 잡으면서 '근로 지원인 선생님이시죠?!'라고 확인해라"라는 내 답변에 까르르 웃으며 나가는 K양에 나도 기분이 좋았다.

■ **장애인 일자리 창출을 돕는 대표적 제도는 도입한 지 30년이 넘은 장애인고용의무제이며, 최근엔 근로 지원인 서비스가 떠오릅니다. 다음을 읽고 근로 지원인 서비스를 요약하고 사회적 가치를 유추하세요.**

업무수행 능력이 있지만 장애로 인해 부수적인 업무수행에 어려움을 겪고 있는 중증장애인 근로자를 위해 '근로 지원인 서비스'가 도입된다. 현재 사업장에서 타인의 도움이 필요한 중증장애인 근로자가 많으나 공식적인 지원 시스템이 없다. 사업주도 재정부담 등을 이유로 중증장애인 고용을 회피한다. 장애인 고용 지원 인력을 배치하는 경우는 1.1%에 불과하며 주로 보조도구 지원, 출퇴근지원, 동료근로자 인식 개선 교육에 의존하는 실정이다.

<한국장애인고용공단, 2010. 01. 25. 보도자료> 중에서

'근로 지원인 서비스'는 업무수행 능력을 보유한 중증장애인이 장애로 부수적 업무수행이 어려울 때 근로 지원인을 배치해 중증장애인의 지속적인 직업 생활을 돕는 것이다. 이는 장애인과 비장애인 **모두 일자리를 창출하고** 서로 **소통**, **이해**하며 공존하게 돕는다.

<u>**둘째, 연결하고 실천하는 인재로 성장할 수 있다.**</u> 앎은 우리를 더 큰 세상으로 데려간다. 알지 못하고 실천할 수는 없다. 사회의 흐름과 변화를 모르면, 모르고 사는 데 익숙해지면 어른이 되어 참여의 기회가 주어져도 외면할 가능성이 크다. 사회문제를 외면하

지 않고, 바람직한 것과 아닌 것을 구별하고, 합리적으로 판단하고, 공동의 이익을 고민하여 합의한 바를 실천하는 사회 구성원이 되는 토대를 지금 마련하고자 한다.

세상에 벌써 '반응'하는 학생들의 모습은 정말 귀하다. K양은 우연히 중국의 안면인식기술을 논하는 TV 프로그램을 보았다. 2021년 '그들이 택시를 선택한 이유' 수업에서 모빌리티 기업들이 정부 규제와 기존 산업의 저항을 뚫고 끝끝내 택시산업을 선택한 이유가 데이터임을 배운 직후였다. 공유와 자율이 핵심이 될 미래 모빌리티 산업을 목표로 기업들은 지금부터 고객들의 이동 데이터를 차곡차곡 모은다는 내용이었다. 중국 역시 안면인식기술을 개발하기 위해 데이터를 모은단다. K양은 '데이터'를 매개로 모빌리티 산업에서 중국 안면인식기술로 생각을 확장했고, 이를 긍정적으로 평가하는 프로그램과 달리, 내가 수업시간에 잠시 언급한 빅 브라더(Big Brother)를 연결해 비판적으로 바라봤다. 연결과 적용, 비판적 사고를 스스로 순차적으로 해내는 학생들이 기특하다. K양은

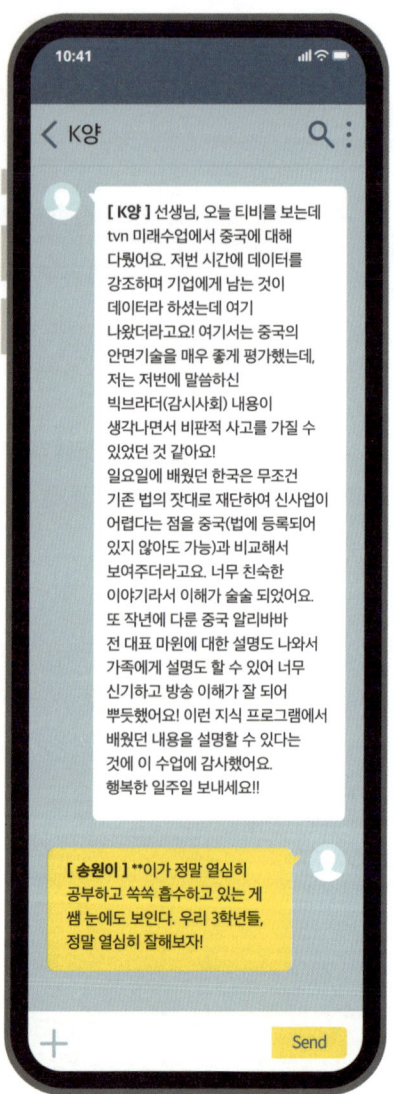

**데이터와 안면인식기술, 빅 브라더를 연결해 비판적으로 사고한 K양의 카톡**

해를 더하며 사고를 확장하고 또 다른 이슈와 연결해 창의적 결과물을 만들 것이다. 우리 사회가 강조하는 창의적 사고다.

가끔은 벌써 세상을 진심으로 대하는 학생들의 눈빛이 보인다. 일제강점기 역사에 아파하고, 독립운동가들의 헌신과 희생에 감사하고, 오늘날 우리의 역할을 고민하는 학생들이 있다. 그 선한 마음 때문에라도 수업을 더 열심히 잘해야겠다고 결심한다. 냉철한 학생도 있다. 2021년 '백신 외교 전쟁' 수업에서 글로벌 제약회사들이 코로나19 백신의 특허·기술 공유 이니셔티브 참여를 거부하는 속내를 설명하고 있는데 B군이 불쑥 메시지를 보내왔다. "저들(글로벌 제약회사)도 엄청나게 투자해서 백신을 만들었는데, 그걸 그냥 나눠주는 건 억울하지 않을까요?" 순간 아차 싶었다. 인류는 하나의 공동체로서 무작정 돕고 살아야 한다는 건 요즘 학생들에게 통하지 않을 수 있다.

선한 학생도, 냉철한 학생도 좋다. 그 자체에 장점이 있다. 그들은 훗날 어떤 기성세대가 될까. 성실과 최선의 의미를 알겠지. 개인의 욕망을 열심히 추구하되 사회와 국가, 지구를 위해 해야 할 일도 성실히 수행하고 자기 지갑을 여는 의무도 일정량은 감수하겠지. 인류의 미래가 이상향이 아님을 깨닫는 순간에도 양심을 지키며 정도를 걷고자 노력하겠지. 우리 학생들이 성숙한 기성세대로 성장하는 과정에 신문이 작고도 튼실한 씨앗 몇 개 뿌리고 물도 주기를 소망한다.

# 제 7 장

# 7

## 신문활용교육도 위학삼요(爲學三要)

# 7

2022년 7월, 오랜만에 신규 학생이 오프라인 수업에 합류했다.
"시간은 2분. 읽기 시작!"
내 시선은 일단 새로운 학생에게 고정되었는데, 오호! 기존 여덟 명이 불도저처럼 읽어내려가는 게 감지된다. 새롭게 합류한 학생을 의식했을까? 지난주에 고생고생하며 읽어낸 고등학교 수준의 지문과 비교하면 그래도 쉬운 지문에 한풀이라도 하는 걸까? 뭐든 좋다. 그 속도와 집중력에 칭찬을 보냈다. 축적된 시간이 있어야만 나타나는 역량이다. 물론 신규 학생에게도 걱정하지 말라고, 처음부터 저렇게 읽어낼 수는 없다고, 노력하면 된다고, 고등학교 입학 전까지 훈련할 시간은 충분하다고 격려했다.

다산 정약용은 제자인 초의에게 위학삼요(爲學三要), 즉 학문의 바탕을 갖추기 위해 지녀야 할 세 가지 핵심 덕목을 소개한다.

"배우는 사람은 반드시 혜(慧)와 근(勤)과 적(寂), 세 가지를 갖추어야만 성취함이 있다. 지혜롭지 않으면 굳센 것을 뚫지 못한다. 부지런하지 않으면 힘을 쌓을 수가 없다. 고요하지 않으면 오로지 정밀하게 하지 못한다. 이 세 가지가 학문을 하는 요체다.

## 신문활용교육도 위학삼요(爲學三要)

---

(學者必具慧勤寂三者, 乃有成就. 不慧則無以鑽堅. 不勤則無以積力. 不寂則無以? 精. 此三者, 爲學之要也.)"

불도저처럼 읽어내는 힘은 '근(勤)'이다. 수줍은 중학교 새내기였던 학생이 이제는 가끔 선배의 근엄한 표정을 짓는 중3이 되기까지 수업에 끈질기게 함께하며 성장한 것도 '근(勤)'이다. 중등NIE를 멈춰야 하는 수많은 이유를 뒤로하고 그들은 끝까지 자리를 지켰다. OX 퀴즈의 답이 왜 그것인지 조리 있게 설명하려고 애쓰는 모습, 결론 교훈 한 문장을 만들어내려고 머릿속 단어와 씨름하는 모습, 내 설명에 "아~!!!" 반응하며 자신이 알고 있는 바와 연결하는 모습은 '혜(慧)'다. 새벽 1시에도 글쓰기, 단어노트 숙제를 내고야 마는 '적(寂)'은 또 얼마나 자신을 성장시킬까. 학생들이 쌓아가는 혜(慧)와 근(勤)과 적(寂)의 가치를 알기에 나 역시 이것으로 답하고자 한다. <1년 치 신문 읽기>가 추구하는 위학삼요(爲學三要)이다.

# 혜(慧)

1

"구조적인 수업이라 좋았어요."

수업에 막 합류한 K군의 소감이었다. 구조는 '부분이나 요소가 어떤 전체를 짜 이룸. 또는 그렇게 이루어진 얼개'를 뜻한다. 여러 소재를 짜임새 있게 엮어낸 수업은 중학교 문해력 수업이나 NIE에서 그리 보편적인 형태는 아니다. 힘들고 귀찮은 작업이기 때문이기도 하다. 그 굳은 장벽을 뚫는 것이 혜(慧), 지혜이기를 바란다.

## 지엽적 이슈가 아닌 큰 흐름을 보며

이때 연결은 핵심이다. 무엇을 어떻게 연결하는지는 이미 위 내용에서 자세히 소개했다. 연결의 역량은 평소 키워야 한다. 인기리에 끝난 드라마 <옷소매 붉은 끝동>을 보고 난 후, 의빈과 문효세자의 무덤이 원래 효창공원에 있었다는 기사('성덕임'과 그의 아들이 잠든 곳에 얽힌 잊지 말아야 할 역사 - 오마이뉴스, 20220101, 김종훈 기자)를 읽었다. 효창공원 하면 김구 선생이 강조하신 유방백세(流芳百世). 삼의사의 묘. 그 옆에 안중근 장군의 가묘. 효창공원에 잠든 독립운동가들을 기억한다. '효창공원 원래 이름은 효창원. 일제는 효창원 왕가 묘역을 짓밟았고, 전국에 있는 조선 왕조의 태실을 서삼릉으로 집단 이주시키는 만행까지~'라는 문장을 읽고 한반도 역사의 뿌리까지 뽑아버리려 한 일본 제국주의를 떠올린다. 유통외식업계에 키오스크가 대거 등장했다는 기사(키오스크 시장 급성장, 사회적 약자의 '디지털 소외'도 증가 - 조선일보, 20211209, 서미영 기자)를 읽고 2023년 봄으로 예정한 '무인(無人)' 아이템에 참고자료로 넣는다. 일단 지금은 여기까지다. 이 생각이 어디로 어떻게 펼쳐질지, 무엇을 더할지 나도 모른다. 아무튼, 연결의 습관은 근육 단련하기다. 근육이 탄탄해야 걷든 뛰든 하니까.

또 연결하려면 작은 부분과 큰 부분을 구별해야 한다. 이슈 하나 덜렁 가져와 정리하는 학습은 금세 휘발한다. 이 글을 쓰는 지금, 러시아-우크라이나 전쟁이 전 세계를 뒤흔들지만, 이를 메인 주제로 삼는 건 소모적이다. 이 역시 언제고 흘러갈 내용이기 때문이다. 우크라이나가 보유한 천연자원 가격이 전쟁으로 폭등한 이슈를 '글로벌 공급망' 수업에서 일부로 다루거나, 우크라이나 내 친러세력이 분리독립을 원하는 상황을 '우리도 분리독립을 원한다' 수업에서 중국 신장위구르자치구와 연결해 활용하면 어떨까 지금은 생각만 한다. 2021년부터 우리나라에서 마이데이터사업이 시작되었다지만, 그 내용을 일일이 정리하면서 '데이터'라는 큰 주제를 다루는 것도 지양한다. '데이터'는 2023년 봄을 목표로 준비 중인데, 마이데이터사업은 전체의 1/10 정도라도 차지하려나 싶다. 작은 부분을 놓치지 않고 연결하되, 지엽적 이슈에 매몰되지 않고 큰 흐름을 제시하는 지혜를 기르자. 작은 부분은 그만의 매력으로 곳곳에 배치하자. 무엇 하나 재탕 삼탕 우려먹을 수 없으나 그 역시 경쟁력이 된다.

## 시장을 이해하는 노력

처음엔 장벽인 줄 알았으나 장벽이 아닌 것들도 있었다. 이제는 말할 수 있다. 지금도 계속되는 내 일과 경험은 수업을 가로막는 장벽이 아니라 강력한 연결고리라는 것을. H자동차 ESG리포트 카피를 6년째 쓰면서 모빌리티의 미래를 깨달았기에 데이터를 확보하려는 모빌리티 기업들의 경쟁을 짚을 수 있었고 로봇과 모빌리티의 결합을 강조할 수 있었다. 과거 외교통상부 리플릿을 만들며 우리나라가 UN의 원조를 받던 나라에서 하는 나라로 변화한 사실이 외교통상부의 홍보 포인트임을 파악했기에 2022년 'UN, 인류를 세계시민으로' 수업에 국제사회에서 우리나라의 위상을 언급할 수 있었다.

물론 수업을 준비하며 검토한 세상의 흐름이 기업·정부 출판물 카피의 마중물도 된다. 무심코 훑는 기사들도 내 머릿속, 자기 자리를 찾아간다. 겹쳐진 이슈, 연결된 의미가 서로 화학작용을 일으켜 인사이트, 혜(慧)를 선물한다고 믿는다. 기업·정부 스토리 작가와 이 수업을 병행하는 이유다.

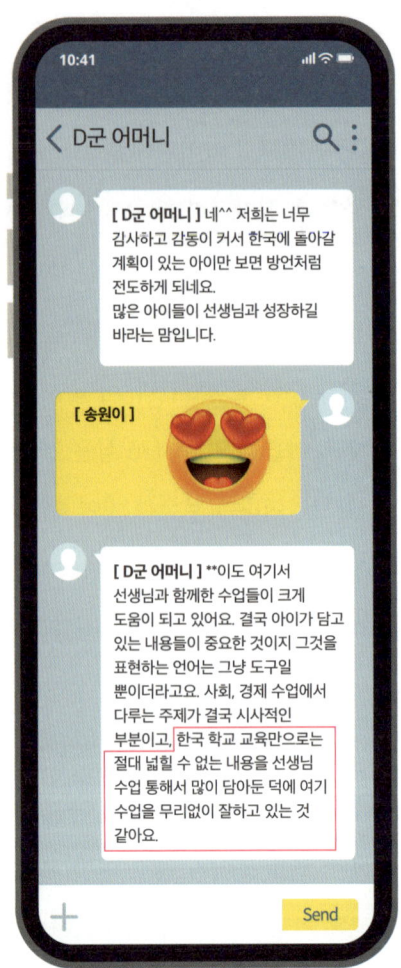

중등NIE를 '학교 교육만으로는 절대 넓힐 수 없는 내용'으로 평가해주시는 학부모님들에게 감사드린다.

### 신문의 가치를 새롭게 드높이는

또 나는 NIE, 신문활용교육이 신문의 가치를 새롭게 드높이는 과정이고 지혜로운 방법이길 소망한다. 기타 제조기업 펜더는 전기 기타 판매량 급감으로 고전하고 있었다. 그러나 펜더는 구독형 기타 레슨 서비스로 부활("기타가 안 팔리면 연주하는 법을 가르쳐라" - 조선일보 WEEKLY BIZ, 20201211, 이진혁 기자)했다. 신문도 마찬가지다. 누군가는 종이 신문이 시대의 흐름에 맞지 않는다고 말하지만, 신문 본연의 가치는 절대 훼손되지 않았다. 그 가치를 알고 활용할 수 있는 사람들이 독보적 경쟁력을 갖춘다. 문해력이 강조되고 대학들이 "기업이 글쓰기 능력을 요구한다"라며 글쓰기를 필수 과목으로 지정하겠다고 나서는 것을 보라.

나는 공교육 교사도 아니고 기자도 아니지만, 쌓여 있는 신문을 그냥 버릴 수 없을 만큼 그 안에 든 정보가 귀함을 안다. 신문이 중흥하는 길이 열리길 소망한다. 이 사회에서 신문이 자라나는 미래세대를 위해 지혜롭게 활용될 방법을 모색해보자.

# 근(勤) 2

정약용 선생이 가장 중요시한 공부법은 근이었을 것이다. 제자 황상에게도 말씀하셨다.

"파고드는 것은 어떻게 하느냐? 부지런하면(勤) 된다. 틔우는 것은 어떻게 하느냐? 부지런하면(勤) 된다. 연마는 어떻게 하느냐? 부지런하면(勤) 된다."

다산의 '삼근계(三勤戒)'다.

신문에도 근(勤)은 가득하다. 특히 한 주를 시작하는 월요일 아침, 잘 편집되고 때로는 독기 바짝 든 정보들은 나의 정신을 깨운다. 난 그 성실만으로도 신문이 좋고, 그래서 신문 스크랩을 즐긴다. 하루에 한두 번은 새털처럼 가벼운 마음으로 쌓아 놓은 신문 2~3부를 뒤적인다. 한참 일을 진행하다가도 짬을 낸다. 가시지 않은 날카로운 촉이 발휘되어 신문은 부위별로(!) 적절히 해체된다. 그 쌓인 시간이, 머릿속 분류기를 작동한 노력이 내 근(勤)의 요체다. 이후 쏟아지는 정보 중에 흘려보낼 것과 습득할 것을 판단하는 순간에도, 수업 직후 브리핑으로 학부모님·학생들과 소통하는 과정에도, 클라이언트들과 장기간 신뢰를 쌓으며 일을 병행하는 데에도 근(勤)이 필요하다.

또 신문활용교육의 효용성을 고민하는 학부모님에게 난 다음 신문기사(포스텍은 멀쩡했다, 기본의 힘 - 조선일보, 20171118, 장형태·권선미 기자)를 권해드린다.

**어떤 공부든 읽고 쓰는 힘이 기본이다. 2017년 포항 지진에도 멀쩡했던 포스텍 건물이 입증한다.**

2017년 11월 15일 발생한 포항 강진에도 30년이 넘은 포스텍 건물은 멀쩡했다. 당연한 이유지만 건축 원칙을 지킨 시공 때문이었다. 대입 전형, 고교 운영방안이 아무리 바뀌어도 결국은 읽고 쓰는 힘이다. 제대로 읽고, 재미있게 듣고, 주술구조 맞는 문장을 만들어 내고, 개요대로 글을 쓸 수 있으면 된다. 그 힘을 기르는 건 꾸준한 성실함, 근면뿐이다.

나아가 정약용 선생이 강조한 '틔운다'는 우리가 강렬히 원하는 창의성과 연결된다. 교육 매체 '민들레'의 발행인인 현병호 대표가 기고한 글(창의성은 하늘에서 떨어지지 않는다 - 경향신문, 20220106) 일부를 소개한다.

「어떤 분야에서나 고수는 일의 원리를 안다. 단순반복 작업을 '단순히' '반복'하기만 한다면 흔한 기술자가 되는 데 그치지만, 반복 속에서 미묘한 차이와 맥락을 읽을 수 있게 되면 창의가 일어나고, 거기에 마음이 담기면 기술을 넘어 예술의 세계로 나아가게 된다.」

어쩜 이리도 멋진 생각을 담아내시는가. 어쨌든 나도 학생들도 신문활용교육, 중등 NIE를 반복한다. 교사의 어떤 역량과 태도가 학생들의 몰입을 끌어내는지 정도는 이제 깨닫고 노력하는 중이다. 그 근(勤)의 힘으로 나는 학생들과 많은 것을 쌓고 연결하며 미묘한 차이를 만들고 사회적 맥락을 읽어낼 것이다. 때로는 냉정하게 바라보고 이면에 있는 것들도 고민할 것이다. 그것이 우리 모두의 창의로 꽃핀다면, 공동체를 향한 연민과 연대로 이어진다면, 중등NIE로 키운 문해력은 나 개인의 문제를 넘어 사회의 문제까지 해결하는 역량으로 발전한다.

# 적(寂)   3

결과물의 최종 품질을 결정짓는 건 적(寂)이다. 스스로 침잠하여 고민하고 고치고 고민하고 고치며 글을 쓴다. 많은 걸 연결하고 더해가는 시간이 혜(慧)와 근(勤)이라면, 적(寂)은 정교하게 갈고 닦으며 덜어내는 시간이다.

중등NIE, 신문활용교육에도 이 과정이 필요하다. 수업을 준비하면서 사실 이것저것 담아내고 싶은 의욕이 앞선다. 우연히 본 2014년 '극지' 학습지는 무려 12페이지. 반복되는 내용도 눈에 띈다. 지금은 하지 않을 실수이지만, 그렇다고 당시에 갈고 닦는 적(寂)의 시간을 건너뛴 건 아니었다. 욕심이 눈을 가렸다. 실력은 그때나 지금이나 부족하다. 우리나라 근현대사를 주로 다루는 역사NIE는 같은 주제, 달라지지 않는 역사를 3년 주기로 반복하기에 수월하다고 생각했는데, 매번 더 나은 흐름으로 스토리 구조를 바꾸게 된다. 물론 '왜 그때는 이걸 생각하지 못했을까?' 자책하기보다 '내가 더 넓고 깊은 시각을 갖게 되었다'고 위로한다. 적(寂)이 주는 선물이다.

그래서 각주 하나도 허투루 달지 않으려 한다. 어떤 각주는 결과적으로 수업의 흐름을 깨는 정보이기에 현장에서 건너뛰기도 하고, 어떤 각주는 스토리 구조를 짜 맞추는 매개체가 되기도 한다. 즉, 적(寂)을 통해 정보에 안목을 기른다. 2022년 'ESG, 기업의 사활이 걸렸다!' 수업에서 RE100(Renewable Energy 100%, 기업이 사용하는 전력의 100%를 재생에너지로 충당하겠다는 캠페인) 관련 자료를 읽었어도 2018년에 독일

BMW가 LG화학에 배터리 공급 전제 조건으로 RE100을 요구했으나 맞추지 못해 계약이 무산되었다는 기사(탄소 제로 30년 전쟁 [2] 글로벌 기업들 사활 건 경쟁 - 조선일보, 20210623, 박건형 기자)를 각주로 추가해야 RE100의 위력을 실감한다. RE100으로 탄소 중립을 달성하겠다는 인류의 공동체 정신만큼이나 친환경이 제품 수출의 규제·제재 카드가 되어 버린 것도 냉혹한 현실이다. 이들을 하나하나 찾고 넣고 빼고 정리하는 적(寂)의 중요성을 강조할 수밖에 없다.

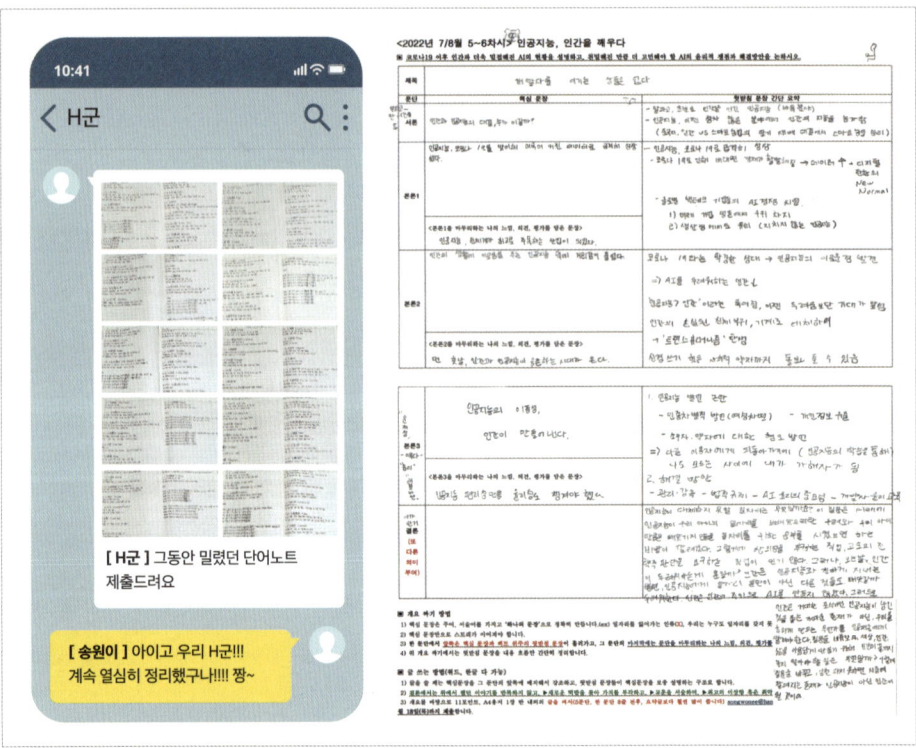

학생들이 보여주는 적(寂)의 시간도 감동적이다. H군은 중학교 내내, 중등NIE 이외의 사교육을 받지 않았고 숙제도 늘 수업 당일에 바로 제출하는 성실함을 보였다. 그런데 3학년이 되어 "학교 수행평가가 급증해 숙제를 제때 낼 수 없다. 죄송하다"고 연락해왔는데, 어느 날 밀린 단어노트를 다 냈다. 6일 정도 시간을 쪼개 정리했다고 한다. H군이 적(寂)의 힘을 알기에 해낼 수 있는 일이었다. 또 S양은 '인공지능' 주장글을 쓰기 전에 개요짜기를 자발적으로 완성했다. 정성스럽게 한 글자, 한 문장, 한 문단을 써 내려가며 S양은 적(寂)이 주는 사고력을 경험했을 것이다.

덜어낼 부분을 고민하니 꼭 담으면 좋을 것도 보인다. 언제일지는 모르지만, 초등 5~6학년 한 팀만 글쓰기 수업을 진행할 예정이다. 초등학생의 다양한 글쓰기가 중·고등학교 학업에 어떤 영향을 끼치는지 확인하고 싶다. 대학생 대상의 취업 자소서 특강도 기대해주시면 좋겠다. 청년세대가 진짜 사회인으로 성장하기 위해 노력한 시간을 제대로 표현할 기회를 만들 것이다. 사실 시급한 건 어른들 공부다. 기성세대들이 민주시민, 세계시민의 자질을 더 키워갈 장이 마련되어야 한다. 언제고 더 많은 분과 함께하길 소망한다.

또 우리의 수업은 위학삼요(爲學三要)에서 끝나지 않을 것이다. 과거 청심국제고에 들어간 K양은 일본군 위안부 문제 해결을 위한 정기 수요시위(수요집회)에 참석하여 발언했던 활약을 단어 '용(勇)'으로 묶어 위학사요(爲學四要)를 실천했다고 자기소개서에 서술했다. 락(樂)도 있다. 발표 한 번 못하는 수업인데도 C군의 수업 태도에서는 리듬감이 느껴진다. 자기 순서가 되어 문제를 읽을 때도 말의 음률을 놓치지 않고, 지문 속 특이한 연도나 숫자에도 웃는다. 세상 속 어이없는 상황을 들으면 어이없는 표정을 짓는다. 즉, 즐기고 있다는 뜻이다. 무엇이든 좋다. NIE를 통해 혜(慧)와 근(勤)과 적(寂)을 잇는, 더 다양한 학업의 태도를 정립해볼 작정이다. 이 무기들은 학생들이 훗날 사회에 진출할 때 더 강력한 힘을 발휘할 것이다.

epilogue ─────────── **뜻밖의 풍성한 삶**

"그럼 다음 주에는 백신 생산 규모로는 삼성전자와 TSMC를 합쳐놓은 듯한 인도 회사, 세럼인스티튜트. 명칭은 화장품 회사 같은데 백신 생산 기업이네요. 공부해보겠습니다."

'아! 세럼인스티튜트!'

설거지하는 손놀림이 빨라진다. 팟빵의 한 경제 채널이 언급한 이 회사는 2021년 말, '백신 외교 전쟁'을 학습할 때 나왔다. 인도 세럼인스티튜트를 통해 WHO는 글로벌 백신 공유 프로그램 '코백스(COVAX)'를 시행했다. 순간, 또 드는 의문.

'WHO가 UN 산하 기구 맞지! 그럼 이번 'UN' 수업에 WHO도 포함할까?'

'코백스 백신을 최근 북한까지 전달했을까?'

찾아보지 않을 수 없었다. 자판을 두드린다. 꼬리물기는 다시 시작되었다.

나는 일상이 바쁜 사람이다. 기업과 정부 스토리를 쓰고 신문활용교육을 하고 엄마와 아내의 역할을 병행한 날들은 불쌍할 만큼 여유가 없었다. 그래도 모든 시간을 허투루 보내지 않으려 애썼다. 빨래를 널면서, 설거지하면서, 커피를 사러 가면서 듣는 오디오 채널은 나에게 '배움과 익힘은 습관'임을 알려주었다. 그 되풀이되는 행동방식은 무겁거나 부담스럽지 않았고 오히려 자연스럽고 즐거웠다. 설령 세럼인스티튜트와 코백스를 향한 관심이 사그라진다 해도, 한 번 난 지식의 갈래는 또 다른 갈래를 만나고 새로운 길을 낸다. 이미 이렇게 세팅된 생각의 그물망 덕분에 나는 코로나19를 버티며 이 책을 쓸 수 있었다. 정보의 바다에서 튜브 타고 유영하는 이 시간을 멈추지 않으려면 나 역시 생산적 활동을 지속해야 한다는 부채의식이 있었기 때문이다.

물론 미루고 싶은 적도 많았다. 선뜻 파일을 열 수 없을 때 나는 또 다른 게으름을 피운다. '딱 3개만 보고 시작할까?' 책도 못 버리는데 신문은 더 못 버리는 나는 마치 제비뽑기를 하듯 책장 한 칸에서 신문 3부를 뽑는다. 신문을 뒤적이면 신념이 쌓인다. 종이신문의 위기를 부인할 수 없지만, 그 콘텐츠의 가치는 퇴색되지 않았다. 그걸 발견하지 못한 사람, 연결하지 못한 사람이 많을 뿐이다.

마음이 가난해지면 신문이 선물 같기도 했다. 「성인이 되어서도 매달 15달러를 보내신 후원자 어머니의 뜻은 "너는 기적이다. 그 기적을 다른 사람에게 전하라"였다. 조명환 월드비전 회장은 울었다」는 인터뷰 기사("**후원은 누군가의 인생 바꾸는 기적 같은 일, 내 이야기처럼**" - 조선일보, 20210706, 김시원 더나은미래 기자)에 나는 함께 울며 위로를 받았다.

세상을 향해 촉을 날카롭게 세운 날에는 단어 하나하나가 내게 와서 박혔다. 아시아 최대 독립계 사모펀드(PEF) 운용사인 MBK파트너스 김병주 회장 인터뷰("**구글처럼 혁신적인 한국 기업 많아…ESG 부족하면 투자 안한다**" - 한국경제신문, 20210808, 김채연 기자)를 읽으며 '실사'라는 단어에 가슴이 뛰었다. 「우리는 임직원이 들어오면 '너의 일은 실사다

(Your job is due diligence)'라고 합니다.」 직접 가보지 않고 들여다보지 않고 투자하면 절대 안 되듯, 나 역시 해당 기업 프로젝트를, 정부 정책을, 신문활용교육 주제를 끝까지 연구하고 파헤치는 '실사의 세계'에 머물 것이라 다짐했다.

멋진 분들도 만났다. p.257, 도널드 트럼프 미국 전 대통령과 그레타 툰베리를 가상으로 불러모은 멋진 글의 저자는 강수돌 교수였다. 이분이 몸담은 고려대학교 융합경영학부까지 궁금해질 정도였는데, 며칠 전 스크랩을 하다 강수돌 교수의 현주소('나부터 혁명' 강수돌 - 한겨레, 20210605, 김종철 기자)를 알게 되었다. 아, 이런 분들이 세상을 바꾸고 보석 같은 삶을 꾸려가는 동안, 나는 왜 나를 갉아먹기만 하는가. 그 부담감이 일정 수위를 넘어가면 꾸역꾸역 파일을 열 수밖에 없었다. 때로는 위로받고, 때로는 다짐하고, 때로는 위기감을 느끼며 이 숙제를 했다.

책 내용에 욕심을 낸 건 코로나19에도 온라인과 오프라인으로 꾸준히 이어간 중등 NIE 덕분이다. 그래서 '틈이 날 때'뿐만 아니라 '좋은 사례를 마주할 때'에도 책의 내용을 고치고 삭제하고 정성껏 추가했다. 어떻게 읽고 듣고 쓸까를 놓고 나와 학생들이 치열하게 고민한 흔적을 잘 담고자 노력했다. 테슬라의 성장 가능성이 큰 이유가 테슬라가 모으는 고객 데이터 때문이듯, 나는 우리가 세상과 호흡하며 축적한 문해력 데이터를 잘 소개하겠다는 사명감을 가졌다. 물론 바람직한 방향으로 업그레이드하는 과정에서 내 비루한 문장들을 고치느라 안간힘을 써야 했지만, 나는 부끄러움보다 잘해 내고 싶은 의지가 조금 더 큰 사람이었다. 그래서 계속 도전했다.

이제 코로나19도 물러가려 한다.
"그래, 코로나에 어떻게 지냈어?"
반갑게 다시 만난 지인이 내게 묻는다면 이렇게 답해야겠다.
"내 문제 좀 해결했지."
세상 잡다한 일에 관심 많은 나를 이 책상 앞에 잡아둔, 여기서 세상을 더 풍성하게 바라봤던 한결같은 시간을 마무리하려 한다. 잠깐은 멈추겠지만, 이제 또 하나님께서 내게 끝까지 지켜갈 것과 새로이 채울 것을 알려주실 것이다. 또 다른 사명을 주시리라 믿고 기다린다.